A ética protestante e o espírito do capitalismo

A ética protestante e o espírito do capitalismo

MAX WEBER

Tradução
MÁRIO MORAES

MARTIN CLARET

Prefácio

Valores, condutas e ética em Weber

Ronaldo de Oliveira Batista*

O campo das ciências humanas encontrava-se em efervescência no século XIX, período de intensas modificações políticas, sociais e ideológicas. Esse mapa de dinâmica furiosa de transformações se viu refletir nas concepções teóricas e científicas que procuravam descrever e compreender o humano, sua essência e suas relações com o mundo. Auguste Comte (1798–1857), Émile Durkheim (1858–1917), Karl Marx (1818–1883) e Max Weber (1864–1920) eram alguns dos pensadores que essencialmente se preocupavam em formular cientificamente a Sociologia, no sentido de que compreender a ação dos indivíduos em meio às relações sociais passava a ser visto de modo metódico, sistemático e neutro. Em relação a esse último aspecto, o papel de Max Weber foi fundamental. O intelectual alemão, professor universitário, pesquisador e economista, acabou entrando

* Doutor em Linguística pela Universidade de São Paulo. Além de textos em periódicos especializados, é autor dos livros *Introdução à pragmática* (Editora Mackenzie) e *A palavra e a sentença* (Editora Parábola).

para a história como um dos fundadores da Sociologia moderna de feição científica. Influente na política de sua época, Weber concentrou sua produção intelectual e acadêmica em torno de algumas linhas mestras, como o processo de racionalização e a análise da sociedade moderna e capitalista, delineando, consequentemente, um método que seria um dos pontos mais efetivos para a presença de um pensamento sociológico de natureza científica e de uma ciência social neutra articulada por pesquisadores que se colocavam como sociólogos, vistos, então, a partir de contribuições de Weber, como profissionais diferentes, por exemplo, dos políticos, que seriam não os analistas, mas os homens das ações de fato, que deveriam, assim, ser descritas e interpretadas, com neutralidade científica, por esse cientista metódico e objetivo.

Nesse espírito de sua época, em que se delineou sua prática intelectual, Weber produziu em dois anos, 1904 e 1905 (para a revista alemã — da qual foi também diretor — "Arquivos de Ciências Sociais e Política Social"), os textos que dariam origem a sua obra *A ética protestante e o espírito do capitalismo* — que nos dá uma espécie de chave para o entendimento da formação de um pensamento articulado em torno dos interesses sociológicos e econômicos.

Foi nesse trabalho, um marco para a Sociologia, que Weber expôs sua tese de que o protestantismo ascético teria levado ao desenvolvimento de um capitalismo, alicerçado em burocracia, em torno de um Estado racional e legal. O livro que o leitor tem agora em mãos delineia o pensamento de Weber a partir do estabelecimento de relações entre religião e capitalismo, perspectiva que não era de modo algum desvinculada do clima intelectual de sua época, pois o estudo de uma ética relacionada à religião e a preocupação com uma mirada analítica do capitalismo eram temas presentes na construção dos saberes intelectuais da sociedade alemã.

A reflexão weberiana parte de um posicionamento central, o de que o protestantismo, originado nos séculos XVI e XVII (e suas diferentes vertentes ao longo das transformações próprias da história), relaciona-se diretamente com o conceito de vocação profissional, base motivacional do moderno sistema econômico capitalista. Weber estruturou sua perspectiva sociológica de compreensão da dinâmica capitalista: a) delimitou a distinção entre uma formação católica e outra protestante, em que a diferença estaria alocada na perspectiva de uma educação mais humanista (católica) em confronto com uma mais técnica (protestante); b) empreendeu uma análise do "espírito capitalista" (não o sistema econômico e a empresa capitalista), articulado a uma ética de vida em torno da dedicação ao trabalho e da busca da riqueza, considerados como dever moral.

Em busca de uma análise da moral protestante e de uma dimensão atitudinal que serviria de base ao sistema, Weber observou em sua obra alguns dos seguintes pontos: a) a contribuição do luteranismo, em que a vocação é entendida como o chamado de Deus para o exercício da profissão no mundo do trabalho, colocando, assim, bases para um ascetismo intramundano, fincado no mundo secular; b) o protestantismo pós-luterano, ponto de partida da ética econômica capitalista, em que o trabalho e o sucesso na vida econômica são compromissos do crente e caminho para a salvação.

O ponto principal a ser considerado é que nessa ética protestante, cuidadosamente delineada por Weber, há uma forma de vida baseada em um caráter metódico, disciplinado e racional. E o pensamento de Weber vai nos conduzindo para uma compreensão da moral protestante em que a valorização religiosa do trabalho e da riqueza conduz a uma formação de um indivíduo de personalidade sistemática e ordenada.

Essas reflexões de natureza sociológica e econômica do pensamento e da prática religiosa devem ser colocadas pelo leitor em uma perspectiva mais ampla, que situa o trabalho de Weber em uma dimensão reflexiva que procura analisar em que medida se dá a relação entre a ação humana e seu enquadramento social e político. Nesse enquadramento, as ações humanas, em meio a instituições e o estabelecimento do poder, ganham um relevo essencial, uma vez que os atos dos homens em sociedade são incorporados em uma rotina de vida, resultando, em última instância, em uma ética. Assim, a reflexão deve ser colocada na seguinte chave: o que faz com que um protestante, por exemplo, tome determinadas resoluções em sua vida e execute ações derivadas e articuladoras, ao mesmo tempo, de uma ética religiosa? Quais os significados que, consequentemente, passam a ser atribuídos a condutas e hábitos que ganham um valor ético em seus próprios agentes, em formas quase naturalizadas na condução da própria vida? Destarte, a reflexão sobre a conduta religiosa encontra eco e relação com outra das preocupações de Weber: a questão do poder, da iniciativa, da conduta e das ações que quase se naturalizam com o passar dos tempos, relacionadas, portanto, a uma dimensão de poder, porque há uma aceitação voluntária em torno de um tipo de conduta considerada como válida.

Temos, então, uma discussão sobre a religião e a economia que não está, de modo algum, desvinculada da construção dos elementos centrais da obra de Weber, sem dúvida um dos principais pensadores da primeira metade do século XX, e que o leitor tem a oportunidade de conhecer agora com o livro que tem em suas mãos.

A ética protestante e o espírito do capitalismo

Introdução do autor

Alguém que seja produto da moderna civilização europeia, ao estudar qualquer problema da História universal, estará sujeito a indagar a si próprio sobre a combinação de circunstâncias a que deveria ser atribuído o fato de que na civilização ocidental, e somente na civilização ocidental, surgiram fenômenos culturais que (como gostamos de pensar) repousam em uma linha de desenvolvimento que possui significância e valor *universal*.

Apenas no Ocidente a ciência existe em um estágio tal de desenvolvimento que reconhecemos atualmente como válido. O conhecimento empírico, a reflexão sobre problemas do cosmos e da vida, uma sabedoria filosófica e teológica da espécie mais profunda não estão confinados exclusivamente a ele, embora, no caso dos últimos, o completo desenvolvimento de uma teologia sistemática deva ser creditado ao Cristianismo sob a influência do Helenismo, já que houve apenas alguns fragmentos no Islã e em algumas poucas seitas da Índia. Em suma, conhecimento e observação de grande refinamento existiram em outras localidades, sobretudo na Índia, China, Babilônia, Egito. Mas, na Babilônia e em qualquer outro lugar, a fundamentação matemática — que apareceu pela primeira vez entre os gregos — era ausente na astronomia — o que torna seu desenvolvimento ainda mais admirável. A geometria indiana não tinha prova racional; foi mais um produto do intelecto grego, também criador da mecânica e da física. As ciências naturais indianas, apesar de avançadas no que respeita à observação, não possuíam o método do experimento, que foi, desconsiderando-se os primórdios da Antiguidade, essencialmente um produto do Renascimento, como o foi também o laboratório moderno. Então, a medicina, especialmente na Índia, apesar de ter sua técnica empírica altamente desenvolvida, não contava com uma fundação biológica e, particularmente, bioquímica. Uma química racional esteve ausente de todas as áreas de cultura, exceto no Ocidente.

A erudição histórica ricamente desenvolvida da China não contava com o método de Tucídides.[a] É verdade que Maquiavel teve predecessores na Índia; mas todo o pensamento político indiano não tinha um método sistemático comparável àquele de Aristóteles e que, de fato, estivesse em posse de conceitos racionais. Nem todas as antecipações na Índia (Escola Mimamsa),[b] nem a extensiva codificação, especialmente no Oriente Próximo, nem todos os livros jurídicos, indianos ou quaisquer outros, tiveram sob sua influência as estritas formas sistemáticas de pensamento do direito romano e do direito ocidental, tão essenciais a uma jurisprudência racional. Uma estrutura como o direito canônico é conhecida unicamente pelo Ocidente.

---

[a] Tucídides foi um pensador da Grécia antiga. Sua obra mais famosa é a *História da Guerra do Peloponeso*. O autor é conhecido por seu estudo das guerras, mais precisamente, sobre o comportamento dos sujeitos envolvidos no processo, de modo a compreender as raízes do evento. Seu método está comprometido com tal objeto de análise. (N.T.)

[b] Escola *astica* ("ortodoxa") de filosofia hindu. (N.T.)

Uma afirmação similar é verdadeira em relação à arte. O ouvido musical dos outros povos provavelmente teve sua sensibilidade ainda mais desenvolvida do que a nossa, mas certamente não menos do que a nossa. A música polifônica de vários tipos foi amplamente distribuída sobre o planeta. A cooperação de um número de instrumentos, assim como o canto, existiu em outros locais. Todos os nossos intervalos tonais racionais foram descobertos e calculados. Mas a música harmônica racional, tanto o contraponto quanto a harmonia, a formação do material tônico na base de três tríades com a terceira harmônica; nossas oitava e enarmonia, não interpretadas em termos de espaço, mas, desde o Renascimento, em termos de harmonia; nossa orquestra, com seu quarteto de cordas como núcleo, e a organização de instrumentos de sopro; nosso acompanhamento baixo; nosso sistema de notação, que tornou possível a composição e a produção das peças de música moderna, e por isso a própria sobrevivência desta; nossas sonatas, sinfonias, óperas; e finalmente, como meios para tudo isso, nossos instrumentos fundamentais, o órgão, o piano, o violino, etc.; todas essas coisas são conhecidas apenas no Ocidente, embora música programada, poesia tonal, alterações de tons e oitavas tenham existido em várias tradições musicais como meios de expressão.

Na arquitetura, arcos de ogiva foram utilizados em outros lugares como meios de decoração, na Antiguidade e na Ásia; aparentemente, a combinação de arcos de ogiva e abóbadas cruzadas não era desconhecida no Oriente. Mas o uso racional da abóbada gótica como meio de distribuição da pressão e cobertura de espaços de todas as formas, e acima de tudo como o princípio construtivo de grandes edificações monumentais e a fundação de um *estilo* estendido para a escultura e a pintura, como aquele criado pela nossa Idade Média, não aconteceu em nenhum outro lugar. A base técnica da nossa arquitetura veio do Oriente. Mas esteve ausente do Oriente aquela solução do domo e aquele tipo de clássica racionalização de toda arte — na pintura, pela utilização de linhas e perspectiva espacial — que o Renascimento criou para nós. Havia impressão na China. Mas uma literatura impressa, projetada *apenas* para a impressão e possível unicamente por meio desta, e, sobretudo, a imprensa e os periódicos, apareceram exclusivamente no Ocidente. Instituições de ensino superior de todos os tipos possíveis, mesmo similares às nossas universidades, ou pelo menos às academias, existiram de algum modo superficial (China, Islã). Mas a busca da ciência racional, sistemática e especializada, com pessoal treinado e especializado, apenas existiu no Ocidente em um sentido já aproximado a seu presente local dominante em nossa cultura. Isso é verdade, acima de tudo, para o funcionário público, o pilar tanto do Estado moderno quanto da vida econômica ocidental. Constitui um gupo sobre o qual se tem, até agora, apenas opiniões, e que nunca foi remotamente considerado em sua importância para a ordem social. É evidente que o funcionário público, mesmo o funcionário especializado, é uma parte constituinte bastante antiga das mais variadas sociedades. Mas nenhum país e nenhuma época jamais experimentou, no mesmo sentido que o moderno Ocidente, a absoluta e completa dependência de uma organização *especialmente* treinada de funcionários, da existência plena [desse tipo de instituição], no que tange às condições políticas, técnicas e econômicas de sua vida. As funções mais importantes da vida cotidiana da sociedade estão hoje nas mãos de funcionários governamentais treinados técnica, comercial e, antes de tudo, legalmente.

A organização de grupos sociais e políticos entre as classes feudais foi algo comum. Mas mesmo o estado feudal de *rex et regnum*[c] no sentido ocidental foi conhecido unicamente por nossa cultura. Ainda mais peculiares a nós são os parlamentos de representantes periodicamente eleitos, com governo de demagogos e lideranças partidárias como ministros responsáveis por ele, apesar de que tenham existido, é claro, partidos no sentindo de organizações para exercício de influência e ganho da dominação do poder político por todo o mundo. De fato, o Estado em si, no sentido de associação política com uma constituição escrita, racional, um direito racionalmente ordenado, uma administração submetida a regras ou leis racionais, executada por funcionários treinados, é conhecido, nessa combinação de características, somente no Ocidente, apesar de todas as aproximações que houve a esse tipo de Estado.

E o mesmo é verdade para a mais momentosa força em nossa vida moderna, o capitalismo. O impulso para a aquisição, a persecução do ganho, do dinheiro, da maior quantidade de dinheiro possível, não tem, em si mesmo, nada a ver com o capitalismo. Esse impulso

---

[c] Literalmente, "o rei e o poder real". A expressão faz menção à forma de organização do poder político no período da Idade Média e no período dos Antigos Regimes da Europa ocidental, e ao fato de sua especificidade histórica. (N.T.)

existe e existiu entre garçons, médicos, cocheiros, artistas, prostitutas, funcionários públicos corruptos, soldados, nobres, cruzados, apostadores e mendigos. Alguém pode dizer que isso foi comum para todas as espécies e condições de homens em todos os tempos e em todos os países do planeta, onde quer que seja que a sua possibilidade objetiva esteja ou tenha estado dada. No jardim de infância da história cultural, deveria ter sido ensinado que se deveria desistir dessa ideia ingênua de capitalismo de uma vez por todas. A cobiça ilimitada do ganho não é sequer minimamente idêntica ao capitalismo, e é ainda menos ao seu espírito. O capitalismo *pode* até mesmo ser idêntico à contenção, ou pelo menos a uma temperança racional, desse impulso irracional. Mas o capitalismo é idêntico à persecução do lucro, e o lucro eternamente *renovado*, por meio do contínuo, racional, empreendimento capitalista. Pois assim deve ser: em uma ordem social totalmente capitalista, o empreendimento capitalista individual que não tomasse vantagem das oportunidades de produção de lucro estaria condenado à extinção.

Permita-nos, leitor, definir agora nossos termos de um modo um pouco mais cuidadoso do que é geralmente feito. Definiremos uma ação econômica capitalista como aquela que se apoia na expectativa de lucro por meio da utilização de oportunidades de troca, isto é, em chances de lucro (formalmente) pacíficas. A aquisição pela força (formal e factualmente) segue as suas próprias leis particulares, e em nada facilitaria, embora não se possa proibir tal atitude, colocá-la na mesma categoria que a ação que é, em última análise, orientada para o lucro por meio da troca.[1] Onde a aquisição capitalista é racionalmente perseguida, a ação correspondente ajusta-se a cálculos em termos de capital. Isso significa que a ação está adaptada a uma utilização sistemática de bens e serviços pessoais como meios de aquisição de um modo tal que, ao encerrar-se um período de negociações, a diferença do empreendimento em ativos monetários (ou, no caso de um empreendimento contínuo, do valor monetário periodicamente estimado dos ativos) exceda o capital, isto é, o valor estimado dos meios materiais de produção utilizados para essa aquisição por meio da troca. Não faz qualquer diferença que isso envolva uma quantidade de bens confiados *in natura* a um mercador viajante, de onde o produto pode consistir em outros bens *in natura* adquiridos pela troca, ou que envolva um empreendimento de manufatura, do qual os ativos consistam em prédios, maquinário, caixa, matéria-prima, bens manufaturados parcial ou totalmente, esses ativos são postos na balança ao lado das responsabilidades da empresa. O fato importante é que um cálculo de capital em termos monetários sempre é feito, seja por métodos da moderna contabilidade ou por quaisquer outros, sejam eles primitivos e crus. Tudo é feito em termos de balanço: no princípio do empreendimento, um balanço inicial, antes de todas as decisões individuais, um cálculo para verificar sua provável lucratividade, e, no término, um balanço final para comprovar-se quanto lucro foi produzido. Por exemplo, o balanço inicial de uma transação por *commenda*[d] iria determinar um valor monetário

---

[d] Tipo de contrato no qual se tem duas partes: uma investindo capital e a outra se inserindo com o próprio trabalho. (N.T.)

acordado dos ativos e acrescentá-lo a eles (contanto que ainda não possuíssem eles mesmos uma forma já monetária), enquanto um balanço final formaria a estimativa na qual se basearia a distribuição dos lucros e das perdas ao término do negócio. Sendo racionais as transações, o cálculo sublinha cada ação singular das partes. Ocasiões em que não exista um cálculo ou uma estimativa verdadeiramente acurados, em que o procedimento seja um exercício de pura conjectura, ou simplesmente tradicional e convencional, acontecem mesmo hoje em todas as formas de empreendimento capitalista em que as circunstâncias não demandem estreita precisão. Mas são pontuais, afetando somente em *grau* a racionalidade da aquisição capitalista.

Para os propósitos dessa concepção, tudo o que importa é que acontece uma adaptação real da ação econômica a um cotejo entre a entrada e o gasto de dinheiro, não importando quão primitiva seja a forma. Nesse sentido, o capitalismo e os empreendimentos capitalistas, mesmo com uma considerável racionalização do cálculo capitalista, existiram em todos os países civilizados da Terra, até onde a documentação econômica nos permite julgar. Na China, Índia, Babilônia, Egito, Antiguidade mediterrânea e na Idade Média, assim como nos tempos modernos. Não se trata de aventuras isoladas, mas de empreendimentos econômicos que foram inteiramente dependentes da renovação contínua de investidas capitalistas, e mesmo de atividades contínuas. Contudo, o comércio, especialmente, não foi contínuo, como o nosso, durante um longo período, mas consistiu essencialmente em uma série de investidas individuais. As atividades, mesmo aquelas dos maiores mercadores, apenas gradualmente adquiriram uma coesão interna (com organização ramificada, etc.). De qualquer modo, o empreendimento e o empreendedor capitalistas, de forma não apenas ocasional mas regular, são bastante antigos e foram bastante difundidos pelo mundo.

O Ocidente, contudo, desenvolveu o capitalismo tanto em uma extensão quantitativa quanto (trazendo consigo esse desenvolvimento quantitativo) em tipos, formas e direções que jamais existiram em outros lugares. Por todo o mundo houve mercadores, atacadistas e varejistas, locais ou engajados no comércio exterior. Empréstimos de todos os tipos foram feitos, e houve bancos com as mais variadas funções, comparáveis pelo menos aos nossos do, digamos, século XVI. Financiamentos marítimos, *commenda*, transações e associações similares à *Kommanditgeselschaft*[e] eram difundidos, inclusive como negócios contínuos. Sempre que tenham existido órgãos públicos de financiamento monetário, apareceram credores, assim como na Babilônia, Grécia, Índia, China, Roma. Eles financiaram guerras e a pirataria, contratos e obras de edificações de todos os tipos. Em matéria de política externa, eles funcionaram como empreendedores coloniais, como colonizadores latifundiários que se valiam de escravos, ou trabalho direta ou indiretamente forçado, e tinham domínios cultivados, escritórios e, sobretudo, impostos. Eles financiaram lideranças partidárias em eleições e *condottieri*[f] em guerras civis. E, finalmente, eles foram especuladores

---

[e] Empresas organizadas em forma de sociedade, coletivamente. (N.T.)

[f] *Condotiero* = líder. (N.T.)

em oportunidades de ganho pecuniário de toda espécie. Esse tipo de empreendedor, o capitalista aventureiro, existiu em todas as partes. Com exceção do comércio e das transações de crédito e bancárias, suas atividades eram predominantemente de um caráter irracional e especulativo, ou dirigidas ao enriquecimento pela força, sobretudo aquele advindo da pilhagem, seja diretamente por meio da guerra ou na forma de uma contínua pilhagem fiscal exploratória sobre seus subjugados.

O capitalismo de patrocinadores, de especuladores em grande escala, de caçadores de concessões, e o mais moderno capitalismo financeiro mesmo em um período pacífico, mas, sobretudo, o capitalismo envolvido com guerras de exploração, carrega esse selo mesmo nos países ocidentais modernos, e algumas partes — mas apenas algumas — do comércio internacional de amplo alcance estão intimamente relacionadas com ele hoje, como sempre estiveram.

Mas, nos tempos modernos, o Ocidente desenvolveu, em acréscimo a essa, uma forma muito peculiar de capitalismo que não surgiu em nenhum outro lugar: a organização capitalista racional do trabalho (formalmente) livre. Não mais que sugestões dela podem ser encontradas alhures. Mesmo a organização daquele trabalho que não era livre alcançou um grau considerável de racionalidade exclusivamente nas plantações e em uma extensão muito limitada na *Ergasteria*[g] da Antiguidade. Nos feudos, com as oficinas senhoriais e os trabalhos domésticos nessas propriedades baseados

[g] Nome que, anteriormente, designava uma região da Grécia antiga. (N.T.).

no labor servil, tal organização era provavelmente, de algum modo, menos desenvolvida. Mesmo quanto a verdadeiras indústrias domésticas baseadas no trabalho livre, foi definitivamente provado que fora do Ocidente existiram somente alguns poucos casos isolados. A utilização frequente de jornaleiros levou em pouquíssimas ocasiões — especialmente no que se refere a monopólios estatais, que são, no entanto, muito diferentes da moderna organização industrial — a organizações de manufatura, e nunca a uma organização racional de aprendizes artesãos como as nossas da Idade Média.

A organização industrial racional, consonante com um mercado regular, e não com oportunidades de lucro política ou irracionalmente especulativas, não é, contudo, a única peculiaridade do capitalismo ocidental. A moderna organização racional do empreendimento capitalista não seria possível sem outros dois fatores importantes nesse desenvolvimento: a separação entre negócios e vida doméstica, que é completamente dominante na vida econômica hodierna, e, intimamente ligada a ela, a contabilidade racional. Uma separação espacial entre local de trabalho e residência existe em outras localidades, como no bazar oriental ou na *ergasteria* de outras culturas. O desenvolvimento de associações capitalistas com suas próprias dotações contábeis também é encontrado no Extremo Oriente, no Oriente Próximo e na Antiguidade. Mas elas representam não mais que embriões, se comparadas à moderna independência dos empreendimentos empresariais. A razão para isso, particularmente, foi que os requisitos indispensáveis para essa independência, nossa racional contabilidade empresarial e nossa separação legal entre a propriedade pessoal e aquela corporativa, estiveram inteiramente ausentes, ou apenas em seus inícios.[2] As tendências em todas as outras regiões eram que o enriquecimento empreendedor fosse erigido como parte do ambiente doméstico real ou senhorial (parte do que os gregos denominavam como *oikos*), que é, como percebeu Rodbertus,[h] um desenvolvimento fundamentalmente diferente, antes oposto, mesmo possuindo toda uma similaridade superficial.

Entretanto, todas essas peculiaridades do capitalismo ocidental obtiveram sua significância, em última análise, unicamente a partir de sua associação com a organização capitalista do trabalho. Mesmo aquilo que é geralmente denominado comercialização, o desenvolvimento de títulos financeiros negociáveis e a racionalização da especulação, as trocas, etc., está ligado a ela. Pois, sem a organização capitalista racional do trabalho, tudo isso, mesmo que fosse de todo possível, não teria de longe a mesma significância, sobretudo no que respeita à estrutura social e a todos os problemas específicos do Ocidente moderno a ela ligados. O cálculo exato — a base de todo o resto — só é possível sobre as bases do trabalho livre.

E assim como, ou, antes, exatamente pelo fato de que o mundo não tenha conhecido qualquer organização racional do trabalho fora da modernidade ocidental, ele também não conheceu nenhum socialismo racional. Claro, houve uma economia cívica, uma política cívica de suprimento de alimentos, um mercantilismo e uma

---

[h] Johann Karl Rodbertus, economista e socialista alemão, viveu entre 1805 e 1875. (N.T.).

política de bem-estar dos príncipes, racionamento, regulamentação da vida econômica, protecionismo e teorias do *laissez-faire*[i] (assim como na China). O mundo conheceu também experimentos socialistas e comunistas de variadas formas: comunismos familiares, religiosos ou militares, socialismo estatal (no Egito), cartéis monopolistas e organizações de consumidores. Mas, ainda que tenha havido em toda parte privilégios de mercado cívicos, companhias, guildas e todos os tipos de diferenças legais entre a cidade e o campo, o conceito de cidadão, ou mesmo aquele de burguesia, não existiu fora do moderno Ocidente. De maneira similar, o proletariado enquanto classe não poderia existir, porque não havia organização racional do trabalho livre, sob disciplina regular. Lutas entre as classes credoras e devedoras, latifundiários e sem-terra, servos ou arrendatários, interesses comerciais e consumidores ou senhores de terras existiram em todos os lugares em diversas combinações. Mas mesmo as lutas no Ocidente medieval entre os subcontratadores e seus trabalhadores existiram alhures meramente em seus começos. O conflito moderno entre o empreendedor industrial em larga escala e seus trabalhadores livres assalariados esteve inteiramente ausente. E, portanto, não poderia haver problemas sequer semelhantes àqueles do socialismo.

Assim, em uma história universal da cultura, nosso problema central não é, em última análise, mesmo se nos colocarmos de um ponto de vista puramente econômico, o desenvolvimento da atividade capitalista como

---

[i] Expressão símbolo do liberalismo econômico. Advém do francês e, literalmente, quer dizer "deixai fazer, deixai ir, deixai passar". (N.T.)

tal, diferindo nas variadas culturas apenas em forma: o tipo aventureiro, ou o capitalismo no comércio, na guerra, na política ou administração enquanto fontes de ganho. É, antes, a origem desse capitalismo burguês sóbrio com sua organização racional do trabalho livre. Ou, nos termos de uma história cultural, o problema é aquele da origem da classe burguesa ocidental e de suas peculiaridades, um problema que está decerto profundamente ligado com o da origem da organização capitalista do trabalho, embora não seja exatamente a mesma coisa. Pois o burguês enquanto classe existiu anteriormente ao desenvolvimento da forma peculiar do capitalismo moderno, ainda que, é verdade, apenas no hemisfério ocidental.

À primeira vista, a peculiar forma de capitalismo do Ocidente moderno foi fortemente influenciada pelo desenvolvimento das possibilidades técnicas. A sua racionalidade é, nos dias de hoje, essencialmente dependente da calculabilidade dos fatores técnicos mais importantes. Mas isso significa fundamentalmente que ela é dependente das peculiaridades da ciência moderna, especialmente no que diz respeito às ciências naturais baseadas na matemática e no experimento exato e racional. Por outro lado, o progresso dessas ciências e da técnica que encontra nelas sua fundamentação recebe agora um estímulo importante por parte desses interesses capitalistas, quando se trata de suas aplicações econômicas práticas. É verdade que a origem da ciência ocidental não pode ser atribuída a tais interesses. O cálculo, mesmo com os números decimais, e a álgebra foram impulsionados na Índia, onde o próprio sistema decimal foi criado. Mas ele se torna útil apenas com o capitalismo em desenvolvimento, enquanto na Índia ele não foi desenvolvido até a aritmética moderna ou a contabilidade. Nem mesmo as origens da matemática ou da mecânica foram determinadas pelos interesses capitalistas. Mas a utilização *técnica* do conhecimento científico, tão importante para as condições de vida das massas, foi certamente encorajada por considerações econômicas, as quais eram extremamente favoráveis, no Ocidente, a tal utilização. Mas esse incentivo derivou das especificidades da estrutura social do Ocidente. Devemos então perguntar de *quais* partes daquela estrutura ele é derivado, já que nem todas elas possuíram a mesma importância nesse processo.

Entre aquelas de indubitável importância, estão as estruturas racionais do direito e da administração. Isso porque o moderno capitalismo racional tem a necessidade não somente dos meios técnicos de produção mas de um sistema legal e administrativo calculável em termos de regras formais. Sem ele é possível a existência de todos os tipos de capitalismo aventureiro, bem como aquele baseado no comércio especulativo, juntamente com todos os tipos de capitalismo politicamente determinado, mas não o empreendimento racional sob as investidas individuais, com capital fixo e a certeza dos cálculos. Tal ordem jurídica e tal administração estiveram à mão da atividade econômica em um estado comparativo de perfeição legal e formalística somente no Ocidente. Devemos, dessa forma, inquirir pelas origens desse direito. Entre outras circunstâncias, os interesses capitalistas, por sua vez, também deram suporte, de nenhum modo isoladamente, nem sequer primordialmente, à preparação do terreno para a predominância, no direito e na administração, de uma classe de juristas especificamente treinados em um direito racional. Mas esses interesses não criaram, eles próprios, as leis. Forças sensivelmente diferentes estavam em exercício nesse processo. E por que os interesses capitalistas não fazem o mesmo na China ou na Índia? Por que o progresso científico, artístico, político ou econômico nesses países não passou por esse caminho de racionalização que é peculiar do Ocidente?

Porque em todos os casos acima há a questão do racionalismo específico e peculiar da cultura ocidental. Sob esses termos muitas coisas diferentes podem ser entendidas, como a discussão que segue o demonstrará repetidas vezes. Há, por exemplo, a racionalização da contemplação mística, uma atitude que, vista de outras esferas da vida, é especificamente irracional, tanto quanto há racionalizações da vida econômica, da técnica, da pesquisa científica, do treinamento militar, do direito e da administração. Além disso, cada um desses campos pode ser racionalizado em termos de valores últimos e fins bastante diferentes, e o que é racional de um ponto de vista pode perfeitamente ser irracional de outro. Então, racionalizações dos mais variados caracteres existiram nas diversas esferas da vida e em todas as áreas da cultura. Para caracterizar as suas diferenças do ponto de vista da história cultural, é necessário conhecer quais esferas estão racionalizadas e em que direção. É, portanto, a primeira preocupação com a qual devemos lidar e explicar geneticamente a especificidade do racionalismo ocidental, e, no interior desse campo, aquele de moderna forma ocidental. Toda tentativa de tal explicação deve, reconhecendo a importância fundamental do fator econômico, levar em conta sobretudo as condições econômicas. Mas, ao mesmo tempo, a correlação oposta não pode ser deixada de lado, fora de consideração. Pois o desenvolvimento do racionalismo econômico é parcialmente dependente da técnica e do direito racionais, ele é ao mesmo tempo determinado pela habilidade e disposição dos homens em adotar certos tipos de conduta prática racional. Quando esses tipos estiveram obstruídos por obstáculos espirituais, o desenvolvimento da conduta econômica racional encontrou, por sua vez, sérias resistências internas. As forças mágicas e religiosas, e as ideias éticas do dever nelas baseadas, estiveram no passado entre as mais importantes influências formadoras da conduta. Nos estudos aqui reunidos, deveremos ter sempre em mente essas forças.

Dois ensaios mais antigos foram incluídos no início, os quais tentam, em um momento importante, aproximar-se do aspecto do problema que é geralmente mais difícil de apreender: a influência de certas ideias religiosas na formação de um espírito econômico, ou de um *ethos*[j] de um sistema econômico. Nesse caso, estamos lidando com a conexão do espírito da moderna vida econômica com a ética racional do protestantismo ascético. Portanto, tratamos aqui apenas de um lado da cadeia causal. Os estudos posteriores sobre a Ética Econômica das Religiões

---

[j] Na sociologia em geral, o termo é utilizado para designar um conjunto de costumes de determinado grupo, seus valores éticos, morais e culturais. Na perspectiva de Weber, o *ethos* estaria vinculado a esse conjunto de elementos que dariam base à ação prática dos sujeitos. (N.T.)

do Mundo tentam, na forma de uma pesquisa acerca das relações entre as mais importantes religiões, a vida econômica e a estratificação social de seu ambiente, rastrear as relações causais ambivalentes, à medida que isso seja necessário para encontrar pontos de comparação com o desenvolvimento ocidental. Pois apenas dessa maneira é possível a tentativa de uma avaliação causal daqueles elementos da ética econômica das religiões ocidentais que as diferencie de outras, com a esperança de alcançar-se mesmo um grau tolerável de aproximação. Então esses estudos não reivindicam ser análises completas, ainda que breves, das culturas. Ao contrário, em cada cultura eles enfatizam sensivelmente de forma deliberada os elementos com base nos quais elas se diferenciam da cultura da civilização ocidental. As pesquisas são, portanto, orientadas para os problemas que parecem importantes para o entendimento da cultura ocidental *desse* ponto de vista. Tendo em mente nosso objeto, nenhum outro procedimento parecia possível. Mas, para evitar mal-entendidos, devemos aqui dedicar uma ênfase especial nas limitações de nossos propósitos.

De outro ponto de vista, os não iniciados devem ser, pelo menos, alertados para que não exagerem a importância dessas investigações. O estudioso especialista em cultura chinesa, indiana, semita ou egípcia não irá encontrar, evidentemente, quaisquer fatos desconhecidos por ele. Unicamente, nutrimos esperanças de que eles não encontrem nada definitivamente equivocado naqueles temas que forem essenciais. O autor não tem como ter certeza acerca do quanto foi possível aproximar-se desse ideal levando-se em conta até onde alguém não especialista é capaz de alcançá-lo. É marcadamente evidente o quanto qualquer um que esteja forçado a valer-se de traduções, e ainda mais do uso e da avaliação de fontes monumentais, documentais ou literárias, deve valer-se também de uma literatura especializada que é, geralmente, altamente controversa, e da qual ele não é hábil em julgar os méritos acuradamente. Um autor tal deve fazer uma reivindicação modesta acerca do valor de sua obra. Tanto mais porque o número de traduções disponíveis de fontes diretas (isto é, inscrições e documentos) é, especialmente no que respeita à China, ainda muito pequeno em comparação com o que existe e é importante. De tudo isso advém o caráter definitivamente provisório desses estudos, e especialmente das partes que tratam da Ásia.[3] Somente o especialista é legítimo em um julgamento conclusivo. E, naturalmente, é apenas porque estudos expertos com esse propósito específico e desse ponto de vista particular não foram feitos até o presente momento que os aqui presentes foram escritos afinal. Eles estão destinados a tornar-se obsoletos em um sentido muito mais importante do que o que pode ser dito, à medida do possível, sobre outros trabalhos científicos. Mas independentemente de quão desaconselhável possa ser, esse traspassar a outros campos específicos não tem como ser evitado em um trabalho comparativo. Ainda assim, deve-se assumir as consequências que daí advêm, resignando-se a dúvidas consideráveis no que diz respeito ao seu grau de sucesso.

A moda e o zelo dos *literati*[k] poderiam fazer-nos achar que os especialistas hoje em dia podem ser poupados, ou que eles estariam degradados a uma posição

---

[k] Literatos, homens de letras. (N.T.)

subordinada à do visionário. Quase todas as áreas do conhecimento devem alguma coisa aos diletantes, que oferecem, em geral, muitos pontos de vista válidos. Mas ter em conta o diletantismo como um princípio primeiro seria o fim de toda ciência. Aquele que anseia por visões deveria ir ao cinema, embora esse campo de investigação seja oferecido copiosamente, nos dias de hoje, também na forma literária.[4] Nada está mais longe dos objetivos desses estudos exaustivamente sérios que apresentamos do que uma tal atitude. E, devo acrescentar, qualquer um que deseje um sermão deve dirigir-se a um conciliábulo. A questão acerca do valor relativo às culturas que serão aqui comparadas não receberá nem uma única menção. É verdade que o destino da humanidade não pode deixar de intimidar aquele que estuda mesmo que uma pequena seção dela. Mas o estudioso fará bem em guardar os seus pequenos comentários pessoais para si mesmo, como o faz aquele que contempla o mar ou montanhas majestosas, a não ser que ele se saiba abençoado e dotado para expressá-los sob forma artística ou profética. Na maior parte dos outros casos, a volumosa tagarelice em relação à intuição não faz mais que disfarçar uma falta de perspectiva focada no objeto, e que merece o mesmo julgamento enquanto uma similar falta de perspectiva em relação aos homens.

São necessários alguns esclarecimentos ao fato de que não foi utilizado material etnográfico proporcional à extensão que o valor das contribuições desse material naturalmente exige em qualquer investigação realmente exaustiva, especialmente em relação às religiões asiáticas. Essa omissão também aparentou-nos permissível porque estamos lidando aqui necessariamente com a ética religiosa das classes que foram as portadoras da cultura de seus respectivos países. Estamos preocupados com a influência que a *sua* conduta exerceu. É verdade que isso só pode ser conhecido completamente em todos os seus detalhes quando os fatos de etnografia e do folclore forem trazidos à comparação. Devemos, então, expressamente admitir que essa é uma lacuna contra a qual o etnógrafo irá legitimamente objetar. Espero dar alguma contribuição ao seu saneamento em um estudo sistemático sobre a Sociologia da Religião. Mas tal cometimento transcenderia os limites desta investigação, que tem propósitos estreitamente circunscritos. Foi necessário contentarmo-nos em trazer à tona os pontos de comparação com nossas religiões ocidentais tão fielmente quanto nos foi possível.

Finalmente, devemos fazer uma referência ao aspecto *antropológico* do problema. Quando encontramos repetidas vezes que — mesmo em esferas da vida que sejam constituídas aparentemente em independência mútua — certos tipos de racionalização desenvolveram-se no Ocidente, e apenas aí, seria natural supor que as razões mais importantes baseiam-se em diferenças hereditárias. O autor admite que é inclinado a tomar em grande conta as diferenças biológicas hereditárias. Mas, apesar dos notáveis resultados das pesquisas antropológicas, não vejo até o presente momento forma de medir exatamente ou mesmo aproximadamente nem a extensão nem, sobretudo, a forma de sua influência no desenvolvimento aqui investigado. Deve ser uma das tarefas da investigação sociológica e histórica, antes de tudo, analisar todas as influências e as relações causais que possam ser explicadas satisfatoriamente em termos de reações às condições ambientais. Só então, e quando a psicologia e a neurologia raciais comparativas tiverem avançado para além de seus presentes esforços iniciais, que são de várias formas bastante promissores, poderemos ter esperança na probabilidade de uma resposta satisfatória ao problema.[5] Por enquanto, essa condição aparenta-me não existir, e uma alusão à hereditariedade iria, portanto, associar-se a uma renúncia prematura das possibilidades de conhecimento alcançáveis atualmente, e desviaria o problema a fatores (no presente) ainda desconhecidos.

Notas

1. Aqui, como em alguns outros pontos, divirjo de nosso honrado mestre, Lujo Brentano (em obra a ser citada posteriormente), principalmente no que concerne à terminologia, mas também em questões de fato. Não me parece oportuno trazer sob uma mesma categoria coisas tão diferentes como a aquisição por espólio e aquela advinda pela gerência de uma fábrica; muito menos denominar qualquer tendência à aquisição de dinheiro como o espírito do capitalismo enquanto contrário a outras formas de aquisição. Essa última sacrifica toda a precisão dos conceitos, assim como aquela primeira acaba com a possibilidade de esclarecer a diferença específica entre o capitalismo ocidental e outras formas. Também na *Filosofia do dinheiro*, de Simmel, economia monetária e capitalismo são identificados de maneira muito estreita, e em detrimento de sua análise concreta. Nos escritos de Werner Sombart, sobretudo na segunda edição de sua obra mais importante, *O capitalismo moderno*, a *differentia specifica* do capitalismo ocidental — pelo menos de nosso ponto

de vista do problema —, a organização racional do trabalho é fortemente ofuscada por fatores genéticos que operaram em todas as partes do mundo.

2. Naturalmente a diferença não pode ser concebida em termos absolutos. O capitalismo politicamente orientado (sobretudo as formas de arrecadação de impostos que dependiam de esforços privados) da Antiguidade mediterrânea e oriental, e mesmo da China e da Índia, deu margem a empreendimentos racionais e contínuos dos quais a contabilidade — apesar de conhecidas por nós por meio de apenas alguns fragmentos lamentáveis — provavelmente possuía características racionais. Além disso, o capitalismo dos aventureiros politicamente orientados foi estreitamente associado ao capitalismo burguês racional no desenvolvimento dos bancos modernos, que, incluindo o Banco da Inglaterra, tiveram em sua maior parte origem em transações de natureza política, frequentemente ligadas à guerra. A diferença entre as características de Paterson, por exemplo — um típico patrocinador —, e as dos membros do diretório do Banco que deram a chave para a sua política permanente, e não muito depois vieram a tornar-se conhecidos como os "puritanos usurários do *Grocers' Hall*", é característica. Do mesmo modo, temos a aberração da política desse que é um dos mais sólidos bancos no tempo da Quebra dos Mares do Sul. Portanto, há, naturalmente, uma área cinzenta entre ambos. Mas a diferença existe. Os grandes patrocinadores e financiadores não são mais responsáveis pela criação racional do trabalho que — de novo, em geral e com exceções individuais — aqueles outros típicos representantes do capitalismo financeiro e político, os judeus. Isso foi feito, tipicamente, por um grupo de pessoas marcadamente diferente.

3. As fontes de meus conhecimentos sobre os hebreus também são profundamente inadequadas.

4. Precisamos lembrar enfaticamente que isso não se aplica a tentativas como aquelas de Karl Jasper (em seu livro *Psychologie der Weltanschauungen*), ou aquela de Klages em *Charakterologie*, e estudos similares que diferem dos nossos desde seus pontos de partida. Aqui não é o espaço para uma crítica a eles.

5. Há alguns anos, um eminente psiquiatra expressou-me a mesma opinião.

Parte I. O problema

Capítulo I
Filiação religiosa e estratificação social[6]

Uma simples olhada nas estatísticas ocupacionais de qualquer país que possua uma composição religiosa diversificada traz à tona com marcante frequência[7] uma situação que diversas vezes provocou discussões na imprensa e na literatura católicas,[8] além dos congressos católicos na Alemanha. Tal situação é, dito em termos claros, o fato de que os líderes empresariais e detentores do capital, assim como os trabalhadores com maiores níveis de qualificação, e tanto mais o pessoal mais bem treinado técnica e comercialmente das empresas modernas, são, em esmagadora maioria, protestantes.[9] Isso é uma verdade não apenas nos casos em que as diferenças de religião coincidem com aquelas de nacionalidade e, portanto, de desenvolvimento cultural, como no Leste da Alemanha, entre alemães e poloneses. O mesmo é mostrado em dados de filiação religiosa em quase todo lugar em que o capitalismo, na época de sua grande expansão, esteve com as mãos livres para alterar a distribuição demográfica de acordo com as suas necessidades e para determinar a estrutura ocupacional da população. Quanto mais liberdade tenha o capitalismo possuído, mais claramente o efeito se manifesta. É verdade que a maior participação relativa de protestantes na detenção do capital,[10] na gerência e nos postos mais altos de trabalho dos grandes empreendimentos industriais e comerciais modernos,[11] pode ser explicada parcialmente em termos de circunstâncias históricas,[12] que remontam a um passado distante no qual a filiação religiosa não é uma causa das condições econômicas, mas até certo ponto aparece mesmo como resultado delas mesmas. A participação nas funções econômicas anteriormente descritas envolve uma prévia detenção de algum capital e geralmente de uma educação custosa; frequentemente envolve ambas. São hoje largamente dependentes da posse de riqueza advinda de heranças, ou, minimamente, de um certo grau de bem-estar material. Um número daquelas regiões do antigo *Reich* que figuravam entre as mais economicamente desenvolvidas e que contavam com maior favorecimento em termos de recursos naturais e localização, em particular a maioria das cidades mais ricas, converteu-se ao protestantismo no século XVI. Os resultados dessas circunstâncias favorecem os protestantes em suas lutas por sobrevivência econômica ainda hoje. Isso faz surgir, então, a questão histórica: por que os distritos de mais alto desenvolvimento econômico eram particularmente favoráveis a uma revolução na Igreja? A resposta não é, de nenhum modo, tão simples quanto se poderia imaginar.

A emancipação do tradicionalismo econômico aparece, sem dúvidas, como um fator que fortaleceria acentuadamente a tendência de duvidar do caráter sacrossanto das tradições religiosas, assim como de todas as demais autoridades tradicionais. Mas é necessário notar, o que tem sido costumeiramente esquecido, que a Reforma não significava a eliminação da dominação eclesiástica sobre a vida cotidiana, mas antes a substituição da antiga forma de dominação por uma nova. Isso significou um repúdio a uma tal dominação que era por demais frouxa e, naquele tempo, praticamente imperceptível, pouco mais do que formal, em favor de uma regulação da completude da conduta a qual, penetrando todas as esferas da vida privada e pública, era infinitamente mais incômoda e seriamente executada. O domínio da Igreja Católica, "punitiva com os hereges, mas indulgente com os pecadores", como o era no passado ainda mais do que é hoje, é atualmente tolerado pelos povos de caráter econômico plenamente moderno, e foi suportado por aqueles mais ricos e economicamente avançados do mundo até por volta da virada do século XV. O domínio do calvinismo, por outro lado, como foi imposto no século XVI em Genebra e na Escócia, na maior parte dos Países Baixos na virada do século XVI para o XVII, na Nova Inglaterra no século XVII e por um tempo na própria Inglaterra, seria em nossa opinião a mais absolutamente insuportável forma de dominação eclesiástica que poderia existir. Isso foi exatamente o que sentiu uma grande parte da antiga aristocracia comercial daqueles tempos, tanto em Genebra quanto na Holanda e na Inglaterra. E o que os reformadores denunciavam naquelas áreas de maior desenvolvimento econômico não era o excesso de supervisão por parte da Igreja, mas a sua escassez. Como pôde acontecer que, naquele momento, aqueles países que eram os mais avançados economicamente, e a emergente classe média burguesa em seu interior, não apenas falharam em resistir à tirania sem precedentes do puritanismo mas ainda desenvolveram em sua defesa um verdadeiro heroísmo? Pois as classes burguesas, antes disso, raramente apresentaram, e nunca mais o fizeram desde então, uma tal disposição heroica. Foi *the last of our heroisms*,[1] como disse, não sem razão, Carlyle.

Mas, além disso, e ainda mais importante: pode ser que, como foi dito, a maior participação de protestantes nas posições empresariais e de gerência na vida econômica moderna seja atualmente entendida, pelo menos em parte, simplesmente como o resultado da grande riqueza material que eles herdaram. Mas há outros fenômenos que não podem ser explicados dessa forma. Menciono apenas alguns fatos: há uma visível diferença em Baden, na Baviera, na Hungria, em relação ao tipo de educação superior que os pais católicos, em oposição aos protestantes, oferecem a seus filhos. Que a porcentagem de católicos entre os estudantes e graduandos em instituições de ensino superior fique em geral aquém de sua proporção em relação à população[13] pode, certamente, ser muito compreensível em termos de diferenças de patrimônio herdado. Mas, entre os católicos graduandos, a porcentagem daqueles que se encontram em instituições de estudos técnicos preparatórios, em particular para ocupações industriais e comerciais, mas em geral naquelas que formam para uma vida empresarial, fica ainda mais abaixo da média de protestantes.[14] Por outro lado, os católicos preferem o tipo de formação oferecido pelo *Gymnasien* humanístico. Essa é uma circunstância para a qual a explicação em questão não se aplica, mas, pelo contrário, é uma das razões pelas

---

[1] "O último de nossos heroísmos". (N.T.)

quais tão poucos católicos estejam engajados em um empreendimento capitalista.

Ainda mais arrebatador é um fato que explica parcialmente a menor proporção de católicos entre os trabalhadores qualificados da indústria moderna. É fato bem conhecido que a fábrica recrutou sua mão de obra qualificada, em grande medida, entre os jovens artesãos; mas isso é muito mais verdadeiro entre os protestantes do que entre os católicos. Entre os artesãos, os católicos apresentam maior propensão a permanecer nos ateliês, quer dizer, tornam-se mais frequentemente mestres artesãos, enquanto os protestantes são majoritariamente atraídos para as fábricas, objetivando preencher os postos de trabalho mais qualificados, bem como as posições administrativas.[15] A explicação para esses casos é indubitavelmente que peculiaridades mentais e espirituais adquiridas do ambiente, aqui especificamente o tipo de educação favorecido pela atmosfera religiosa da comunidade doméstica e da casa paterna, determinaram a escolha profissional e, por meio dela, da própria carreira.

A reduzida participação dos católicos na vida empresarial moderna da Alemanha é mais do que tudo surpreendente porque ela vai no sentindo oposto a uma tendência que foi observada em todas as épocas,[16] inclusive no presente. Minorias nacionais ou religiosas que estejam em posição de subordinação a um grupo dominante são inclinadas, por sua exclusão, voluntária ou não, de postos de influência política, a serem compelidas fortemente à atividade econômica. Seus membros mais aptos buscam satisfazer uma ambição de ter reconhecidas suas habilidades nesse campo, já que não encontram oportunidades para tal no funcionalismo público. Foi indubitavelmente o que ocorreu com os poloneses na Rússia e na Prússia oriental, os quais sem sombra de dúvida tiveram nesses locais um avanço econômico em menor tempo do que na Galícia, onde estiveram sempre em número ascendente. Em épocas anteriores, assim o foi com os huguenotes na França sob Luís XIV, com os não conformistas e com os *quakers* na Inglaterra, e, por fim, mas não menos importante, com os judeus durante dois mil anos. Mas, na Alemanha, os católicos não apresentaram nenhuma evidência notável de um tal resultado sobre sua posição social. No passado, diferentemente dos protestantes, os católicos não passaram por nenhum desenvolvimento econômico proeminente durante os períodos em que eram perseguidos, ou no máximo tolerados, seja na Holanda, seja na Inglaterra. Por outro lado, é fato que os protestantes (especialmente certos ramos desse movimento que serão detalhadamente discutidos adiante), independentemente de figurarem como classe dominante ou dominada, como maioria ou minoria, apresentaram uma tendência especial ao desenvolvimento de um racionalismo econômico que não pode ser observado nos mesmos termos entre os católicos, nem em alguma das situações descritas anteriormente nem na sua situação oposta.[17] Assim, deve-se buscar a principal explicação para essa diferença nos aspectos intrínsecos e permanentes de suas crenças religiosas, e não exclusivamente em suas situações histórico-políticas, temporárias e externas.[18]

Será nossa tarefa a investigação dessas religiões tendo em vista a necessidade de encontrar entre as especificidades que elas têm ou tiveram aquelas que possam ter como resultado o comportamento que descrevemos. Em uma análise superficial, e sobre as bases de certas impressões atualmente difundidas, poderíamos ser tentados a explicar a diferença afirmando que devoção extramundana, transcendental, própria do catolicismo, o traço ascético de seus ideais mais elevados, teria levado seus adeptos a maior indiferença com relação às coisas deste mundo. Tal explicação encaixa-se perfeitamente nas tendências populares de julgamento de ambas as religiões. Do lado dos protestantes, ela é utilizada como o fundamento de sua crítica àqueles ideais ascéticos (reais ou imaginários) do modo de vida católico, enquanto os católicos respondem com a acusação de que o materialismo resulta da secularização de todos os ideais por parte do protestantismo. Um escritor tentou formular a diferença dessas duas atitudes em relação à vida econômica da maneira que segue: "O católico é mais manso, possuindo menos o impulso à aquisição; ele prefere uma vida com a maior segurança possível, ainda que seja com uma renda menor, a uma vida de riscos e sobressaltos, ainda que venha com ela a chance de obter honrarias e riqueza. O provérbio diz jocosamente: 'coma bem ou durma bem'. No caso em discussão, os protestantes preferem comer bem, já os católicos escolhem um sono sem perturbações".[19]

De fato, o desejo de comer bem pode ser uma caracterização correta porém incompleta dos motivos de muitos protestantes nominais que vivem atualmente na Alemanha. Mas as coisas eram bem diferentes no passado: os puritanos ingleses, holandeses e americanos eram identificados exatamente pelo oposto do desfrute da vida, algo que é de fato, como veremos adiante, de grande importância para os nossos estudos. Além disso, os protestantes franceses, entre outros, conservaram durante um longo período, e em determinados aspectos conservam ainda no presente, as características que foram a marca das Igrejas calvinistas por todas as partes, especialmente aquelas que estavam sob a cruz nos tempos das guerras religiosas. Não obstante (ou foi, talvez, como devemos indagar-nos mais adiante, exatamente por esse motivo?), é fato por todos conhecido que essas características estiveram entre os mais importantes fatores que impulsionaram o desenvolvimento industrial e capitalista na França, permanecendo assim na reduzida escala que as perseguições religiosas permitiram. Se quisermos chamar de devoção extramundana essa seriedade e forte predominância de interesses religiosos em toda a conduta da vida, os calvinistas franceses foram e ainda são no mínimo tão devotos à transcendência como, por exemplo, os católicos da Alemanha setentrional, para quem seu catolicismo é sem dúvida tão vital quanto a religião é para nenhum outro povo do mundo. E ambos diferem das tendências religiosas predominantes em seus respectivos países basicamente do mesmo modo. Os católicos da França são, em suas camadas inferiores, intensamente interessados no desfrute da vida e, nas camadas superiores, francamente hostis à religião. De maneira similar, os protestantes da Alemanha estão hoje absorvidos na vida econômica mundana, e suas camadas superiores são em grande parte indiferentes à religião.[20] Dificilmente algo poderia demonstrar tão claramente quanto esses paralelos que, com tais ideias vagas, como essa suposição de uma tal devoção extramundana do catolicismo, bem como aquela da busca pelo desfrute da vida dos protes-tantes, e outras equivalentes, nenhum de nossos propósitos pode ser alcançado. Em termos tão generalizados quanto esses, a distinção sequer é adequada a fatos atuais, e certamente está ainda mais afastada daqueles do passado. Se, contudo, alguém ainda deseje fazer uso dela, apresenta-se então uma série de outras observações, que, combinadas com as que já apresentamos anteriormente, sugerem que o suposto conflito entre a devoção extramundana, o ascetismo e piedade eclesial por um lado e a participação na aquisição capitalista por outro, podem na verdade se revelar não uma antinomia, mas uma relação íntima.

De fato, é notável, para começarmos com uma observação bastante superficial, o alto número de representantes das diversas formas de piedade cristã que brotaram de círculos comerciais. Particularmente, uma parte considerável dos mais zelosos adeptos do pietismo[m] possui essa origem. Isso pode ser explicado como um tipo de reação ao mamonismo[n] por parte de naturezas sensíveis e não adaptadas à vida comercial, e, como no caso de Francisco de Assis,[o] muitos pietistas, eles próprios, interpretaram o processo de suas conversões nesses termos. De forma semelhante, as notáveis circunstâncias em que uma grande parte dos empreendedores capitalistas — a

---

[m] Movimento religioso surgido em fins do século XVII, no interior do luteranismo. O pietismo é analisado na presente obra, mais adiante. (N.T.)

[n] Referente a um tipo de atitude, que vê no acesso a bens materiais uma manifestação da realização humana. (N.T.)

[o] Frade católico italiano que viveu entre 1182 e 1226. A partir de certo momento, optou por uma vida de completa pobreza, sendo o fundador de uma ordem mendicante, a dos franciscanos. (N.T.)

exemplo de Cecil Rhodes[p] — tenha advindo de famílias de clérigos podem ser explicadas como uma revolta contra a sua educação ascética. Mas essa maneira de explicar falha quando um senso capitalista extraordinário vem combinado nas mesmas pessoas e grupos com as mais intensas formas de piedade religiosa que chegam a penetrar e dominar a completude de suas vidas. Tais casos não são isolados, mas configuram traços das mais importantes Igrejas e seitas do protestantismo. Especialmente o calvinismo, onde quer que tenha aparecido,[21] apresentou essa combinação. Por menor que fosse sua relação, na época da Reforma, com alguma classe social particular (como qualquer outra crença protestante), é característico e em um certo sentido típico que, nas Igrejas huguenotes francesas, os monges e os homens de negócios (mercadores, artesãos) eram particularmente numerosos entre os prosélitos, especialmente na época das perseguições.[22] Até mesmo os espanhóis sabiam que a heresia (quer dizer, o calvinismo dos holandeses) promovia o comércio, o que coincide com a opinião que Sir William Petty[q] expressou em sua discussão acerca das causas para o desenvolvimento capitalista dos Países Baixos. Gothein[23] corretamente denominou a diáspora calvinista como o terreno fértil do desenvolvimento da economia capitalista.[24] Mesmo nesse caso, alguém pode considerar como fator decisivo a superioridade cultural

---

[p] Homem de negócios sul-africano, nascido na Inglaterra em 1853, viveu até 1902, envolvido com mineração, com a política e com a colonização da região. (N.T.)

[q] Filósofo, economista e cientista inglês, de formação médica. Viveu entre 1623 e 1687. Sua importância para a economia política é notável. (N.T.)

francesa e holandesa da qual essas culturas brotaram, ou, talvez, a imensa influência do exílio no rompimento das relações tradicionais.[25] Porém, na França, a situação era, como sabemos com base nas lutas de Colbert, a mesma também no século XVII. Mesmo a Áustria, para que não se fale de outros países, importou diretamente artesãos protestantes.

Mas nem todas as denominações protestantes parecem ter tido a mesma influência nessa direção. O calvinismo, mesmo na Alemanha, aparentemente esteve entre aquelas religiões que exerceram mais fortemente, e a fé reformada[26] mais do que outras, a promoção do espírito do capitalismo tanto em Wuppertal como em outros lugares. Ainda mais do que o luteranismo, como a comparação tanto do geral quanto dos casos particulares parece demonstrar, especialmente em Wuppertal.[27] No que se refere à Escócia, Buckle e, entre os poetas ingleses, Keats enfatizaram essas mesmas relações.[28] Ainda mais formidável, e basta uma simples menção, é a ligação entre um modo de vida religioso com o mais intenso desenvolvimento da perspicácia empresarial entre aquelas seitas para as quais a devoção extramundana é tão proverbial quanto sua riqueza, especialmente os *quakers* e os menonitas. O papel que os primeiros cumpriram na Inglaterra e na América do Norte coube aos últimos na Alemanha e nos Países Baixos. Que na Prússia oriental Frederico Guilherme I tenha tolerado os menonitas como indispensáveis à indústria, apesar de sua obstinada recusa em prestar serviços militares, é unicamente um entre os numerosos casos famosos que ilustram o fato; ainda que seja, considerando-se o temperamento desse monarca, um dos mais impressionantes casos.

Finalmente, é senso comum que essa combinação de intensa veneração religiosa com um não menos forte desenvolvimento de uma perspicácia para os negócios foi também característica dos pietistas.[29]

É suficiente pensarmos acerca da Renânia e de Calw. Nesta discussão puramente introdutória é desnecessário continuar empilhando exemplos. Os poucos aqui elencados já demonstram em conjunto uma mesma coisa: que o espírito do trabalho árduo, do progresso, ou do que se queira chamá-lo, cujo despertar podemos ser inclinados a creditar ao protestantismo, não deve ser entendido, como há uma tendência a tal, como desejo de desfrute da vida ou como ligado ao Iluminismo de qualquer outra forma. O antigo protestantismo de Lutero, Calvino, Knox, Voet tinha pouquíssima afinidade com o que hoje é visto como progresso. Era diretamente hostil a uma infinidade de aspectos da vida moderna que o mais extremo religioso de nossos dias não desejaria suprimir. Se for possível encontrar qualquer relação intrínseca entre certas expressões do antigo espírito protestante e a moderna cultura capitalista, devemos tentar encontrá-la, para o bem ou para o mal, não em seus alegados desejos de desfrute da vida mais ou menos materialistas ou, pelo menos, não ascéticos, mas em suas características puramente religiosas. Montesquieu[r] disse sobre os ingleses (*O espírito das leis*, livro XX, capítulo 7) que eles "tinham avançado até mais longe que os outros povos do mundo em três coisas importantes: devoção

---

[r] Importante pensador que viveu entre 1689 e 1755, de grande influência no período do Iluminismo. Suas mais famosas contribuições se referem à filosofia política, entre outras. (N.T.)

religiosa, comércio e liberdade". Não é possível que sua superioridade comercial e sua adaptação a instituições políticas livres estejam conectadas de algum modo com aquele recorde de devoção que Montesquieu lhes atribui?

Inúmeras relações possíveis, vagamente inferidas, ocorrem-nos quando colocamos a questão dessa forma. A tarefa será agora aquela de formular da maneira mais clara possível o que nos aparece, por ora, ainda confusamente, considerando a inesgotável diversidade que pode ser encontrada no material histórico. Mas, se quisermos cumpri-la, será necessário deixar para trás os conceitos vagos e gerais com os quais lidamos até aqui, em uma tentativa de penetrar as características peculiares e as diferenças daqueles grandes mundos de pensamentos religiosos que existiram historicamente nos diversos ramos do cristianismo.

Antes que possamos proceder à tarefa, contudo, algumas considerações são ainda necessárias, primeiro no que diz respeito às peculiaridades do fenômeno para o qual buscamos uma explicação histórica, depois, acerca do sentido no qual tal explicação é possível dentro dos limites desta investigação.

Notas

6. Da volumosa literatura que surgiu em torno deste ensaio, eu cito apenas as críticas mais abrangentes. (1) F. Rachfahl, "Kalvinismus und Kapitalismus", *Internationale Wochenschrift für Wissenschaft, Kunst und Technik* (1909), n. 39-43. Em resposta, meu artigo: "Antikritisches zum Geist des Kapitalismus", *Archiv* *für Sozialwissenschaft und Sozialpolitik* (Tübingen), XX, 1910. E a posterior resposta de Rachfahl: "Nochmals Kalvinismus und Kapitalismus", 1910, n. 22-25, da *Internationale Wochenschrift*. E finalmente, o meu "Antikritisches Schlusswort", *Archiv*, XXXI. (Brentano, na crítica à qual em breve farei referência, evidentemente não conhecia essa última fase da discussão, visto que não a menciona). Não incorporei a esta edição nada da polêmica, um tanto infrutífera, que mantive com Rachfahl. Ele é, no entanto, um autor que conta com minha admiração, mas que nesse caso aventurou-se em um campo no qual não se qualificou completamente. De minha anticrítica, adicionei aqui apenas algumas referências suplementares e tentei, em novas passagens e notas, tornar impossíveis futuros mal-entendidos. (2) W. Sombart, em seu livro *Der Bourgeois* (Munique e Leipzig, 1913, também traduzido para o inglês sob o título *The Quintessence of Capitalism* [*A Quintessência do Capitalismo*], Londres, 1915), ao qual devo retornar em notas mais adiante. Finalmente, (3) Lujo Brentano na Parte II do Apêndice à sua aula inaugural em Munique (na Academia de Ciências, 1913) sobre *Die Anfänge des modernen Kapitalismus*, a qual foi publicada em 1916. Também deverei referir-me a essas críticas na forma de notas nos momentos apropriados. Convido qualquer interessado a convencer-se, por meio de comparação entre minhas edições, que minha revisão não serviu para eliminar, modificar o significado, enfraquecer ou adicionar afirmações diferentes em conteúdo, em nem uma única frase entre aquelas essenciais de meu ensaio. Não houve ocasião para tal atitude, e o desenvolvimento de minha exposição convencerá qualquer um que ainda possua dúvidas disso. Os dois últimos autores envolveram-se em uma controvérsia bem mais dura entre si do que comigo. Considero bem fundamentada em diversos pontos a crítica de Brentano ao livro de Sombart, *Die Funden und das Wirtschaftsleben*, porém frequentemente muito injusta, mesmo desconsiderando-se o fato de que Brentano parece não ter compreendido a verdadeira essência do problema dos judeus (o qual é inteiramente omitido aqui, mas que será abordado em outro lugar).

Da parte dos teólogos recebi numerosas sugestões de grande valor em relação a este meu estudo. A recepção de minha obra entre eles foi em geral simpática e impessoal, apesar de grandes diferenças de opinião em pontos específicos. Isso é ainda mais caro a mim uma vez que eu não me surpreenderia com uma possível antipatia ante a maneira pela qual esses problemas devem, necessariamente, ser tratados aqui. Aquilo que é valioso para um teólogo em sua religião não pode desempenhar um papel muito grande em um estudo como este. Estamos preocupados com aquilo que, de um ponto de vista religioso, são aspectos superficiais e grosseiros da vida religiosa, mas que, e precisamente por assim o serem, frequentemente influenciaram de forma mais profunda o comportamento exterior.

Outro livro que, além de conter muitas outras coisas, é uma bem-vinda confirmação e complementação deste ensaio, pois lida com o nosso problema, é a importante obra de E. Troeltsch, *Die Soziallehren der christlichen Kirchen und Gruppen* (Tübingen, 1912). Trata da história da ética do cristianismo ocidental de um ponto de vista próprio e bastante amplo. Indico-o aqui ao leitor para uma comparação geral, em vez de fazer referências repetidas em pontos específicos. O autor está preocupado principalmente com as doutrinas da religião, enquanto estou, por minha vez, preocupado com seus resultados práticos.

7. As exceções são explicadas, nem sempre, mas frequentemente, pelo fato de que as inclinações religiosas dos trabalhadores de uma indústria são naturalmente, em primeira instância, determinadas por aquelas da localidade na qual a indústria está

situada, ou na qual a mão de obra é recrutada. Essa circunstância geralmente altera a impressão, à primeira vista, oferecida por algumas estatísticas de adesão religiosa, por exemplo, nas províncias da Renânia. Além do mais, os dados só podem ser conclusivos se as ocupações especializadas individuais forem cuidadosamente distinguidas entre si. Caso contrário, grandes empregadores podem por vezes ser agrupados com mestres artesãos que trabalham por conta própria, sob a categoria de "proprietários de empresas". Acima de qualquer coisa, o capitalismo completamente desenvolvido dos dias de hoje — em especial quando consideramos as camadas menos qualificadas da mão de obra — tornou-se independente de qualquer influência que a religião possa ter tido no passado. Retornarei a esse ponto.

8. Compare-se, por exemplo, Schell, *Der Katholizismus als Prinzip des Fortschrittes* (Würzburg, 1897), p. 31, e V. Hertling, *Das Prinzip des Katholizismus und die Wissenschaft* (Freiburg, 1899), p. 58.

9. Um de meus alunos examinou o que, a esta altura, é o mais completo material estatístico que possuímos sobre o assunto: as estatísticas religiosas de Baden. Ver Martin Offenbacher, "Konfession und soziale Schichtung", *Eine Studie über wirtschaftliche Lage der Katholiken und Protestanten in Baden* (Tübingen e Leipzig, 1901), V. IV, parte V, dos *Volkswirtschaftliche Abhandlungen der badischen Hochschulen*). Os fatos e os dados que são utilizados a título de ilustração mais adiante são todos retirados desse estudo.

10. Por exemplo, em 1895, em Baden, dentre o capital disponível para uma tributação sobre a renda tinha-se a seguinte proporção:

Para 1.000 protestantes ... ... 954.000 marcos

Para 1.000 católicos ... ... 589.000 marcos

É verdade que os judeus, com mais de 4 milhões de marcos a cada mil indivíduos, estavam bem à frente dos outros (para detalhes conferir Offenbacher, *op. cit.*, p. 21).

11. Sobre esse tópico, comparar toda a discussão trazida pelo estudo de Offenbacher.

12. Também sobre isso, Offenbacher traz evidências mais detalhadas sobre Baden em seus dois primeiros capítulos.

13. Em 1895, a população de Baden era composta da seguinte maneira: protestantes, 37%; católicos, 61,3%; judeus, 1,5%. Os estudantes que estavam em níveis mais altos do que a escola pública compulsória estavam, no entanto, divididos como segue (Offenbacher, p. 16):

	Protestantes	Católicos	Judeus
	%	%	%
Gymnasien	43	46	9,5
Realgymnasien	69	31	9
Oberrealschulen	52	41	7
Realschulen	49	40	11
Höhere Bürgerschulen	51	37	12
Média	48	42	10

E a mesma coisa pode ser observada na Prússia, na Baviera, em Württemberg, na Alsácia-Lorena e na Hungria (ver os dados em Offenbacher, p. 16 ss.).

14. Conferir os números apresentados na nota precedente. Eles mostram que a frequência católica das escolas secundárias, que é regularmente um terço menor do que a proporção de católicos na população, ultrapassa-a por apertada porcentagem somente nos casos do *Gymnasien* (essencialmente voltado à preparação para estudos teológicos). Em referência à discussão subsequente, poder-se-á notar como característico o fato de que na Hungria os adeptos da Igreja reformada excedem até mesmo os recordes protestantes de frequência a escolas secundárias (ver Offenbacher, p. 19, nota).

15. Conferir a demonstração em Offenbacher, p. 54, e as tabelas no fim de seu estudo.

16. Especialmente bem ilustrada por passagens nas obras de Sir William Petty, às quais nos remeteremos adiante.

17. A referência de Petty ao caso da Irlanda pode ser explicada de maneira muito simples pelo fato de que os protestantes só estiveram envolvidos na condição de senhores de terras absenteístas. Se ele intentasse afirmar mais do que isso, encontrar-se-ia equivocado, como o demonstra o caso dos irlandeses-escoceses. A relação típica entre protestantismo e capitalismo existiu na Irlanda assim como em toda parte. (Sobre os irlandeses-escoceses, ver C. A. Hanna, *The Scotch-Irish*, dois volumes; Putnam, Nova York.)

18. Isso não significa negar, claro, que essas circunstâncias tiveram consequências de grande importância. Como devo apresentar mais adiante, o fato de muitas seitas protestantes serem pequenas e, portanto, minorias homogêneas — como o eram todos os calvinistas estritos que estavam fora de Genebra e da Nova Inglaterra, mesmo onde estavam em posse do poder político — foi de significância fundamental para o desenvolvimento de seu caráter, incluindo a sua maneira de participar na vida econômica. A migração dos exilados de todas as religiões do mundo, indianos, árabes, chineses, sírios, fenícios, gregos, lombardos, para outros países como portadores do aprendizado comercial das mais desenvolvidas regiões, foi de ocorrência universal e não tem nada a ver com o nosso problema. Brentano, em ensaio ao qual deverei fazer menção frequente, *Die Anfänge des modernen Kapitalismus*, lança mão do testemunho de sua própria família. Mas os banqueiros de origem estrangeira existiram em todos os tempos e em todos os países como os representantes das experiências e das relações comerciais. Eles não são particulares ao capitalismo moderno, e eram vistos com desconfiança em termos éticos por parte dos protestantes. O caso das famílias protestantes, como os Muralt, os Pestalozzi, etc., que migraram para Zurique vindas de Locarno, foi diferente. Eles logo se tornaram identificados com um tipo de desenvolvimento capitalista especialmente moderno (industrial).

19. Offenbacher, *op. cit.*, p. 58.

20. Raras boas observações das peculiares características das diferentes religiões na Alemanha e na França, e a relação delas com outros elementos culturais no conflito entre nacionalidades na Alsácia, podem ser encontradas no belo estudo de W. Wittich, "Deutsche und französische Kultur im Elsass", *Illustrierte Elsässische Rundschau* (1900, também publicado separadamente).

21. Isso, evidentemente, é verdadeiro, estando presentes as possibilidades de desenvolvimento do capitalismo na região em questão.

22. A respeito, ver, por exemplo, Dupin de St. André, "L' Ancienne Église réformée de Tours. Les membres de l'Église", *Bull. de la Soc. de l'Hist. du Protest.*, 4, p. 10. Mais uma vez, alguém pode aqui, especialmente do ponto de vista católico, considerar o desejo de emancipação da dominação monástica ou eclesial como o motivo predominante. Mas contra essa perspectiva restam não apenas as opiniões dos contemporâneos (incluindo Rabelais) mas também, por exemplo, os escrúpulos de consciência dos primeiros sínodos nacionais dos huguenotes (veja-se "Primeiro Sínodo", particip. C, qu. 10, em Aymon, *Synod. Nat.*, p. 10), quanto às possibilidades de um banqueiro vir a ser um decano da Igreja; e, apesar da tomada de posição resoluta de Calvino, a repetida discussão nos mesmos órgãos acerca da permissibilidade da cobrança de juros ocasionada por questões levantadas pelos membros mais apreensivos. Isso é parcialmente explicado pelo número de pessoas que tinham interesse direto na questão, mas, concomitantemente, o desejo de praticar a *usuraria pravitas* sem a necessidade de confissão não poderia ser decisiva isoladamente. O mesmo, como será visto adiante, é válido para a Holanda. Seja dito explicitamente que a proibição da usura no direito canônico não desempenha nenhum papel nessas investigações.

23. Gothein, *Wirtschaftsgeschichte des Schawrzwaldes*, I, p. 67.

24. Em relação a isso, ver os comentários breves de Sombart (*Der Moderne Kapitalismus*, primeira edição, p. 380). Posteriormente, sob a influência de um estudo de F. Keller (*Unternehmung und Mehrwert*, publicações da Goerres-Gesellschaft, XII), o qual, apesar de muitas boas considerações (que, contudo, em relação ao tema, não representam qualquer novidade), fica aquém do nível alcançado por obras recentes que tomam a apologética católica como seu objeto. Sombart, naquele que, em minha opinião, representa o seu trabalho menos consistente (*Der Bourgeois*), defendeu uma tese completamente insustentável, à qual devo referir-me nos momentos apropriados.

25. Que o simples fato de uma mudança de residência esteja entre os meios mais efetivos de intensificação do trabalho é completamente inconteste. A mesma garota polonesa que em casa jamais seria arrancada de sua tradicional indolência por nenhuma oportunidade de ganhar dinheiro, por mais tentadora que fosse, parece transformar sua inteira natureza e tornar-se capaz de conquistas intermináveis quando ela é uma trabalhadora imigrante em um país estrangeiro. O mesmo vale para os trabalhadores imigrantes italianos. O fato de que isso também ocorra quando o tipo de profissão é exatamente o mesmo que possuía em sua terra natal, como no caso do trabalho agrícola, só demonstra que esse fenômeno não é, de nenhum modo, inteiramente explicável a partir de uma influência educativa exercida pela entrada em um meio cultural mais elevado, muito embora, naturalmente, esse fator desempenhe também um certo papel. Além disso, a acomodação em alojamentos nos locais de trabalho, etc., podem significar uma degradação a um nível de vida que jamais seria tolerado em casa. O simples fato de se trabalhar em um ambiente diferente daquele a que se está acostumado rompe com a tradição e é, por si só, a força educativa. É desnecessário pontuar o quanto o desenvolvimento da economia americana é resultado de tais fatores. Na Antiguidade, é notável que o exílio dos judeus na Babilônia teve o mesmo admirável efeito, o que também é válido para o caso persa. Mas para os protestantes, como é indicado pela inegável diferença das características econômicas da Nova Inglaterra puritana em relação às colônias católicas de Maryland, do Sul episcopal, e da ecumênica Rhode Island, a influência de sua crença religiosa atua como fator independente de forma muito clara. Como, de forma semelhante, acontece na Índia, por exemplo, com os jainistas.

26. Como é bem sabido, a maior parte de suas formas representa um calvinismo ou um zwinglianismo mais ou menos moderados.

27. Em Hamburgo, que é quase completamente luterana, a única fortuna que remonta ao século XVII é aquela de uma famosa família reformada (para a qual minha atenção foi gentilmente alertada pelo professor A. Wahl).

28. Portanto, não é novidade que a existência dessa relação seja sustentada aqui. Lavelye, Matthew Arnold e outros já a notaram. Ao contrário, o que é novo é a sua negação sensivelmente infundada. Aqui nossa missão é explicar tal relação.

29. Naturalmente, isso não quer dizer que o pietismo oficial, igual a outras tendências religiosas, mais tarde não apresentasse oposição, partindo de posturas patriarcalistas, a certos traços progressistas do desenvolvimento capitalista, como, por exemplo, a transição da indústria doméstica para o sistema fabril. Entre o que uma religião tenha almejado como seu ideal e aquilo que representou o resultado prático de sua influência na vida de seus adeptos deve haver uma sensível distinção, como veremos no curso de nossa discussão. Acerca da específica adaptação do pietismo ao trabalho industrial, dei exemplos de uma fábrica na Vestfália em meu artigo "Zur Psychophysik der gewerblichen Arbeit", *Archiv für Sozialwissenschaft und Sozialpolitik*, XXVIII, e em várias outras ocasiões.

Capítulo II
O espírito do capitalismo

No título deste estudo é usada uma expressão um tanto pretensiosa: o *espírito* do capitalismo. O que se deve entender dela? A tentativa de oferecer algo semelhante a uma definição traz certas dificuldades que estão na própria natureza desse tipo de investigação.

Se puder ser encontrado algum objeto ao qual esse termo possa ser aplicado com algum significado compreensível, ele só pode ser uma individualidade histórica, isto é, um complexo de elementos associados na realidade histórica que unimos em uma totalidade conceitual a partir do ponto de vista de sua significação cultural.

Tal conceito histórico, no entanto, já que seu conteúdo se refere a um fenômeno significativo por sua individualidade única, não pode ser definido de acordo com a fórmula *genus proximum, differentia specifica*,[s] mas deve ser gradualmente conformado a partir das partes

---

[s] Essa expressão faz menção ao método de classificação de coisas. Literalmente, quer dizer "gênero próximo, diferença específica", e faz menção à classificação biológica. As duas primeiras palavras fazem menção à relação entre duas coisas, na qual subsiste um aspecto que as coloca como iguais. A segunda, a algo que as coloca como diferentes entre si, mas mantendo-se nos marcos daquela igualdade geral. (N.T.)

singulares que são extraídas da realidade histórica para compô-lo. Portanto, o conceito final e definitivo não pode estar presente no início da investigação, mas deverá vir ao final. Devemos, em outras palavras, elaborar a partir do curso da discussão, como seu resultado mais importante, a melhor formulação conceitual do que aqui entendemos por espírito do capitalismo, ou seja, a melhor a partir do ponto de vista que aqui nos interessa. Contudo, essa perspectiva (da qual tornaremos a falar) não é, de forma alguma, a única da qual o fenômeno histórico que investigamos pode ser analisado. Outros modos de ver, como acontece para este ou para qualquer outro fenômeno histórico, produziriam outras características como as essenciais. O resultado é que, de modo algum, não deve ser entendido por espírito do capitalismo apenas o que isso significará para *nós* de acordo com os propósitos de nossa análise. Esse é um resultado necessário da natureza de conceitos históricos que, por seus objetivos metodológicos, tentam não agarrar a realidade histórica em fórmulas gerais abstratas, mas em conjuntos genéticos concretos de relações que são inevitavelmente de um caráter especificamente único e individual.

Assim, se tentarmos determinar o objeto, a análise e a explicação histórica que empreendemos, isto não pode dar-se na forma de uma definição conceitual, mas, ao menos no início, somente por meio de uma definição provisória do que aqui se entende por espírito do capitalismo. Tal descrição é, contudo, indispensável para que seja claramente entendido o objeto da investigação. Por esse desígnio voltamo-nos a um documento desse espírito que contém o que procuramos quase em pureza clássica, e que ao mesmo tempo apresenta a vantagem de se ver livre de todas as relações diretas com a religião, sendo então, para nossos intentos, livre de preconcepções.

"Lembra-te que *tempo* é dinheiro. Aquele que pode receber dez xelins por dia de trabalho, e que perambula ociosamente, ou fica desocupado metade do dia, embora gaste apenas seis *pence* durante sua diversão ou em sua mândria, não deve contabilizar *esta* como sua única despesa; ele despendeu, ou, antes, jogou fora, cinco xelins a mais.

"Lembra-te que *crédito* é dinheiro. Se um homem deixa seu dinheiro permanecer em minhas mãos depois de sua data de vencimento, ele está dando os juros, ou tudo quanto eu possa fazê-lo render neste intervalo de tempo. Isso alcança uma soma considerável onde um homem tem um bom e amplo crédito, e se faz dele um bom uso.

"Lembra-te que o dinheiro é de natureza prolífica, geradora. Dinheiro pode gerar dinheiro, e sua prole pode gerar ainda mais, e assim por diante. Cinco xelins empregados são seis, empregados novamente são sete e três *pence*, continuamente, até que se tornam cem libras. Quanto mais dele houver, mais ele produz a cada inversão, de maneira que os lucros elevam-se cada vez mais rápido. Aquele que mata uma porca prenha destrói toda a sua descendência até a milésima geração. Aquele que assassina uma coroa[t] destrói tudo o que ela poderia ter produzido, até mesmo duas dezenas de libras.

---

[t] Coroa era a moeda de cinco xelins, antes usada na Inglaterra. (N.T.)

"Lembra-te deste ditado: *o bom pagador é o senhor da bolsa de outro homem*. Aquele que é conhecido por pagar pontualmente e exatamente no tempo em que promete pode, a qualquer momento e em qualquer ocasião, angariar todo o dinheiro que seus amigos possam gastar. Há momentos em que isso é de grande utilidade. Além da industriosidade e da frugalidade, nada no mundo contribui mais para a emergência de um jovem do que pontualidade e justiça em todas as suas negociações; por isso, nunca retenhas dinheiro emprestado uma hora a mais do que o tempo que prometeste, a fim de que uma decepção não tranque para sempre a bolsa de teu amigo.

"As ações que afetam o crédito de um homem devem ser ponderadas. O som de teu martelo às cinco da manhã, ou às oito da noite, ouvido por um credor, deixa-o tranquilo por mais seis meses; mas se ele te vir à mesa de bilhar, ou ouvir tua voz em uma taverna, quando deverias estar ao trabalho, reclama o seu dinheiro no dia seguinte; demanda, antes que possas recebê-lo, de uma só vez.

"Isso demonstra, além de tudo, que manténs em mente aquilo que deves; o que faz que pareças um homem tão cuidadoso quanto honesto, o que aumenta ainda mais o teu crédito.

"Cuida para não pensares que tudo o que possuis é tua propriedade e para não viveres de acordo com tal pensamento. É um equívoco pelo qual enveredam muitas pessoas que possuem crédito. Para prevenir-te disso, mantenhas uma contabilidade periódica exata de tuas despesas e de tuas receitas. Se no começo tomas as dores de atentar aos detalhes, isso terá o seguinte efeito benéfico: descobrirás como despesas insignificantes, fantasticamente pequenas, amontoam-se em grandes somas, e discernirás o que poderia ter sido e o que poderá ser poupado para o futuro sem ocasionar nenhum grande inconveniente.

"Por seis libras por ano podes fazer o uso de cem delas, dado que sejas um homem de sabida prudência e honestidade.

"Aquele que gasta um *groat*[u] indolentemente por dia desperdiça mais de seis libras por ano, que é o preço do uso de uma centena delas.

"Aquele que desperdiça no ócio o equivalente de seu tempo ao valor de um *groat* diariamente, dia após dia, desperdiça o privilégio de fazer uso de cem libras a cada dia.

"Aquele que perde seu tempo no equivalente a cinco xelins não perde apenas essa soma mas todo o ganho que se pode ter com seu investimento em negócios, o qual, até chegar o momento em que o jovem torne-se um homem maduro, alcançará uma considerável quantia de dinheiro."[30]

É Benjamin Franklin[v] quem está pregando para nós nessas sentenças, as mesmas que Ferdinand Kürnberger[w] satiriza em seu hábil e malicioso *Retrato da cultura americana*[31] como a suposta confissão de fé ianque. Ninguém

---

[u] Antiga moeda britânica. Um *groat* equivalia, à época, a quatro *pence*. (N.T.)

[v] Personagem de profunda importância para a história norte-americana. Filósofo, inventor, teórico político, ativista político, músico e cientista. Viveu entre 1706 e 1790 e foi um dos mais importantes autores do Iluminismo na América do Norte. (N.T.)

[w] Escritor austríaco, um dos mais influentes na literatura vienense. Viveu entre 1821 e 1879 e foi conhecido por participar da Revolução de 1848, tendo sido, mais tarde, exilado para a Alemanha. (N.T.)

duvidará que é o espírito do capitalismo que aí fala em forma característica, embora não possamos ansiar por reivindicar que tudo o que poderia ser entendido como pertencente àquele espírito esteja contido aí. Façamos uma pausa momentânea para observar essa passagem, que a filosofia que Kürnberger sintetiza nas palavras "Eles fazem sebo do gado, e dinheiro dos homens". A peculiaridade dessa filosofia da cupidez parece ser o ideal de homem honesto e de reconhecido crédito, e, sobretudo, a ideia de dever do indivíduo em aumentar o seu capital, o que é assumido como um fim em si mesmo. Em verdade, o que aí é apregoado não é simplesmente um meio para alguém abrir seu caminho no mundo mas uma ética específica. A infração dessas regras é tratada não somente como uma tolice mas como negligência perante o dever. Essa é a essência da questão. Não se trata de mera astúcia para os negócios, aquele tipo de coisa que é bastante comum, mas de um ethos. Essa é a qualidade que aqui nos interessa.

Quando Jacob Fugger, remetendo a um sócio que se aposentara e que gostaria de persuadi-lo a fazer o mesmo, já que havia feito dinheiro o bastante e deveria deixar outros terem uma chance, rejeitou aquilo como uma pusilanimidade e respondeu que "ele (Fugger) pensava o oposto, queria ganhar dinheiro enquanto pudesse fazê-lo",[32] o espírito de sua afirmação é, claro, muitíssimo diferente daquele das afirmações de Franklin. O que no primeiro caso era uma expressão de audácia comercial e uma inclinação pessoal moralmente neutra[33] na última assume o caráter de uma máxima com cores éticas destinada a orientar a conduta de vida. O conceito "espírito do capitalismo" é utilizado aqui neste sentido específico;[34]

trata-se do espírito do capitalismo moderno. Que aqui estamos lidando apenas com o capitalismo europeu ocidental e norte-americano é óbvio pela maneira como o problema foi proposto. O capitalismo existiu na China, na Índia, na Babilônia, no mundo antigo e na Idade Média. Mas em todos esses casos, como devemos ver, esse *ethos* particular esteve ausente.

É certo, todas as atitudes morais de Franklin estão replenas de utilitarismo. A honestidade é útil por assegurar o crédito; assim como são a pontualidade, a industriosidade, a frugalidade, e essa é a razão pela qual elas são virtudes. Uma dedução lógica disso seria que naquilo em que, por exemplo, a aparência de honestidade serve aos mesmos propósitos, ela bastaria, e um excedente desnecessário dessa virtude, evidentemente, pareceria um desperdício improdutivo à vista de Franklin. E, de fato, a narração em sua autobiografia de sua conversão a essas virtudes,[35] ou a discussão sobre o valor de uma manutenção estrita de uma modéstia aparente, a assídua dispensa que alguém faz de seus merecimentos objetivando conquistar posteriormente o reconhecimento geral,[36] confirma tal impressão. De acordo com Franklin, aquelas virtudes, como todas as demais, são virtudes apenas se forem úteis ao indivíduo, e sua substituição pela mera aparência será sempre o bastante quando isso for adequado aos fins em vista. É uma conclusão inevitável para o utilitarismo estrito. A impressão de muitos alemães de que as virtudes professadas pelo americanismo não passam de pura hipocrisia parece ser confirmada por esse caso gritante. Mas o fato é que a questão não é, de forma alguma, assim tão simples. O caráter próprio de Benjamin Franklin, como aparece na sinceridade espontânea realmente incomum de sua autobiografia, desmente aquela suspeição. A circunstância de que ele atribua seu reconhecimento da utilidade da virtude a uma revelação divina, que estava intencionada a fazê-lo inclinar-se pela retidão, mostra que aqui está envolvido algo mais do que mero pavoneio para motivos puramente egocêntricos.

De fato, o *summum bonum*[x] dessa ética, a aquisição de mais e mais dinheiro, combinada com a dura aversão a todo desfrute espontâneo da vida, que é sobretudo completamente isento de qualquer ingerência eudemonista,[y] para não dizer hedonista, é pensado tão puramente como um fim em si mesmo que, do ponto de vista da felicidade do indivíduo, ou da utilidade para ele, aparece como inteiramente transcendental e absolutamente irracional.[37] O homem é dominado pelo ganho de dinheiro, pela aquisição como o último propósito da vida. A aquisição econômica não se encontra mais subordinada ao homem como o meio de satisfação de suas carências materiais. Essa inversão daquela que deveríamos denominar como a relação natural, tão irracional de um ponto de vista desavisado, é, evidentemente, tanto o princípio mor definitivo do capitalismo quanto é estranha para todas as pessoas que não estejam sob sua influência. Ao mesmo tempo, ela expressa um tipo de sentimento que está estreitamente ligado a certas ideias religiosas. Se, então, perguntamos *por que* se deveria "fazer dinheiro a partir dos homens", Benjamin

[x] Em latim: o "bem maior". (N.T.)

[y] Doutrina segundo a qual a felicidade é a finalidade da existência humana, não sendo, assim, contraposta à razão. (N.T.)

Franklin, apesar de ser, ele próprio, palidamente deísta, responde em sua autobiografia com uma citação da *Bíblia*, a qual seu pai, calvinista estrito, martelou em sua cabeça vez após outra durante sua juventude: "Viste um homem diligente em sua profissão? Esse perante reis se apresentará". O ganho de dinheiro no interior da moderna ordem econômica é, sendo obtido legalmente, o resultado e a expressão da virtude e da proficiência em uma vocação; e essas virtude e proficiência são, como agora não é difícil de se perceber, os verdadeiros alfa e ômega da ética de Franklin, como expressa nas passagens que citamos, assim como em todas as suas obras sem exceção.[38]

E, em verdade, esta ideia peculiar, que hoje nos é tão familiar, mas na realidade tão pouco óbvia, da carreira como um dever, é o que há de mais característico na ética social da cultura capitalista, e é, em certo sentido, a sua base fundamental. É uma obrigação que o indivíduo deve sentir, e de fato sente, em relação ao conteúdo de sua atividade profissional, pouco importando no que ela consiste, e particularmente nem se ela se apresenta imediatamente como a utilização de suas forças pessoais ou apenas de suas posses materiais (como capital).

Evidentemente, tal concepção não apareceu apenas sob condições capitalistas. Ao contrário, devemos adiante traçar suas origens desde uma época precedente até o advento do capitalismo. Muito menos, naturalmente, manteríamos que uma aceitação consciente dessas máximas éticas por parte dos indivíduos, empreendedores e operários da moderna empresa capitalista seja uma condição para a prolongada existência do capitalismo hodierno. A economia capitalista do presente é um cosmos imenso no qual o indivíduo é já nascido e que a ele se apresenta, pelo menos enquanto um indivíduo, como uma ordem de coisas inalterável na qual ele deve viver. Isso força o indivíduo, conforme ele esteja envolvido no sistema de relações mercantis, a adequar-se às normas de ação capitalistas. O fabricante que age contra essas normas durante longo prazo será inevitavelmente eliminado da cena econômica tanto quanto o trabalhador que não consegue ou que se recusa a adequar-se a elas será jogado sem trabalho na rua.

Portanto, o capitalismo atual, que se desenvolveu a ponto de dominar a vida econômica, educa e seleciona os sujeitos econômicos de que precisa por um processo de sobrevivência econômica dos mais bem adaptados. Mas aqui são facilmente visíveis os limites do conceito de seleção como um meio para a explicação histórica. A fim de que um modo de vida tão bem adaptado às peculiaridades do capitalismo pudesse ser selecionado, isto é, pudesse vir a dominar outros, ele precisaria ter-se originado em algum lugar, e não apenas em indivíduos isolados, mas como um estilo de vida comum a todo um grupo de homens. É essa origem o que realmente precisa de explicação. No que se refere à doutrina do mais ingênuo materialismo histórico, de que tais ideias teriam origem a partir da superestrutura das situações econômicas, só adiante devemos discuti-la em detalhes. A esta altura, bastará para nosso propósito chamar atenção para o fato de que, sem dúvida, na terra natal de Benjamin Franklin (Massachusetts), o espírito do capitalismo (no sentido aqui designado) esteve presente antes da ordem capitalista. Houve reclamações acerca de uma peculiar espécie de busca de lucro por meio do cálculo na Nova Inglaterra, distinta de outras partes da América, ainda em 1632. É ainda mais inquestionável que o capitalismo restou bem menos desenvolvido em algumas colônias vizinhas, que viriam a ser os estados sulistas dos Estados Unidos da América, apesar do fato de que as últimas tenham sido fundadas por grandes capitalistas por razões de negócio, enquanto as colônias da Nova Inglaterra foram fundadas por pregadores e seminaristas graduados auxiliados por pequeno-burgueses, artesãos e *yeomen*,[z] por razões religiosas. Neste caso, a relação causal é certamente o inverso daquela sugerida pelo ponto de vista materialista.

Mas a origem e a história de tais ideias são muito mais complexas do que os teóricos da superestrutura supõem. O espírito do capitalismo, no sentido em que estamos utilizando o termo, teve de abrir seu caminho até a supremacia por meio de uma luta contra um mundo de forças hostis. Um estado de espírito como aquele expresso nas passagens que citamos de Franklin, e que arrancou os aplausos de todo um povo, teria sido proscrito na Antiguidade ou na Idade Média[39] como o mais baixo tipo de avareza e como uma atitude totalmente desprovida de autorrespeito. De fato, ele ainda é observado em todos aqueles grupos sociais que estão menos envolvidos ou adaptados às modernas condições capitalistas. Isso não se dá inteiramente porque o instinto para a aquisição fosse pouco desenvolvido ou desconhecido naqueles tempos, como vem sendo dito comumente. Tampouco por conta da *auri sacra fames*, a

[z] Termo inglês usado para se referir a homens livres que detêm sua própria terra e a cultivam. (N.T.)

cobiça pelo ouro, que era naquela época, ou hoje, menos poderosa fora do capitalismo burguês do que na sua esfera particular, como as ilusões dos modernos românticos estão acostumadas a acreditar. A diferença entre o espírito capitalista e pré-capitalista não será encontrada nesse local. A ganância do mandarim chinês, do antigo aristocrata romano, do camponês moderno pode fazer frente a qualquer comparação. E a *auri sacra fames* do cocheiro ou do *lenhador* napolitano, e certamente a dos representantes asiáticos de negócios similares, assim como aquela dos artesãos da Europa meridional ou dos países asiáticos, é, como qualquer um pode ver por si, muito mais intensa, e especialmente mais inescrupulosa do que aquela de, digamos, um inglês em circunstâncias similares.[40]

A predominância universal da absoluta falta de escrúpulos na busca de satisfação dos interesses egoístas pelo ganho de dinheiro foi uma característica específica precisamente daqueles países em que o desenvolvimento capitalista-burguês, mensurado de acordo com padrões ocidentais, permaneceu atrasado. Como todo empregador sabe, a falta de *consciência* dos trabalhadores[41] de alguns países, por exemplo, a Itália em comparação com a Alemanha, foi, e em alguma medida ainda é, um dos principais obstáculos para seu desenvolvimento capitalista. O capitalismo não pode fazer uso do trabalho daqueles que praticam a doutrina do indisciplinado *liberum arbitrium*,[aa] nem mesmo pode fazer uso de negociantes que se apresentem absolutamente inescrupulosos em seus compromissos com os outros, como

[aa] Do latim, "livre vontade". (N.T.)

podemos aprender a partir de Franklin. Então, a diferença não repousa sobre o grau de desenvolvimento de qualquer impulso ao ganho de dinheiro. A *auri sacra fames* é tão antiga quanto a história da humanidade. Mas precisamos notar que aqueles que se submeteram a ela sem reservas, como um impulso incontrolado — tal qual aquele capitão marítimo holandês que "atravessaria o inferno por causa do ganho, ainda que por conta disso ele inflamasse as suas velas" —, não eram, de forma alguma, os representantes daquele estado mental do qual o espírito capitalista especificamente moderno derivou como um fenômeno de massas, e é isso o que importa. Em todos os períodos da história, em todos os lugares em que isso foi possível, houve enriquecimento cruel que não esteve próximo de qualquer tipo de norma ética. Da mesma forma que a guerra e a pirataria, o comércio foi frequentemente irrestrito em suas relações com estrangeiros e com aqueles de fora do grupo. A "moral externa" permitiu aqui o que era proibido nas negociações entre irmãos.

A aquisição capitalista como uma aventura sentia-se em casa em todos os tipos de sociedade econômica que conheceram o comércio com o uso de dinheiro e que lhe ofereceram oportunidades, mediante *commenda*, coleta de impostos, empréstimos ao Estado, financiamento de guerras, cortes ducais e cargos no funcionalismo. De forma análoga, a atitude interior do aventureiro, que dá risadas frente a todas as limitações éticas, foi universal. A crueldade absoluta e consciente no que tange à aquisição esteve constantemente em estreita conexão com a mais estrita conformidade com a tradição. Além disso, com o colapso da tradição e extensão mais ou menos completa do livre empreendimento econômico, mesmo no que diz respeito ao interior do próprio grupo social, a nova situação geralmente não era encorajada ou justificada eticamente, mas apenas tolerada como um fato. E esse fato foi tratado tanto como eticamente indiferente quanto como repreensível, mas desafortunadamente inevitável. Essa não foi apenas a atitude normal de todas as doutrinas éticas mas, o que é mais importante, também a que se expressou na ação prática do homem médio da época pré-capitalista, aqui entendida como aquela em que a utilização racional de capital em um empreendimento permanente e a organização racional capitalista do trabalho ainda não se haviam tornado forças dominantes na determinação da atividade econômica. Essa atitude foi justamente um dos mais fortes obstáculos subjetivos que a adaptação dos homens às condições de uma economia capitalista-burguesa ordenada encontrou em todos os lugares.

O oponente mais importante com o qual o espírito do capitalismo, no sentido de um determinado padrão de vida em busca de uma sanção ética, teve de lutar foi aquele tipo de atitude e reação a novas situações que podemos designar como tradicionalismo. Também nesse caso, qualquer tentativa de uma definição cabal deve ser deixada pendente. Por outro lado, precisamos tentar tornar o seu significado claro pela citação de alguns casos. Começaremos de baixo: com os trabalhadores.

Um dos meios técnicos que o moderno empregador utiliza com o objetivo de assegurar que seus homens darão a maior quantidade possível de trabalho é o dispositivo do salário por peça. Na agricultura, por exemplo, a colheita é o caso no qual a maior intensidade possível de trabalho é requisitada, já que, sendo o clima incerto, a diferença entre o lucro elevado e o pesado prejuízo pode depender da velocidade na qual ela seja feita. Por isso, um sistema de salário por peça é praticamente generalizado nesse caso. E, já que o interesse do empregador em uma aceleração da colheita aumenta com o crescimento dos resultados e a intensidade do trabalho, tentou-se, uma vez após outra, elevar o salário por peça dos trabalhadores e assim, dando-lhes a oportunidade de receber o que significa um alto salário para eles, de interessá-los em aumentar a própria eficiência. Mas esbarrou-se com uma particular dificuldade com frequência surpreendente: a elevação do salário por peça obteve geralmente o resultado de que não mais, mas menos, tenha sido feito na mesma duração de tempo, porque o trabalhador reagiu ao aumento não elevando, mas rebaixando a sua quantidade de trabalho. Um homem, por exemplo, que na razão de 1 marco por acre ceifava 2,50 acres por dia e ganhava 2,50 marcos por isso, quando o pagamento subiu para 1,25 marco por acre passou a ceifar não 3 acres, como ele poderia facilmente ter feito, recebendo então 3,75 marcos, mas apenas 2 acres, de forma que ainda poderia receber os mesmos 2,50 marcos com os quais estava acostumado. A oportunidade de receber mais era menos atrativa do que a de trabalhar menos. Ele não questionava: "quanto posso ganhar em um dia se eu fizer o máximo de trabalho possível?". Mas: "quanto devo trabalhar para receber o pagamento de 2,50 marcos, que eu recebia antes e que dá conta de minhas carências tradicionais?". Esse é um exemplo do que aqui se quer apresentar como tradicionalismo. Um homem não deseja "por natureza" receber mais e mais dinheiro, mas simplesmente viver como ele está acostumado e receber a quantia necessária para esse propósito. Seja onde for que o capitalismo tenha iniciado a sua obra de elevar a produtividade do trabalho humano pela elevação de sua intensidade, ele encontrou a imensa resistência teimosa deste *Leitmotiv* do trabalho pré-capitalista. E hoje ele o encontra tanto mais, quanto mais atrasadas (de uma perspectiva capitalista) forem as forças de trabalho com as quais ele tem de lidar.

Outra possibilidade óbvia, para retornarmos a nosso exemplo, já que o apelo pelo instinto para a aquisição baseado no aumento do salário por peça falhou, teria sido a tentativa de fazer valer a política oposta, aquela de forçar o trabalhador pela redução do pagamento por peça a trabalhar com maior intensidade para receber a mesma quantia de antes. Baixos salários e lucros altos parecem ao observador superficial, mesmo atualmente, estar em correlação; tudo o que é pago em salários parece envolver uma correspondente redução de lucros. Esse trajeto foi tomado pelo capitalismo repetidamente desde a sua origem. Foi um artigo de fé durante séculos, o de que baixos pagamentos eram produtivos, isto é, de que eles elevariam o resultado material do trabalho de forma que, como Pieter de la Cour,[bb] neste ponto, como veremos, bem ao espírito do antigo calvinismo, disse há muito tempo, o povo só trabalha porque e enquanto é pobre.

Mas a efetividade desse método aparentemente tão eficaz tem os seus limites.[42] É claro que a presença de

---

[bb] Economista e homem de negócios holandês, que viveu entre 1618 e 1685. (N.T.)

um excesso populacional que se possa contratar de forma barata no mercado de trabalho é uma necessidade para o desenvolvimento do capitalismo. Contudo, apesar de um grande exército de reserva possibilitar em certos casos o favorecimento de sua expansão quantitativa, ele põe em xeque o seu desenvolvimento qualitativo, especialmente a transição de tipos de empreendimentos que fazem uso mais intensivo do trabalho. Baixos salários não são, de maneira alguma, idênticos a trabalho barato. De um ponto de vista puramente quantitativo, a eficiência do trabalho decresce com uma remuneração que é psicologicamente insuficiente, o que pode, em longo prazo, até mesmo significar a sobrevivência dos mais inadequados. O silesiano médio atual ceifa, quando exerce o máximo de esforço de que é capaz, pouco mais de dois terços da terra que o mais bem pago e bem nutrido pomerânio ou um mecklenburguês; e o polonês, quanto mais ao leste tenha sua origem, alcança progressivamente menos que o alemão. Baixos salários falham mesmo de uma perspectiva puramente negocial sempre que se trate da questão de produção de bens que requeiram qualquer tipo de trabalho qualificado, ou o uso de maquinaria cara que é facilmente danificada, ou em geral sempre que qualquer grande quantidade de forte atenção ou de iniciativa são exigidos. Aqui, baixos salários não satisfazem, e os seus efeitos são opostos ao que era desejado. Porque não apenas um desenvolvido senso de responsabilidade é indispensável mas, em geral, também uma atitude que, pelo menos durante a jornada de trabalho, esteja liberta dos contínuos cálculos de como o pagamento costumeiro pode ser recebido com um máximo de conforto e mínimo de esforço. O trabalho deve, contrariamente, ser desempenhado como se fosse um fim absoluto em si mesmo, uma vocação. Mas tal atitude de nenhum modo é um produto da natureza. Ele não pode ser invocado por baixos salários ou mesmo por altos, mas pode ser apenas o produto de um longo e árduo processo de educação. Atualmente, o capitalismo, firme em sua sela, pode recrutar a sua força de trabalho em todos os países industriais com relativa facilidade. No passado, em todos os casos, esse era um problema extremamente difícil de ser resolvido.[43] E, mesmo hoje em dia, provavelmente poderia não ser muito bem-sucedido sem o apoio de um poderoso aliado que, ao longo do caminho, como veremos adiante, esteve à mão no período de seu desenvolvimento.

O que se quer dizer aqui pode, mais uma vez, ser mais bem explicado pela utilização de um exemplo. O tipo atrasado de forma de trabalho tradicional é, hoje em dia, muito frequentemente exemplificado pelas trabalhadoras mulheres, especialmente as solteiras. Uma reclamação quase universal de empregadores de garotas, por exemplo, garotas alemãs, é que elas são quase completamente incapazes e relutantes em abrir mão de métodos de trabalho herdados, ou uma vez aprendidos, em favor de outros mais eficientes, a adaptar-se a novos métodos, a aprender e a concentrar a sua inteligência, ou mesmo a utilizá-la plenamente. Explicações acerca da possibilidade de tornar o trabalho mais fácil, sobretudo mais lucrativo para elas próprias, geralmente encontram uma completa falta de entendimento. Elevação nos salários por peça não possui serventia frente à muralha do hábito. Em geral, acontece o contrário, e esse é um ponto de não pouca importância para a nossa perspectiva, apenas em garotas com uma específica formação religiosa, particularmente a pietista. Costuma-se ouvir bastante, e a investigação estatística o confirma,[44] que, de longe, as melhores chances de educação econômica são encontradas entre esse grupo. A habilidade de concentração mental, assim como o sentimento absolutamente essencial de obrigação para com o trabalho, estão aqui mais frequentemente combinados com uma economia estrita que calcula a possibilidade de maiores rendimentos, e a um frio autocontrole e frugalidade que elevam enormemente o desempenho. Isso provê a fundação mais favorável para a concepção de trabalho como um fim em si mesmo, como uma vocação, o que é necessário para o capitalismo: as chances de superar o tradicionalismo são maiores como consequências da educação religiosa. Essa observação do capitalismo presente[45] por si só sugere que vale a pena questionar como essa conexão da adaptabilidade de fatores religiosos ao capitalismo pôde vir à tona nos dias dos primórdios do desenvolvimento do capitalismo. Pois numerosos fatos nos permitem inferir que eles estavam também lá presentes basicamente na mesma forma em que se apresentam hoje. Por exemplo, a rejeição e a perseguição que os trabalhadores metodistas do século XVII encontraram nas mãos de seus camaradas eram não somente, nem principalmente, um resultado de suas excentricidades religiosas, a Inglaterra já tinha visto muitas dessas, e das mais impressionantes. Tinham como base, antes, a sua específica devoção ao trabalho, como diríamos hoje em dia. É o que sugerem as destruições de suas ferramentas repetidamente mencionadas nos relatórios.

Sombart,[cc] em suas discussões sobre a gênese do capitalismo,[46] distinguiu a satisfação de carências e da aquisição como os dois mais importantes princípios da história econômica. No primeiro caso, a consecução dos bens necessários para a satisfação das carências pessoais, no último, a luta pelo lucro livre dos limites estabelecidos por essas carências, ambos têm sido os fins que controlam a forma e a direção da atividade econômica. Aquilo que ele denomina "economia das carências" parece, à primeira vista, ser idêntico ao que é chamado de tradicionalismo econômico aqui. Talvez esse seja o caso, se o conceito de "carências" estiver limitado ao de "carências tradicionais". Mas, se assim não for, um número razoável de tipos econômicos que devem ser considerados capitalistas, de acordo com a definição de capital que Sombart oferece em outra parte de sua obra,[47] estaria excluído da categoria de economia que visa à aquisição e seria posto naquela da economia das carências. Negócios, especialmente aqueles que são levados adiante por empreendedores privados com a utilização de capital (dinheiro ou bens com valores monetários) para fins lucrativos, comprando os meios de produção e vendendo o produto, isto é, negócios indubitavelmente capitalistas, podem, ao mesmo tempo, apresentar um caráter tradicionalista. No curso histórico da economia moderna isso não aconteceu meramente em casos ocasionais mas foi antes a regra, com interrupções contínuas de repetidas e cada vez mais poderosas

---

[cc] Sociólogo e economista alemão, contemporâneo de Weber. Viveu entre 1863 e 1941. (N.T.)

conquistas do espírito capitalista. Certamente, a forma capitalista de um empreendimento e o espírito no qual ele é conduzido estão geralmente em algum tipo de adequação recíproca, mas não em uma necessária interdependência. Não obstante, interinamente usamos a expressão espírito do capitalismo (moderno)[48] para descrever aquela atitude que busca o lucro racional e sistematicamente na maneira que ilustramos com recurso ao exemplo de Benjamin Franklin. Contudo, isso é justificado pelo fato histórico de que aquele estado de espírito, por um lado, encontrou a sua expressão mais adequada na empresa capitalista, enquanto, por outro, a empresa capitalista derivou sua força motriz mais conveniente do espírito do capitalismo.

Mas os dois podem muito bem ocorrer separadamente. Benjamin Franklin estava preenchido pelo espírito do capitalismo em uma época em que sua tipografia não se diferenciava formalmente de nenhum empreendimento artesão. E nós veremos que no início dos tempos modernos não foram, de forma alguma, os empreendedores capitalistas da aristocracia comercial os portadores únicos, nem sequer os predominantes, da atitude que aqui designamos como o espírito do capitalismo.[49] Isso cabe muito mais para os estratos emergentes da baixa classe média industrial. Mesmo no século XIX, os seus representantes clássicos não eram os cavalheiros elegantes de Liverpool e Hamburgo, com suas fortunas comerciais passadas adiante por gerações, mas os novos ricos por esforço próprio de Manchester ou de Vestfália, que frequentemente se elevaram de circunstâncias muito modestas. E tão cedo quanto no século XVI, a situação era similar; as indústrias que surgiram naquela época foram criadas, em sua maioria, por *parvenus*[dd].[50]

A gerência, por exemplo, de um banco, um negócio de exportação no atacado, um grande estabelecimento varejista ou uma grande empresa de distribuição de bens produzidos em domicílio certamente só é possível na forma de um empreendimento capitalista. Porém, todos eles podem ser animados por um espírito tradicionalista. De fato, o negócio de um grande banco emissor não o pode ser de nenhuma outra forma. O comércio exterior de épocas inteiras repousou sobre as bases do monopólio e dos privilégios legais de caráter estritamente tradicional. No comércio varejista — e aqui não nos referimos a homens pequenos sem capital que permanecem continuamente implorando por subsídios governamentais — a revolução que vem levando ao fim o velho tradicionalismo ainda está em pleno curso. É o mesmo desenvolvimento que destruiu o antigo sistema de distribuição da produção em domicílio, com o qual o moderno trabalho domiciliar relaciona-se apenas em forma. Como essa revolução se apresenta e qual a sua importância pode, apesar do fato de que essas coisas são tão familiares, novamente ser demonstrado por um exemplo concreto.

Até meados do último século, a vida do empresário da produção domiciliar era, pelo menos em vários ramos da indústria têxtil continental,[51] o que hoje deveríamos considerar muito confortável. Podemos imaginar a sua rotina mais ou menos da seguinte

---

[dd] *Parvenus* designa alguém que é novo no local socioeconômico que ocupa. (N.T.)

maneira: os camponeses vinham com seu tecido à cidade onde o empresário vivia, geralmente (no caso do linho) feito principal ou inteiramente de matéria-prima que o próprio camponês havia produzido, e, após uma avaliação cuidadosa, frequentemente oficial, de sua qualidade, recebia seu preço de costume. Os fregueses do empresário, em mercados a qualquer distância apreciável, eram intermediários, que também vinham até ele, geralmente não buscando ainda amostras, mas procurando qualidades tradicionais, e compravam de seu armazém, ou, com grande antecedência, faziam encomendas que eram provavelmente, por sua vez, passadas para os camponeses. A angariação pessoal de clientes acontecia, se chegasse a acontecer, apenas após longos intervalos. Ao contrário, a correspondência com eles era suficiente, embora o envio de amostras tenha ganhado terreno aos poucos. O número de horas dedicadas ao negócio era bastante moderado, talvez de cinco a seis por dia, por vezes consideravelmente menos; na alta temporada, quando havia alguma, mais. Os ganhos eram convenientes; o bastante para manter uma vida respeitável e, nos tempos de bonança, fazer alguma economia. No geral, as relações entre os competidores eram relativamente boas, com um alto grau de acordos nos fundamentos do negócio. Uma longa visita diária à taverna, habitualmente com fartura de bebida, e um círculo de amizade congenial faziam a vida confortável e pacata.

A forma de organização era, em todos os aspectos, capitalista; a atividade do empreendedor era de um caráter puramente empresarial; o uso de capital, investido no negócio, era indispensável; e, finalmente, o aspecto objetivo do processo econômico, a contabilidade, era racional. Mas esse era um empreendimento tradicionalista, se for considerado o espírito que anima o empresário: a maneira tradicional de vida, a taxa de lucro tradicional, a quantidade tradicional de trabalho, a maneira tradicional de regular suas relações com o trabalho e o círculo essencialmente tradicional de fregueses, bem como a forma de atrair novos. Tudo isso dominava a condução dos negócios, estava na base, pode-se dizer, do *ethos* desse grupo de homens de negócios.

A certa altura essa mansidão foi destruída, e comumente sem nenhuma mudança essencial na forma de organização, tal qual a transição para uma fábrica unificada, a tecelagem mecânica, etc. O que aconteceu, inversamente, foi, em geral, o seguinte: algum jovem de uma dessas famílias de produção domiciliar vai para o campo, escolhe cuidadosamente os tecelões que empregará, aumenta intensamente o rigor de sua supervisão sobre o trabalho deles e, assim, os transforma de camponeses em operários. Por outro lado, ele começaria a transformar os seus métodos de venda, passando a ir, na medida do possível, diretamente ao consumidor final, tomaria os detalhes em suas próprias mãos, atrairia pessoalmente os clientes, visitando-os todos os anos, e, sobretudo, adaptaria a qualidade do produto diretamente para as suas necessidades e desejos. Ao mesmo tempo, ele introduz o princípio do preço baixo e alto giro. Repetiu-se o que sempre e por toda parte é o resultado de um tal processo de racionalização: aqueles que não seguissem o processo teriam de abandonar os negócios. O estágio idílico entrou em colapso sob a pressão de uma amarga luta competitiva, fortunas respeitáveis foram construídas; e não foram emprestadas a juros, mas sempre reinvestidas nos negócios. A antiga atitude pacata e confortável em relação à vida teve de ceder à dura frugalidade na qual alguns tomavam parte e que encontrou seu auge, porque eles não desejavam consumir, mas ganhar, enquanto os outros que gostariam de manter os velhos modos foram forçados a conter o seu consumo.[52]

E o que é mais importante nessa relação: em tais casos, não foi, geralmente, um afluxo de novo dinheiro investido na indústria que nos trouxe essa revolução — em inúmeros casos conhecidos por mim, todo o processo revolucionário foi posto em movimento com alguns poucos milhares de capital emprestados de conhecidos — mas o novo espírito, o espírito do capitalismo moderno, que foi posto em operação. A questão das forças motrizes nessa expansão do capitalismo moderno não é em princípio uma questão da origem das somas de capital acessíveis ao uso capitalista, mas, antes de tudo, do desenvolvimento do espírito do capitalismo. Onde ele aparece e é capaz de efetivar-se, produz o seu próprio capital e suprimentos monetários como os meios para os seus fins, mas o inverso não é verdadeiro.[53] Sua entrada em cena comumente não foi pacífica. Uma inundação de desconfiança, por vezes de ódio, sobretudo de indignação moral, regularmente opunha-se ao primeiro inovador. Frequentemente — conheço vários casos do tipo — foram produzidas lendas regulares acerca de pontos sombrios em sua vida pregressa. É muito fácil não reconhecer que apenas uma incomum força de caráter poderia salvar esse novo tipo de empreendedor da perda de seu temperado autocontrole e do naufrágio tanto econômico quanto moral. Além disso, combinadas a clareza visionária e a habilidade para a ação, é apenas em virtude de qualidades éticas muito bem definidas e altamente desenvolvidas que foi possível para ele conquistar a confiança absolutamente indispensável de seus clientes e operários. Nada mais poderia ter-lhe oferecido a força para superar os inúmeros obstáculos, em especial o trabalho infinitamente mais intensivo que é demandado do empreendedor moderno. Mas essas são qualidades éticas de uma espécie consideravelmente diferente daquelas adaptadas ao tradicionalismo passado.

E, via de regra, também não foram especuladores temerários e inescrupulosos, aventureiros econômicos como os que encontramos em todos os períodos da história econômica, nem simplesmente grandes financiadores que impulsionaram essa transformação, que vista de fora parece tão discreta, mas que, de qualquer maneira, foi tão decisiva para a penetração da vida econômica pelo novo espírito. Pelo contrário, eles eram homens que tinham crescido na dura escola da vida, calculando e aventurando-se a um só tempo, acima de tudo resolutos e confiáveis, astutos e completamente devotados a seus negócios, com princípios e opiniões estritamente burgueses.

Pode-se ficar tentado a imaginar que essas qualidades morais não têm a menor relação com quaisquer máximas éticas, para não falarmos em ideias religiosas, mas que a relação essencial entre elas é negativa. A habilidade de libertar-se da tradição costumeira, uma espécie de esclarecimento liberal, parece ser a base mais adequada para o sucesso de um tal homem de negócios. E, em geral, hoje esse é precisamente o caso. Qualquer relação entre crenças religiosas e a conduta costuma inexistir, e onde há alguma, pelo menos na Alemanha, tende a ser negativa. As pessoas preenchidas do espírito do capitalismo hoje tendem a ser indiferentes, se não hostis, à Igreja. A ideia do piedoso tédio do paraíso possui pouca atração às suas naturezas ativas; a religião aparece para elas como um meio de arrancar as pessoas do trabalho neste mundo. Se você pergunta a elas qual o significado de sua incansável atividade, por que nunca estão satisfeitas com o que têm, o que então parece tão carente de sentido para uma forma tão mundana de ver a vida, talvez elas responderiam, se conhecessem algum: "para prover meus filhos e meus netos". Mas ainda mais habitualmente, já que esse motivo não é peculiar a eles, sendo da mesma forma efetivo para os tradicionalistas, mais corretamente apenas: que os negócios, com seu esforço contínuo, tornaram-se uma parte necessária da vida deles. Essa é, de fato, a única motivação possível, mas ela expressa ao mesmo tempo, do ponto de vista da felicidade pessoal, aquilo que é tão irracional nessa forma de vida, em que um homem existe em razão de seu negócio, e não o inverso.

É claro, o desejo de poder e reconhecimento trazido pelo simples fato de possuir riqueza desempenha seu papel. Quando a imaginação de todo um povo foi inclinada em direção a grandezas puramente quantitativas, como nos Estados Unidos, esse romantismo dos números exerce um apelo irresistível para poetas entre os homens de negócios. Mas, ao contrário, não são em geral os verdadeiros líderes, e, em especial não os empreendedores permanentemente bem-sucedidos, que são atraídos por elas. Em particular, o recurso a fideicomissos e à nobreza — com filhos que na universidade e nos corpos de oficiais conduziam tentativas de disfarçar a sua origem social, como foi a história típica da família *parvenu* alemã — é um produto de sua posterior decadência. O tipo ideal[54] do empreendedor capitalista, da forma como foi representado mesmo na Alemanha por exemplos destacados ocasionais, não tem relação com esses arrivistas mais ou menos refinados. Ele evita a ostentação e as despesas desnecessárias, bem como o desfrute consciente de seu poder, e sente-se embaraçado com os sinais externos de reconhecimento social que recebe. Seu modo de vida é, em outras palavras, comumente, e devemos investigar o significado histórico de tal importante fato, distinguido por uma determinada tendência ascética, da forma como aparece de maneira bastante clara no sermão de Franklin que citamos anteriormente. Pelo contrário, não é excepcional, mas antes a regra, que ele possua aquele tipo de modéstia que é essencialmente mais honesta do que a reserva que Franklin astutamente recomenda. Ele não tira nada para si mesmo de sua riqueza, exceto o senso irracional de ter cumprido seu dever.

Mas é exatamente isso o que parece ao homem pré-capitalista tão incompreensível e misterioso, tão sem valor e desprezível. O fato de que alguém seja capaz de fazê-lo o único propósito de sua vida de trabalho, afundar ao túmulo puxado pelo peso de uma grande carga material de dinheiro e bens, aparece a ele como explicável apenas como o produto de um instinto perverso, o da *auri sacra fames*.

No presente, sob nossas instituições políticas, legais e econômicas individualistas, com as formas de organização e estrutura geral que são peculiares de nossa ordem econômica, esse espírito do capitalismo pode ser compreensível, como já foi dito, puramente como um resultado da adaptação. O sistema capitalista precisa dessa devoção à vocação para fazer dinheiro, ela é uma atitude em respeito aos bens materiais que é tão adequada àquele sistema, tão intimamente ligada às condições de sobrevivência na luta econômica por existência, que hoje não pode haver mais nenhum questionamento acerca de uma necessária conexão entre esse modo de vida aquisitivo e uma *Weltanschauung*[ee] singular. De fato, ela não precisa mais do apoio de nenhuma força religiosa, e percebe as tentativas da religião de influenciar a vida econômica, assim que elas possam ser percebidas, como sendo uma interferência tão injustificada quanto a regulação estatal. Em tais circunstâncias, os interesses comerciais e sociais dos homens tendem a determinar suas opiniões e atitudes. Aquele que não adaptar seu modo de vida às condições de sucesso capitalista deve sucumbir ou, pelo menos, não poderá elevar-se. Mas esses são fenômenos de uma época em que o capitalismo moderno tornou-se dominante e emancipado de seus antigos amparos. Mas, visto que pôde, um dia, destruir as velhas formas medievais de regulação da vida econômica contando apenas com a aliança do crescente poder do Estado moderno, o mesmo, podemos dizer provisoriamente, pode ter sido o caso em relação às

---

[ee] O termo *Weltanschauung* é comumente traduzido para o português pela expressão "visão de mundo", intentando passar a noção de um conjunto de concepções, valores, conhecimentos, etc., que servem para a compreensão, tanto dos indivíduos, quanto de toda uma sociedade, do mundo que os cerca em determinado período histórico. (N.T.)

forças religiosas. Se e em qual sentido foi esse o caso, é nossa tarefa investigar. Pois dificilmente seria necessário provar que a concepção de ganhar dinheiro como um fim em si mesmo ao qual as pessoas estariam inclinadas, como uma vocação, era contrária aos sentimentos éticos de épocas inteiras. O dogma *Deo placere vix potest,*[ff] que foi incorporado ao direito canônico e aplicado às atividades dos mercadores, e que à época (como a passagem no Novo Testamento sobre os juros)[55] era considerado genuíno, assim como a caracterização de Tomás de Aquino do desejo pelo ganho como *turpitudo* (termo que abarcava, inclusive, o lucro inevitável e, portanto, eticamente justificado), já continha um elevado grau de concessão por parte da doutrina católica aos poderes financeiros com os quais a Igreja tinha tão íntimas relações políticas nas cidades italianas,[56] se comparadas às visões muito mais radicalmente anticrematistas[gg] de círculos relativamente amplos. Mas mesmo onde era ainda mais bem acomodada aos fatos, como, por exemplo, com Antonino de Florença, jamais foi superado o sentimento de que a atividade dirigida à aquisição como um fim era, no fundo, um *pudendum* que deveria ser tolerado unicamente por conta das necessidades inalteráveis da vida neste mundo.

Alguns moralistas daquele tempo, particularmente da escola nominalista, aceitaram as formas desenvolvidas

---

[ff] Poder-se-ia traduzir: "O comerciante dificilmente, ou nunca, poderá agradar a Deus". (N.T.)

[gg] A crematística é um conceito elaborado por Aristóteles para designar a busca e o acúmulo de riquezas. Por anticrematística se designa a perspectiva contrária no que se refere à organização econômica, isto é, uma perspectiva de não acumular riqueza como um fim em si mesmo, e a contraposição a esse tipo de atitude. (N.T.)

de negócios capitalistas como inevitáveis e tentaram justificá-las, especialmente o comércio, como necessárias. Eles foram capazes de ter em conta, embora não sem contradições, a *industria* que se desenrola nelas como uma fonte legítima de lucro, e, logo, eticamente inobjetável. Mas a doutrina dominante rejeitava a aquisição correspondente ao espírito do capitalismo como *turpitudo*, ou, pelo menos, não podia dar-lhe uma sanção ética positiva. Uma atitude ética como aquela de Benjamin Franklin seria, simplesmente, inimaginável. Essa era, sobretudo, a atitude dos próprios círculos capitalistas. Sua vida de trabalho era, ao longo do período em que aderiam à tradição da Igreja, na melhor hipótese, algo de moralmente indiferente. Era tolerada, mas era, ainda assim, de algum modo perigosa para a salvação, mesmo se tivesse em conta unicamente o risco contínuo de colisão com a doutrina eclesial acerca da usura. Somas consideráveis por ocasião da morte de pessoas ricas, como apresentam as fontes, foram para instituições religiosas como legado de consciência, e às vezes até retornavam para seus devedores antigos como usura que havia sido arrancada deles injustamente. Acontecia o contrário, entre as tendências heréticas ou outras as quais se olhavam com reprovação, apenas naquelas partes da aristocracia comercial que já eram emancipadas da tradição. Mas mesmo os céticos e os indiferentes à Igreja costumavam reconciliar-se com ela por meio de presentes, pois seria uma espécie de seguro contra as incertezas em relação àquilo que poderia vir após a morte, ou porque (pelo menos de acordo com um ponto de vista amplamente aceito mais tarde) uma obediência externa aos comandos eclesiais era suficiente para garantir a salvação.[57] Aqui, o caráter amoral ou mesmo imoral da ação segundo a opinião dos próprios participantes torna-se tão claro quanto a luz.

Agora, como poderia a atividade, que era na melhor das hipóteses eticamente tolerada, tornar-se uma vocação no sentido de Benjamin Franklin? O fato a ser historicamente explanado é que no centro mais altamente capitalista daquela época, na Florença dos séculos XIV e XV, o mercado monetário e de capital de todos os grandes poderes políticos, essa atitude era considerada eticamente injustificável, ou, quando muito, tolerada. Mas nas circunstâncias aldeãs pequeno-burguesas da Pensilvânia do século XVIII, onde os negócios ameaçavam, por simples escassez de dinheiro, regredir ao escambo, onde dificilmente haveria qualquer sinal de um grande empreendimento, onde se poderiam encontrar apenas os mais rudimentares primórdios do sistema financeiro, a mesma coisa era considerada a essência da conduta moral, até mesmo requisitada em nome do dever. Falar aqui de um reflexo das condições materiais na superestrutura ideal seria uma patente insensatez. Qual foi o arcabouço de ideias que poderia apontar para o tipo de atividade aparentemente direcionada ao lucro por si só como se fora uma vocação, com as quais o indivíduo sentir-se-ia possuidor de uma obrigação ética? Pois foi essa ideia que deu a fundação e a justificação ética ao modo de vida do novo empreendedor.

Fizeram-se tentativas, particularmente Sombart, no qual habitualmente encontram-se observações cuidadosas e efetivas de retratar o racionalismo econômico como o traço mais destacado da moderna vida econômica de maneira global. Indubitavelmente de forma justificada, se por isso se quer apontar a extensão da produtividade do trabalho que, por conta da subordinação do processo de produção à abordagem científica, livrou-se de sua dependência das limitações orgânicas naturais do indivíduo. Atualmente esse processo de racionalização no campo da técnica e da organização econômica certamente condiciona uma parcela importante dos ideais de vida da moderna sociedade burguesa. Trabalhar a serviço de uma organização racional para a provisão de bens materiais à humanidade pareceu sempre, não há dúvida, aos representantes do espírito capitalista como um dos mais importantes propósitos de sua vida de trabalho. Exemplarmente, é necessário apenas ler com atenção a descrição de Franklin de seus esforços a serviço de melhoramentos cívicos na Filadélfia para apreender sua óbvia sinceridade. E o prazer e o orgulho de ter oferecido emprego para um sem-número de pessoas, de ter tomado parte no progresso econômico de sua cidade natal no sentido dado pelo capitalismo a essa expressão no que se refere ao quadro populacional e ao volume de comércio, todas essas coisas são evidentemente parte das satisfações específicas e inconfundivelmente idealistas na vida dos modernos homens de negócios. Semelhantemente, [essa parte] é uma das características fundamentais de uma economia capitalista individualista que está racionalizada na base do cálculo rigoroso, dirigida com previdência e prudência em direção ao sucesso econômico, que é perseguido em acentuado contraste com a existência "da mão à boca" do camponês, com o tradicionalismo privilegiado da guilda de artesãos e com o capitalismo dos aventureiros, orientado para a exploração de oportunidades políticas e especulação irracional.

Pode parecer, afinal, que o desenvolvimento do espírito do capitalismo é mais bem compreendido como uma parte do desenvolvimento do racionalismo como um todo, e poder-se-ia inferi-lo da posição fundamental do racionalismo acerca dos problemas básicos da vida. Nesse processo, o protestantismo teria de ser considerado apenas na medida em que constituiu um estágio anterior ao desenvolvimento de uma filosofia puramente racionalista. Mas qualquer tentativa séria de avançar nessas teses torna evidente que tal maneira simplista de colocar a questão não funcionará, notadamente por conta do fato de que a história do racionalismo apresenta um desenvolvimento que de modo algum segue linhas paralelas nas várias esferas da vida. A racionalização do direito privado, por exemplo, se for pensada como uma simplificação lógica e reorganização do conteúdo do direito, alcançou o seu grau mais elevado até hoje conhecido no direito romano da Antiguidade. Mas ele restou em grande parte atrasado em alguns dos países com o mais alto grau de racionalização econômica, notadamente a Inglaterra, onde o renascimento do direito romano foi subjugado pelo poder das grandes corporações jurídicas, enquanto ele manteve sempre a sua superioridade nos países católicos da Europa meridional. A filosofia racional mundana do século XVIII não encontrou favorecimento unicamente, nem sequer principalmente, nos países de mais alto desenvolvimento capitalista. As doutrinas de Voltaire[hh] são, mesmo hoje em dia, a propriedade

[hh] Filósofo francês, amplamente influente no período do Iluminismo. Viveu entre 1694 e 1778. (N.T.)

comum de amplos grupos das classes superior e média, o que é praticamente mais importante, nos países católicos Latinos. Finalmente, se por racionalismo prático se entender o tipo de atitude que vê e julga o mundo conscientemente em termos dos interesses imanentes ao ego individual, então essa concepção de vida foi e é a peculiaridade específica dos povos do *liberum arbitrium*, tal qual os italianos e os franceses o são em carne e sangue. Contudo, já nos convencemos de que esse não é, de forma alguma, o solo sobre o qual floresceu preeminentemente aquela relação de um homem com sua vocação como uma tarefa, [relação] que é necessária ao capitalismo. De fato — e essa proposição simples, que é comumente esquecida, deveria ser disposta ao início de todos os estudos que ensaiam lidar com o racionalismo — pode-se racionalizar a vida de pontos de vista básicos fundamentalmente diferentes e em direções acentuadamente díspares. O racionalismo é um conceito histórico que dá conta de todo um universo de coisas diversas. Nossa tarefa será encontrar a filiação intelectual dessa forma concreta de pensamento racional, a partir da qual germinou a ideia de uma vocação e devoção ao trabalho, que é, como vimos, tão irracional do ponto de vista do autointeresse puramente eudemonístico, mas que foi e continua sendo um dos elementos mais característicos de nossa cultura capitalista. Aqui estamos particularmente interessados na origem do elemento irracional que nela repousa, como em toda concepção de uma vocação.

Notas

30. A passagem final foi extraída de *Necessary Hints to Those That Would Be Rich* (escrito em 1736, *Works*, Sparks edition, II, p. 80), as demais, de *Advice to a Young Tradesman* (escrito em 1748, Sparks edition, II, p. 87 ss.). Os grifos no texto são do próprio Franklin.

31. *Der Amerikamüde* (Frankfurt, 1855), reconhecidamente uma paráfrase imaginativa das impressões de Lenau sobre a América. Como uma obra de arte, o livro seria hoje dificilmente aproveitável, mas é incomparável como um documento das diferenças de concepção entre os alemães e os americanos (hoje há muito borradas), pode-se até mesmo dizer do tipo de vida espiritual que, apesar de tudo, restou comum a todos os alemães, tanto católicos quanto protestantes, desde o misticismo germânico da Idade Média, como oposta à valoração puritana capitalista da ação.

32. Sombart valeu-se dessa citação como epígrafe para seu capítulo que lida com a gênese do capitalismo (*Der moderne Kapitalismus*, primeira edição, I, p. 193. Ver também p. 390).

33. O que obviamente não significa nem que Jacob Fugger era um homem moralmente indiferente ou avesso à religião nem que a ética de Benjamin Franklin encontra-se totalmente disposta nas citações acima. Dificilmente seria necessário recorrer a citações de Brentano (*Die Anfänge des modernen Kapitalismus*, p. 150 ss.) para proteger esse bem conhecido filantropo dos equívocos que Brentano parece atribuir a mim. O problema é justamente o contrário: como poderia tal filantropo vir a escrever essas frases particulares (na forma especialmente característica que Brentano foi negligente em reproduzir) à moda de um moralista?

34. Essa é a base de nossa diferença em relação a Sombart na forma como apresenta o problema. Sua significância prática muito considerável tornar-se-á clara posteriormente. Antecipadamente, contudo, permita-se que seja destacado que Sombart, de maneira alguma, negligenciou esse aspecto ético do empreendedor capitalista. Mas em sua visão do problema ele surge como um aspecto do capitalismo, enquanto para nossos propósitos devemos assumir o oposto como hipótese. Uma posição conclusiva pode ser tomada unicamente ao final da investigação. Para a visão de Sombart, consultar, *op. cit.*, p. 357, 380, etc. Sua argumentação aqui se liga à brilhante análise apresentada na *Philosophie des Geldes,* de Simmel (capítulo final). Sobre as polêmicas que ele dirigiu posteriormente a mim em seu *Bourgeois*, devo pronunciar-me em outra ocasião. A essa altura, qualquer discussão aprofundada tem de ser adiada.

35. "Eu cresci convencido de que a verdade, a sinceridade e a integridade em negociações de homem para homem eram da mais alta importância para a felicidade da vida; e elaborei resoluções escritas, as quais ainda permanecem em minha agenda para que eu as pratique enquanto viver. De fato, a Revelação não tinha comigo peso enquanto tal; mas eu tinha uma opinião, embora certas ações pudessem não ser ruins por serem proibidas por ela, ou boas porque recomendadas por ela, poderiam, contudo, provavelmente ser proibidas porque eram nocivas para nós, ou recomendadas porque eram benéficas para nós por sua própria natureza, sendo todas as circunstâncias das coisas consideradas." *Autobiography* (ed. F. W. Pine, Henry Holt, Nova York, 1916), p. 112.

36. "Eu, então, pus-me tanto quanto pude fora de vista, e iniciei isso" — trata-se de um projeto de biblioteca que ele havia iniciado — "como um esquema de *número de amigos*, que me haviam requisitado para procurar e propor àqueles que eles julgavam ser amantes da leitura. Dessa forma, meu negócio prosseguiu suavemente, e eu sempre me vali dessa prática em ocasiões semelhantes; e, de meus sucessos frequentes, posso recomendá-la de coração. O pequeno sacrifício de tua vaidade no presente será amplamente recompensado no futuro. Se durante algum tempo permanecer incerto a quem o mérito pertence, alguém mais vaidoso que tu sentir-se-á encorajado a reivindicá-lo, e então até mesmo a inveja estará disposta a fazer-te justiça, arrancando-lhe as penas ostentadas e retornando-as para seu dono legítimo." *Autobiography*, p. 140.

37. Brentano (*op. cit.*, p. 125, 127, nota I) toma essa observação como uma oportunidade para criticar a discussão posterior acerca da "racionalização e disciplina" às quais o ascetismo mundano (*innerweltliche Askese*) sujeitou os homens. Aquela é, segundo ele, uma racionalização em direção a um modo de vida irracional. Ele está, de fato, com toda a razão. Uma coisa nunca é irracional em si mesma, mas unicamente a partir de um ponto de vista racional particular. Para o descrente, todas as formas de vida religiosa são irracionais, para os hedonistas todo padrão ascético é irracional, não importa se, avaliado segundo os seus próprios valores básicos, aquele ascetismo oposto seja uma racionalização. Se este ensaio apresenta alguma contribuição qualquer, que seja aquela de trazer à tona a complexidade do conceito de racional, apenas superficialmente simples.

38. Em resposta à longa e um tanto imprecisa apologia de Brentano a Franklin (*Die Anfänge des modernen Kapitalismus*, p. 150 ss.), de quem as qualidades éticas eu supostamente teria compreendido equivocadamente, faço referência apenas a essa máxima, que deveria, em minha opinião, ter sido suficiente para tornar supérflua qualquer apologia.

39. Faço uso desta oportunidade para inserir algumas réplicas às críticas como antecipação ao argumento principal. Sombart (*Bourgeois*) faz a insustentável afirmação de que essa ética de Franklin é uma repetição, palavra por palavra, de alguns escritos do grande e versátil gênio do Renascimento, Leon Battista Alberti, que, além de investigações teóricas sobre matemática, escultura, pintura, arquitetura e amor (pessoalmente ele era um misógino), escreveu uma obra em quatro livros acerca da gestão doméstica (*Della Famiglia*). (Infelizmente, durante o período de escrita eu não tive tempo para procurar a edição de Mancini, mas apenas a mais antiga de Bonucci.) A passagem de Franklin está reproduzida acima, palavra por palavra. Onde, então, estão as passagens correspondentes a serem encontradas na obra de Alberti, especialmente a máxima "tempo é dinheiro", que se encontra no topo, e as exortações que lhe correspondem? A única passagem que conheço que apresenta a mais tênue parecença é encontrada no fim do primeiro livro de *Della Famiglia* (ed. Bonucci, II, p. 353), em que Alberti discorre em termos muito gerais acerca do dinheiro como o *nervus rerum* do lar, que precisa, portanto, ser manuseado com cuidado especial, assim como o disse Catão no *De Re Rustica*. Tratar Alberti, alguém muito orgulhoso de sua descendência de uma das mais distintas famílias de cavaleiros de Florença (*Nobilissimi Cavalieri*, *op. cit.*, p. 213, 228, 247, etc.), como um homem de sangue mestiço cheio de inveja das famílias nobres que por conta de seu nascimento ilegítimo, o qual não o desqualificava socialmente nem minimamente o excluía como um burguês de suas associações com a nobreza, é bastante incorreto. É verdade que a recomendação de grandes negócios, como os únicos de alguma valia a uma *nobile e onesta* *famiglia* e um *libero e nobile animo*, e que custavam menos trabalho é característico de Alberti (p. 209; compare *Del governo della Famiglia*, IV, p. 55, assim como p. 116 na edição para os Pandolfini). Daí a melhor coisa são os negócios de venda de lã e seda. Também uma ordenada e compenetrada regulação de seu lar, isto é, a limitação com as despesas frente à renda. Essa é a *santa masserizia*, que, portanto, é primariamente um princípio de conservação, um dado padrão de vida, e não de aquisição (como ninguém poderia ter entendido melhor do que Sombart). De maneira similar, na discussão acerca da natureza do dinheiro, sua preocupação é aquela com a gerência dos fundos de consumo (dinheiro ou *possessioni*), não com aquela do capital; tudo isso fica claro a partir de sua expressão que é posta na boca de Gianozzo. Ele recomenda, como proteção contra a incerteza e a *fortuna*, o hábito desde cedo de uma atividade contínua, que é também (p. 73-74) apenas saudável no longo prazo, *in cose magnifiche e ample*, e a aversão à preguiça, que sempre põe em perigo a conservação de sua posição no mundo. Portanto, um estudo cuidadoso de um comércio adequado no caso de mudanças na fortuna, mas qualquer *opera mercenaria* é inadequada (*op. cit.*, I, p. 209). Sua ideia de *tranquillità dell'animo* é a sua forte tendência para a *láthe biôsas* de Epicuro (*Vivere a sè stesso*, p. 262); especialmente sua aversão a qualquer ofício (p. 258) como uma forma de intranquilidade, forma de fazer inimigos e de envolver-se com negociações desonradas; o ideal de vida em uma vila provincial; a sua nutrição de vaidade pela lembrança de seus ancestrais; e seu tratamento da honra da família (a qual devia, por isso, manter sua fortuna reunida à maneira florentina e não a dividir) como um decisivo critério e ideal — todas essas coisas seriam vistas como idolatria pecaminosa da carne aos olhos de todos os puritanos, e aos de Benjamin Franklin, como expressão da incompreensível e aristocrática ausência de sentido. Note-se, adiante, a elevada opinião sobre as coisas literárias (já que a *industria* é aplicada principalmente na obra literária e científica), que é realmente mais merecedora dos esforços de um homem. E a expressão da *masserizia*, no sentido de "conduta racional da gerência doméstica" como os meios para viver independentemente dos outros e de evitar a privação, é em geral posta somente na boca do iletrado Gianozzo como de igual valor. Assim, a origem desse conceito, que se origina (ver abaixo) da ética monástica, é remontada a um antigo padre (p. 249).

Agora, compare-se tudo isso com a ética e o modo de vida de Benjamin Franklin, e especialmente de seus ancestrais puritanos; as obras do Renascimento do *littérateur* que se dirigia à aristocracia humanista, com as obras que Franklin endereçou às massas da baixa classe média (ele menciona especialmente os pequenos comerciantes) e com os tratados e os sermões dos puritanos, no fito de compreender a profundidade da diferença. O racionalismo econômico de Alberti, apoiado por todos os lados em referência a autores antigos, é mais claramente relacionado com o tratamento dos problemas econômicos nos escritos de Xenofonte (que ele não conhecia), de Catão, Varrão e Columella (todos os quais ele cita), exceto que, especialmente em Catão e Varrão, a *aquisição* enquanto tal erige-se no primeiro plano de um modo diferente daquele encontrado em Alberti. Além disso, os comentários muito eventuais de Alberti sobre o uso dos *fattori*, sua divisão no trabalho e disciplina, sobre a falta de confiabilidade dos camponeses, etc., realmente soa como se a rústica sabedoria de Catão fosse transferida do campo da antiga economia doméstica escravagista e aplicada àquele trabalho livre na indústria doméstica e no sistema arrendatário. Quando Sombart (de quem a referência à ética estoica é profundamente enganadora) vê o racionalismo econômico como "desenvolvido às últimas consequências" desde Catão, ele está, com uma correta interpretação, não inteiramente equivocado. É possível unir o *diligens pater familias* dos romanos com o ideal do *massajo* de Alberti sob a mesma categoria. É sobretudo característico de Catão que a propriedade fundiária seja avaliada e julgada como um objeto para investimento dos fundos de consumo. O conceito de *industria*, por outro lado, é colorido diferentemente por conta da influência cristã. E justamente aí está a diferença. Na concepção de *industria*, que se origina no ascetismo monástico e que foi desenvolvida por escritores monásticos, repousa a semente de um *ethos* que foi completamente desenvolvido mais tarde no ascetismo mundano protestante. Portanto, como apontaremos frequentemente, a relação dos dois, contudo, é menos próxima da doutrina eclesial oficial de São Tomás de Aquino do que das ordens mendicantes florentinas e sienenses. Em Catão e também nos próprios escritos de Alberti, esse *ethos* está ausente; para ambos, ele é uma questão de sabedoria mundana, não de ética. Em Franklin existe também uma tensão utilitarista. Mas a qualidade ética do sermão ao jovem homem de negócios é impossível de ser mal entendida, e isso é o que há de característico. Uma falta de cuidado no manuseio do dinheiro significa para ele alguém que, por assim dizer, assassina o embrião do capital, e portanto é um defeito ético.

Uma relação interna entre Alberti e Franklin existe, de fato, unicamente porque Alberti (a quem Sombart chama de pio, mas que, na verdade, de nenhum modo fez qualquer uso de motivos religiosos como justificação da forma de vida por ele recomendada — exceto por duas pálidas passagens —, embora tomasse para si os sacramentos e possuísse uma sinecura em Roma, como tantos humanistas), Alberti, repetindo, não havia ainda, enquanto Franklin já não havia mais, relacionado suas recomendações econômicas a concepções confessionais. O utilitarismo, na preferência de Alberti pela manufatura de lã e seda, e também o utilitarismo social mercantilista "que deve ter empregado muitas pessoas" (ver Alberti, *op. cit.*, p. 292), é a única justificativa, pelo menos formal, nesse campo, tanto para um quanto para outro. As discussões de Alberti sobre esse assunto formam um excelente exemplo do tipo de racionalismo econômico que verdadeiramente existia como um reflexo das condições econômicas em obras de autores interessados puramente na "coisa em si" em todos os lugares e épocas; no classicismo chinês e na Grécia e em Roma não menos do que no Renascimento e na era do Iluminismo. Não há dúvida de que, da mesma forma como em tempos antigos, com Catão, Varrão e Columella, também aqui com Alberti e outros do mesmo tipo, especialmente na doutrina da *industria*, uma espécie de racionalidade econômica está altamente desenvolvida. Mas como pode alguém crer que tal *teoria* literária poder-se-ia desenvolver como uma força revolucionária de todo comparável à maneira com a qual uma fé religiosa tinha capacidade de definir sanções de salvação e danação no cumprimento de um modo de vida particular (nesse caso, metodicamente racionalizado)? O que, em comparação, aparece como uma racionalização de fato religiosamente orientada da conduta pode ser encontrado, para além dos puritanos de todas as denominações, nos casos dos jainistas, dos judeus, de certas seitas ascéticas da Idade Média, dos irmãos morávios (uma reminiscência do movimento hussita), dos *skoptsi* e dos *stundistas* na Rússia, e de numerosas ordens monásticas, embora possam diferir bastante entre si.

O ponto essencial de diferença é (para antecipar) que uma ética baseada na religião aloca certas sanções psicológicas (não de um caráter econômico) na manutenção de uma atitude prescrita por ela, sanções que, enquanto a crença religiosa mantenha-se viva, são profundamente efetivas, e que uma sabedoria meramente mundana, como aquela de Alberti, não possui à sua disposição. Apenas na medida em que essas sanções funcionam, e, sobretudo, na direção em que elas funcionam, que são com frequência diferentes da doutrina dos teólogos, tal ética recebe uma influência independente na conduta de vida e, então, na ordem econômica. Isso é, para falar francamente, o sentido de todo este ensaio, que eu não esperava passar tão despercebido.

Adiante, eu deverei vir a discorrer acerca dos moralistas teológicos da Baixa Idade Média, que eram relativamente amigáveis ao capital (especialmente Antonino de Florença e Bernardino de Siena), e aos quais Sombart também mal interpretou seriamente. Em qualquer caso, Alberti não fez parte daquele grupo. Ele não tirou do pensamento monástico não mais que o conceito de *industria*, não importa por meio de quais ligações intermediárias. Alberti, Pandolfini e os de seu tipo são representativos daquela atitude que, apesar de toda a sua obediência manifesta, era interiormente já emancipada da tradição da Igreja. Com toda a sua semelhança com a ética cristã, ela foi durante um largo período de caráter do antigo paganismo, do qual Brentano tem a opinião de que sua significância para o desenvolvimento do pensamento econômico moderno (e também a política econômica moderna) fora ignorada por mim. Que eu não lido com sua influência aqui é verdade. Isso estaria deslocado de um estudo sobre a ética protestante e o espírito do capitalismo. Mas, como aparecerá em uma diferente oportunidade, longe de negar sua significância, eu tenho sido e sou, por boas razões, da opinião de que sua esfera e seu sentido de influência foram inteiramente diferentes daqueles da ética protestante (da qual a ascendência espiritual, de uma importância prática que não se pode ignorar, repousa nas seitas e ética de Wycliff e Huss). Não foi o modo de vida da burguesia emergente que foi influenciado por essa outra atitude, mas a política dos homens de Estado e dos príncipes; e essas duas linhas de desenvolvimento que são, mas de nenhuma forma sempre, parcialmente convergentes deveriam, para os propósitos da análise, ser tomadas como perfeitamente distintas. Estando Franklin sob consideração, seus tratados de aconselhamento a homens de negócios, usados presentemente como leitura nas escolas da América, pertencem de fato a uma categoria de obras que influenciaram a vida prática muito mais do que o volumoso livro de Alberti, que dificilmente tornou-se conhecido fora de círculos de iniciados. Mas eu expressamente o denotei como um homem que esteve para além da influência da percepção da vida puritana, que havia empalidecido consideravelmente nesse período, da mesma forma que todo o Iluminismo inglês, do qual as relações com o puritanismo foram frequentemente expostas.

40. Infelizmente, Brentano (*op. cit.*) jogou todo tipo de luta pelo enriquecimento, fosse pacífica ou belicosa, no mesmo saco, e então estabeleceu como critério específico da busca pelo lucro capitalista (em contraste, por exemplo, com a feudal) sua tendência para a acumulação de *dinheiro* (em vez de terras). Qualquer diferenciação posterior, que sozinha pudesse levar a uma concepção clara, ele não apenas recusou-se a fazer, mas fez a incompreensível (para mim) objeção de que o conceito de espírito do (moderno) capitalismo que constituímos para nossos propósitos incluía já o que deveria ser provado.

41. Compare-se, em todos os aspectos, as excelentes observações de Sombart, *Die deutsche Volkswirtschaft im 19ten Jahrhundert*, p. 123. Em geral, não preciso especificamente indicar, embora os estudos a seguir remontem em seus pontos de vista mais importantes a obras muito mais antigas, o quanto eles devem seu desenvolvimento à mera existência dos importantes trabalhos de Sombart, com suas hábeis formulações e mesmo, talvez até especialmente, onde elas tomam uma rota diferente. Inclusive aqueles que se encontram em contínua e decisiva discordância com as ideias de Sombart, e que rejeitam muitas de suas teses, têm o dever de fazer o mesmo apenas após um estudo exaustivo de sua obra.

42. É evidente que aqui não podemos entrar na questão de onde repousam esses limites, e também não podemos avaliar a teoria familiar sobre a relação entre salários altos e elevada produtividade do trabalho que pioneiramente foi sugerida por Brassey, formulada e mantida teoricamente por Brentano, e tanto historicamente quanto teoricamente por Schulze-Gävernitz. A discussão fora reaberta pelos estudos penetrantes de Hasbach (*Schmollers Jahrbuch*, 1903, p. 385-391 e 417 ss.), e ainda não foi finalizada. Para nós aqui, é suficiente concordar com o fato de que não é, e não pode ser, posto em dúvida por ninguém que baixos salários e altos lucros, baixos salários e oportunidades favoráveis para o desenvolvimento industrial não são, pelo menos simplesmente, coincidentes, que aquelas condições em termos gerais de preparo para uma cultura capitalista, e com elas a possibilidade de o capitalismo existir como um sistema econômico, não são trazidas à tona simplesmente por operações financeiras mecânicas. Todos os exemplos são puramente ilustrativos.

43. O estabelecimento mesmo de indústrias capitalistas, portanto, frequentemente não foi possível sem grandes movimentos migratórios a partir de áreas de cultura mais antiga. Por corretos que estejam os comentários de Sombart sobre a diferença entre habilidade pessoal e segredos de mercado, entre o artesanato e a técnica moderna científica, objetiva, ao tempo do surgimento do capitalismo a diferença praticamente não existia. De fato, por assim dizer, qualidades éticas do trabalhador capitalista (e, em certa medida, mesmo do empreendedor) geralmente sofriam uma escassez maior de valor do que as habilidades do artesão, cristalizada em tradições de centenas de anos. E mesmo a indústria dos dias atuais ainda não é, de forma alguma, inteiramente independente quando de sua escolha de localização de tais qualidades da população, adquiridas por profunda tradição e educação no trabalho intensivo. É análogo aos preconceitos científicos atuais, quando se observa tal dependência como relacionada a qualidades raciais congênitas em vez de tradição e educação, em minha opinião, com uma validade extremamente duvidosa.

44. Ver o meu "Zur Psychophysik der gewerblichen Arbeit", *Archiv für Sozialwissenschaft und Sozialpolitik*, XXVIII.

45. As observações anteriores podem ser mal compreendidas. A tendência de um bem conhecido tipo de homem de negócios em usar a crença de que "a religião deve ser mantida para o povo" para seus próprios propósitos, e a outrora não rara disposição por parte de largos números, especialmente dentre o clero luterano, a uma simpatia com a autoridade, a se oferecer como uma polícia negra quando desejavam estigmatizar a greve como um pecado e os sindicatos como incentivadores da cupidez, tudo isso são coisas com as quais nosso problema aqui não tem nada a ver. Os fatores discutidos no texto não dizem respeito a fatos ocasionais, mas dos muito frequentes, que, como veremos, retornam continuamente de um modo típico.

46. *Der moderne Kapitalismus*, primeira edição, I, p. 62.

47. *Ibid.*, p. 195.

48. Naturalmente, trata-se do moderno empreendimento capitalista peculiar ao Ocidente, não do tipo de capitalismo espalhado pelo mundo durante três mil anos, da China, Índia,

Babilônia, Grécia, Roma, Florença, até o presente, impulsionado por usurários, empreiteiros militares, arrendatários de cargos públicos, coletores de impostos, grandes mercadores e magnatas financeiros. Ver nossa Introdução.

49. A assunção não é então, de nenhum jeito, justificada *a priori*, isso é tudo o que quero deixar claro aqui, o fato de que, por um lado, a técnica da empresa capitalista e, por outro, o espírito de trabalho profissional que dá ao capitalismo sua energia expansiva devem ter encontrado suas raízes originais nas mesmas classes sociais. E da mesma forma no que tange às relações com as crenças religiosas. O calvinismo foi historicamente um dos agentes de educação do espírito do capitalismo. Mas, na Holanda, os interesses dos mais abastados eram, por razões que serão debatidas posteriormente, não predominantemente aderentes ao estrito calvinismo, mas ao arminianismo. As emergentes média e pequena burguesias, de onde principalmente eram recrutados os empreendedores, eram em grande parte aqui e em outros lugares típicas representantes tanto da ética capitalista quanto da fé calvinista. Mas isso se adequa muito bem à nossa presente tese: em todas as épocas existiram grandes banqueiros e mercadores. Mas uma organização capitalista racional do trabalho industrial não fora conhecida até a transição da Idade Média para os tempos modernos.

50. Sobre esse ponto consultar a boa dissertação da Universidade de Zurique de J. Maliniak (1913).

51. O quadro que segue foi composto como um tipo ideal com base nas condições encontradas em diferentes ramos industriais e em lugares diferentes. Para o fito de ilustração ao qual ele serve aqui, ele não possui, evidentemente, nenhuma consequência de que o processo, em nenhum dos exemplos que temos em mente, tenha acontecido precisamente da maneira como descrevemos.

52. Por essa razão, dentre outras, não foi à toa que esse primeiro período de incipiente racionalismo (econômico) na indústria alemã foi acompanhado por outros certos fenômenos, por exemplo, a catastrófica degradação da elegância e do estilo dos artigos de uso cotidiano.

53. Isso não deve ser entendido como uma reivindicação de que mudanças no suprimento de metais preciosos não possuem importância econômica.

54. Aqui se intenta tão somente fazer uma referência ao empreendedor (o homem de negócios) que estamos tomando como objeto de nosso estudo, não se trata de nenhum tipo de padrão empírico. Sobre o conceito de "tipo ideal", consulte-se minha discussão nos *Archiv für Sozialwissenschaft und Sozialpolitik*, XIX, n. 1.

55. Talvez essa seja a ocasião mais apropriada para tecer algumas considerações acerca do ensaio de F. Keller, ao qual já me referi (volume 12 das publicações de *Görres-Gesellschaft*), e, em seguida, acerca das observações de Sombart (*Der Bourgeois*), pois são relevantes ao contexto presente. É quase inconcebível o fato de que um autor deveria criticar um estudo no qual a proibição canônica de juros não é sequer mencionada (exceto por uma nota incidental que não tem conexão geral com o argumento), com a assunção de que essa proibição dos juros, que tem um paralelo em quase todas as éticas religiosas do mundo, é tomada aqui como o critério decisivo de diferença entre as éticas católica e protestante. Dever-se-ia apenas criticar aquilo que já se leu, ou o argumento que, caso lido, não tenha sido esquecido. A campanha contra a *usura pravitas* atravessa a história tanto da Igreja huguenote quanto da Igreja holandesa do século XVI; lombardos, isto é, banqueiros, por conta desse único fato eram frequentemente excluídos da comunhão (ver capítulo I, nota 17). A atitude mais liberal de Calvino (a qual não prevenia, contudo, a inclusão de regulamentos contra a usura no primeiro esboço das Ordenanças) não obteve triunfo até Salmasius. Então a diferença não repousa sobre esse ponto; na verdade, pelo contrário. Mas ainda piores são os próprios argumentos dos autores sobre isso. Eles oferecem uma penosa impressão de superficialidade se comparados aos trabalhos de Funck e outros literatos católicos (os quais, em minha opinião, ele não levou em consideração completamente como mereceriam), e as investigações de Endemann, as quais, embora hoje estejam obsoletas em determinados pontos, continuam fundamentais. Em verdade, Keller absteve-se de certos excessos como nas observações de Sombart (*Der Bourgeois*, p. 321) segundo as quais se poderia notar como "cavalheiros piedosos" (Bernardino de Siena e Antonino de Florença) "desejavam excitar o espírito empreendedor por todos os meios possíveis", ou seja, a partir deles, praticamente qualquer outro preocupado com a proibição dos juros interpretou isso de forma a prescindir do que poderíamos denominar investimento produtivo de capital. Que Sombart, por um lado, estabeleça os romanos entre os povos heroicos, e por outro, o que significa uma contradição impossível para o seu trabalho como um todo, considere o racionalismo econômico como tendo sido desenvolvido em suas últimas consequências por Catão (p. 267), pode ser mencionado, aliás, como um sintoma de que se trata de um "livro de teses", no pior sentido da palavra.

Ele também distorceu a significância da proibição de juros. Isso não pode ser demarcado aqui em detalhes. Em parte ela fora comumente exagerada, depois fortemente subestimada, e agora, em uma era que produz católicos milionários tanto quanto protestantes, foi virada de cabeça para baixo por propósitos apologéticos. Como é bem conhecido, ela não foi, apesar da autoridade bíblica, abolida até o último século por ordem da *Congregatio S. Officii*, e lá então apenas em *temporum ratione habita* e indiretamente, nominadamente, pela proibição de que o padre confessor importunasse os fiéis com questões sobre a *usura pravitas*, embora nenhuma reivindicação de obediência tenha sido abandonada caso a norma fosse restaurada. Qualquer um que tenha feito um estudo exaustivo da história extremamente complicada da doutrina não pode alegar — considerando as controvérsias sem fim em torno dela, por exemplo, a justificação da compra de ações, do desconto de letras e de outros contratos diversos (e sobretudo considerando a ordem da *Congregatio S. Officii*, mencionada acima, no que concerne ao empréstimo a uma municipalidade) — que a proibição estava direcionada apenas a aplicar-se a empréstimos de emergência, nem que seu objetivo fosse o de preservação de capital, ou que fosse até mesmo um benefício à empresa capitalista (p. 25). A verdade é que a Igreja veio a reconsiderar a proibição de juros comparativamente tarde. À época em que isso ocorreu, as formas de investimento puramente negocial não eram comodatos com taxas de juros fixas, mas *foenus nauticum*, *commenda*, *societas maris*, e a *dare ad proficuum de mari* (um empréstimo no qual as divisões de ganhos e perdas eram ajustadas de acordo com os graus de risco), e eram, considerando o caráter do retorno de empréstimos feitos a atividades produtivas, necessariamente desse tipo. Essas espécies não eram (não apenas concordando com alguns poucos canonistas rigorosos) tomadas como abrangidas pela proibição então vigente, mas, quando se tornou possível e costumeiro o investimento sob uma definida taxa de juros e descontos, a primeira forma de empréstimos também encontrou algumas preocupantes dificuldades advindas da proibição, o que levou a vários meios drásticos por parte das guildas de mercadores (as listas negras). Mas o tratamento da usura por parte dos canonistas era geralmente puramente legal e formal, e era certamente livre de qualquer tendência parecida com a proteção do capital como Keller identifica. Finalmente, podendo ser clarificada qualquer atitude dirigida ao capitalismo os fatores decisivos eram: por um lado, uma tradicional e basicamente desarticulada hostilidade frente ao poder crescente do capital que era impessoal e, portanto, não facilmente disciplinável a controles éticos (como ainda é identificável nos pronunciamentos de Lutero sobre os Fuggers e sobre os negócios bancários); por outro lado, a necessidade de acomodação às necessidades práticas. Mas não podemos discutir isso, por conta, como foi dito, de que a proibição da usura e seu destino pode ter no máximo uma significância sintomática para nós, e mesmo isso em um grau limitado.

A ética econômica dos teólogos escotistas e, especialmente, de certos teólogos mendicantes dos anos quatrocentos, sobretudo Bernardino de Siena e Antonino de Florença, isto é, monges com um tipo de ascetismo especificamente racional, indubitavelmente merecem um tratamento separado e não podem ser explorados incidentalmente em nossa discussão. Fosse de outra forma, eu seria aqui forçado, em resposta a meus críticos, a antecipar o que terei de expor em minha discussão sobre a ética econômica do catolicismo em suas relações positivas com o capitalismo. Esses autores tentaram, e nisso se anteciparam a alguns dos jesuítas, apresentar o lucro do mercador como uma recompensa por sua *industria*, e, assim, justificá-lo eticamente. (É claro, nem mesmo Keller pode alegar mais do que isso.)

O conceito e a aprovação da *industria* adveio, é evidente, em última análise, do ascetismo monástico, provavelmente também da ideia de *masserizia*, que Alberti, como ele mesmo diz pela boca de Gianozzo, toma de fontes clericais. Deveremos mais adiante discutir mais profundamente sobre o sentido no qual a ética monástica é uma predecessora das denominações ascéticas mundanas do protestantismo. Na Grécia, dentre os cínicos, como foi demonstrado nas inscrições funerárias do helenismo tardio e, em um contexto completamente diferente, no Egito, houve sugestões de ideias similares.

Mas para nós o mais importante é a coisa que falta inteiramente tanto aqui quanto no caso de Alberti. Como veremos depois, o conceito protestante característico da prova de salvação da própria pessoa, o *certitude salutis* numa vocação, forneceu as sanções psicológicas com que essa crença religiosa incentivou a *industria*. Isso, porém, o catolicismo não podia fornecer, porque seus meios para a salvação eram diferentes. De fato, esses autores preocupam-se com uma doutrina ética, não com motivos para a ação ética, dependente do desejo pela salvação. Além disso, como é muito fácil de se ver, eles se preocupam com concessões à necessidade prática, não, como era a ascese mundana, com deduções de postulados religiosos. (Acidentalmente, Anthony e Bernhard foram há muito tempo mais bem abordados que por Keller.) E mesmo essas concessões têm permanecido objeto de controvérsia até o presente. No entanto, a significação desses conceitos éticos monásticos como sintomas não é de modo algum pequena.

56. As palavras *medèn apelpizontes* (Lucas 6, 35) e a tradução da *Vulgata, nihil inde sperantes*, eram concebidas (de acodo com A. Merx) como sendo uma corruptela de μηδὲν ἀπελπίζοντες [*méden apelpizontes*] (ou *meminem desperantes*), e, portanto, para ordenar a concessão de empréstimos a todos os irmãos, incluindo os pobres, sem nada dizer acerca de interesses. A passagem *Deo* *placere vix potest* ["dificilmente pode agradar a Deus" — N.T.] é agora concebida como sendo de origem ariana (o que, caso verdadeiro, não faz qualquer diferença para nossa argumentação).

57. Como um compromisso com a proibição da usura fora realizado é mostrado, por exemplo, no Livro I, capítulo 65, dos estatutos do *Arte di Calimala* (no presente momento eu somente tenho a versão italiana, em Emiliani-Guidici, *Stor. dei Com. Ital.*, 3, p. 246). "*Procurino i consoli con quelli frate, che parra loro, che perdono si faccia e come fare si possa il meglio per l'amore di ciascuno, del dono, merito o guiderdono, ovvero interesse per l'anno presente e secondo che altra voltafatto fue*" ["Procurem os cônsules com aqueles padres, caso lhes pareça correto, que seja concedido o perdão da melhor forma, segundo o amor de cada um, pelos dons, pelos valores, pelas recompensas, isto é, pelos juros recebidos durante o ano, conforme o que foi feito outra vez" — N.T.]. Era, portanto, um meio para a corporação assegurar isenção para seus membros, por conta de suas respectivas posições oficiais, sem abusos de autoridade. As sugestões imediatamente seguidas, assim como a ideia imediatamente precedente de registrar todos os empenhos e lucros enquanto presentes, são características da atitude amoral perante os lucros do capital. À presente lista negra contra corretores da bolsa de valores que retinham a diferença entre o preço máximo e o preço real frequentemente correspondiam protestos contra aqueles que suplicavam perante a corte eclesiástica com o *exceptio usurariae pravitatis* [Do latim: "exceção para realização de usura distorcida"; faz menção à reivindicação de realizar empréstimos com juros mais elevados do que seria considerado normal — (N.T.)].

Capítulo III
A concepção de vocação de Lutero
O objetivo da investigação

Agora está fora de dúvida que mesmo na palavra alemã *Beruf*, e talvez de forma ainda mais nítida na inglesa *calling*, está no mínimo sugerida alguma concepção religiosa, de um desígnio realizado por Deus. Quanto mais se coloca ênfase na palavra em um contexto concreto, mais evidente se torna a conotação. E, se traçarmos a história da palavra através das sociedades civilizadas, ficará explícito que nem os povos predominantemente católicos nem aqueles da Antiguidade clássica[58] possuíram nenhuma expressão de similar significado para aquilo que nós chamamos vocação (no sentido de um objetivo de vida, de um campo definido sobre o qual trabalhar), como o que tem existido em todos os povos predominantemente protestantes. E mais tarde poderá ser mostrado em pormenores que isso não se deve a qualquer peculiaridade étnica das línguas em questão. Isso não é, desse modo, o produto de um espírito alemão, mas em seu sentido moderno a expressão advém de uma tradução da *Bíblia*, por intermédio do espírito de seu tradutor, e não do sentido original.[59] Na tradução da *Bíblia* realizada por Lutero [essa expressão] aparece como se tivesse sido usada pela primeira vez em um ponto do Eclesiastes (11, 20 e 21) precisamente no nosso sentido moderno.[60] Depois disso, ela rapidamente tomou o significado atual no discurso cotidiano de todos os povos protestantes, enquanto anteriormente nem sequer uma sugestão de tal significado poderia ser encontrada em toda a literatura secular e mesmo nos escritos religiosos, e, até onde eu posso assegurar, ela só é encontrada em um daqueles místicos alemães cuja influência sobre Lutero é bem conhecida.

Tal como o significado da palavra, a ideia é nova, e é um produto da Reforma.[ii] Isso pode ser assumido como conhecido por todos. É verdade que certas valorizações positivas acerca da atividade rotineira no mundo, que está contida nessa concepção de vocação, já haviam existido na Idade Média, e até mesmo na Antiguidade helênica. Falaremos disso mais adiante. Mas pelo menos uma coisa é inquestionavelmente nova: a valorização do cumprimento do dever em afazeres mundanos como a forma mais elevada que a moral dos indivíduos poderia assumir. Isso foi o que fez que, inevitavelmente, todas as atividades do dia a dia ganhassem significado religioso, e o que pela primeira vez deu ao conceito de vocação esse sentido. O conceito de vocação então introduzido passou a ser o dogma central de todas as denominações protestantes, conceito que era descartado pela divisão da ética realizada pelos católicos entre *praecepta* e *consilia*[jj] O único modo de vida aceitável para Deus não era superar a moralidade mundana em um ascetismo monástico, mas somente pelo cumprimento das obrigações impostas

---

[ii] O autor faz menção à Reforma protestante, da qual o principal baluarte foi Martinho Lutero, no começo do século XVI. (N.T.)

[jj] Literalmente, do latim: "preceitos" e "planos". (N.T.)

ao indivíduo por sua posição no mundo. Essa era sua vocação.

Lutero[61] desenvolveu o conceito no curso de sua primeira década de atividade como reformador. Primeiramente, em perfeita harmonia com a tradição predominante na Idade Média, representada, por exemplo, por Tomás de Aquino,[62] ele pensou na atividade no mundo como uma coisa da carne, embora desejada por Deus. Esta seria uma condição natural indispensável a uma vida de fé, mas em si mesma ela seria moralmente neutra, como comer e beber.[63] Mas com o desenvolvimento do conceito de *sola fide*[kk] em todas as suas consequências, e com seu resultado lógico, se estabeleceu uma crescente ênfase contra os *consilia* evangélicos dos monges como ditados do demônio, e a vocação passou a crescer em importância. A vida monástica não era apenas desprovida de valor como meio de justificação perante Deus, mas Lutero também encara a renúncia da conduta neste mundo como produto do egoísmo, como a renúncia de obrigações temporais. Em contraste, o trabalho dentro da vocação mundana aparece para ele como a expressão exterior do amor fraternal. Isso ele prova pela observação de que a divisão do trabalho força cada indivíduo a trabalhar para os outros; seu ponto de vista é, entretanto, demasiado ingênuo, formando um contraste quase grotesco com as bem conhecidas posições de Adam Smith a respeito do mesmo tema.[64] No entanto, essa justificação, que evidentemente é escolástica em sua essência, logo passa a desaparecer, e então resta, de forma cada vez mais bem enfatizada,

---

[kk] Literalmente, do latim: "somente pela fé". (N.T.)

a concepção segundo a qual o cumprimento do dever mundano é sob todas as circunstâncias o único modo de vida aceitável para Deus. Isso por si só é a vontade de Deus. Isso, e somente isso, expressa a vontade de Deus, e desse modo toda profissão legítima possui o mesmo valor diante dos olhos de Deus.[65]

Que a justificação moral da atividade mundana é um dos resultados mais importantes da Reforma, especialmente com relação à participação de Lutero nesta, está além de qualquer dúvida, e pode mesmo ser considerada como lugar-comum.[66] Essa atitude é completamente diferente daquela de profunda hostilidade de Pascal, em sua postura contemplativa, para com a atividade mundana, que ele tinha convicção de que somente se poderia entender em termos de vaidade e ganância.[67] E ela diferia ainda mais do compromisso liberal utilitário com o mundo realizado pelos jesuítas. Mas justamente o significado prático desses resultados do protestantismo só pode ser sentido de forma vaga, e não percebido em todos os seus detalhes.

É imprescindível pontuar, em primeiro lugar, que a Lutero não pode ser atribuído o espírito do capitalismo, no sentido em que usamos o termo antes, ou em qualquer outro sentido que se queira usar. Os círculos religiosos que hoje de forma entusiasmada celebram os resultados da Reforma não são de modo algum amigáveis ao capitalismo, em nenhum sentido possível. E o próprio Lutero, sem dúvida, teria repudiado qualquer conexão com um ponto de vista como aquele de Franklin. Notadamente, não se pode considerar suas reclamações dirigidas contra os grandes mercantes de seu tempo, como com os Fuggers,[68] como evidência para a questão. Porque a luta contra a posição privilegiada, de direito ou de fato, de algumas grandes companhias de comércio dos séculos XVI ou XVII pode ser comparada à moderna campanha realizada contra os *trusts*, e não pode em si mesma ser considerada a expressão de um ponto de vista tradicionalista. Contra tais pessoas, contra os lombardos, os monopolistas, os especuladores e banqueiros protegidos pela Igreja Anglicana, pelos reis e parlamentos da Inglaterra e da França, tanto os puritanos quanto os huguenotes[ll] foram levados a uma amarga luta.[69] Cromwell, depois da batalha de Dunbar (setembro de 1650), escreveu ao Parlamento: "Que seja de agrado reformar os abusos de todas as profissões: e se subsistir qualquer uma que faça muitos pobres para tornar a alguns ricos, ela não convém ao bem comum". Mas, de qualquer maneira, podemos encontrar em Cromwell uma linha de pensamento especificamente capitalista.[70] Por outro lado, as numerosas posições de Lutero contra a usura ou qualquer forma de interesse no lucro revelam uma concepção da natureza da aquisição capitalista que, comparada com aquelas da baixa escolástica, são retrógradas, do ponto de vista capitalista.[71] Especialmente, é claro, a doutrina da esterilidade do dinheiro, que Antonino de Florença já havia refutado.

Mas é desnecessário ir aos mínimos detalhes. Uma vez que, acima de tudo, as consequências do conceito de vocação no plano religioso, de estabelecer uma conduta mundana, são suscetíveis de distintas interpretações. O efeito da Reforma como tal era que, se comparadas

---

[ll] Os huguenotes foram os membros da religião protestante na França dos séculos XVI e XVII. (N.T.)

com a atitude católica, a ênfase moral sobre o trabalho realizado no âmbito mundano, enquanto vocação, e sua sanção religiosa haviam sido poderosamente intensificadas. As formas nas quais o conceito de vocação, que expressava essa mudança, viria a se desenvolver mais tarde dependeria da evolução religiosa que se realizaria nas diferentes Igrejas Protestantes. A autoridade da *Bíblia*, da qual Lutero pensava ter derivado sua ideia de vocação, no todo favorecia uma interpretação tradicionalista. O Velho Testamento, em particular, embora seus profetas originais não mostrassem nenhum sinal de tendência a uma moralidade mundana, e em outros lugares se encontram rudimentos isolados e sugestões, contém uma ideia religiosa similar inteiramente no sentido tradicionalista. Cada um deveria suportar sua própria vida e deixar que os ateus corressem atrás de ganhos. Esse é o sentido de todos os posicionamentos que recaem diretamente sobre atividades mundanas. E mesmo o Talmude[mm] tem uma atitude apenas parcialmente, mas não fundamentalmente, diversa. A atitude pessoal de Jesus é caracterizada em uma pureza clássica pelo típico argumento antigo oriental: "O pão nosso de cada dia nos dai hoje". O elemento de repúdio radical ao mundo, como expresso no "*mamonâs tês adikías*", exclui a possibilidade de que a moderna ideia da vocação pudesse ser embasada em sua autoridade.[72] Na era apostólica, como expresso no Novo Testamento, especialmente em São Paulo, os cristãos olhavam para a atividade mundana ainda com indiferença, ou no mínimo com uma visão por essência tradicionalista, pois aquelas primeiras

[mm] Livro sagrado dos judeus. (N.T.)

gerações estavam ainda tomadas por esperanças escatológicas. Já que cada um estava simplesmente esperando pela vinda de Deus, não havia nada a fazer senão permanecer em seu posto e na ocupação mundana na qual o chamado de Deus o havia encontrado, e trabalhar como antes. Portanto, não deveria sobrecarregar seus irmãos dependendo de sua caridade, e tudo isso não deveria durar por muito tempo. Lutero leu a *Bíblia* através das lentes de sua tendência em geral; e no tempo e no curso de seu desenvolvimento de aproximadamente 1518 até 1530, ele não somente permaneceu tradicionalista como intensificou cada vez mais essa condição.[73]

Nos primeiros anos de sua atividade como reformador, ele era dominado por uma atitude estreitamente relacionada com a indiferença escatológica de Paulo, como a expressada no capítulo VII da 1ª Epístola aos Coríntios,[74] pela forma como considerava a atividade mundana,[75] desde que pensara na vocação primariamente como referente a uma atividade mundana. Uma pessoa poderia conseguir a salvação em qualquer caminho de vida; na curta peregrinação da vida não há qualquer utilidade em se ficar medindo a importância da forma da ocupação. A persecução de ganhos materiais para além das necessidades pessoais passara a aparecer como sintoma de falta de graça e, uma vez que isso aparentemente é possível apenas a expensas de outrem, é diretamente repreensível.[76] Conforme ele progressivamente passou a tomar mais contato com os afazeres mundanos, passou a valorizar mais o trabalho desse âmbito. Mas na profissão concreta que cada indivíduo perseguia ele viu cada vez mais um comando especial de Deus, que vinha para preencher essas condutas particulares, de modo que era a Vontade Divina que se lhes impunha. E depois do conflito com os fanáticos e dos distúrbios causados pelos camponeses, a ordem objetiva histórica das coisas nas quais os indivíduos foram inseridos por Deus tornou-se para Lutero cada vez mais a manifestação direta da vontade divina.[77] A ênfase cada vez mais forte no elemento providencial, mesmo nos mais particulares acontecimentos da vida, levou cada vez mais a uma interpretação tradicionalista baseada na ideia da providência. O indivíduo deveria permanecer de uma vez por todas na posição e na profissão na qual Deus o houvesse posto e deveria restringir sua atividade mundana dentro dos limites impostos por sua posição estabelecida na vida. Conforme seu tradicionalismo econômico tinha origem na indiferença de Paulo, mais tarde essa postura tornou-se cada vez mais de intensa crença na providência,[78] que identificava a absoluta obediência à vontade de Deus[79] com a absoluta aceitação das coisas tais como elas são. Começando com esse pano de fundo, era impossível a Lutero estabelecer uma nova conexão ou um tipo novo de relação fundamental entre a atividade mundana e os princípios religiosos.[80] A sua aceitação da pureza da doutrina como o critério infalível da Igreja, que tornou-se cada vez mais irrevogável depois das lutas dos anos 1520, era por si só suficiente para deter o desenvolvimento de novos pontos de vista acerca das questões éticas.

Desse modo, portanto, em Lutero o conceito de vocação permaneceu tradicionalista.[81] A sua vocação era algo que o homem deveria aceitar como uma ordenação divina, à qual deveria adaptar-se. Esse aspecto superou a outra ideia que também estava presente, aquela na qual a vocação na profissão seria uma tarefa, ou melhor, a tarefa, designada por Deus.[82] E em seu posterior desenvolvimento, o luteranismo ortodoxo enfatizou esse aspecto ainda mais. Assim, portanto, o único resultado ético era negativo; condutas mundanas não mais estariam subordinadas a ascetas; obediência às autoridades e a aceitação das coisas tais como elas eram, eis o que fora pregado.[83] Em sua forma luterana, a ideia de vocação tinha, como será mostrado em nossa discussão acerca das éticas religiosas medievais, sofrido uma antecipação considerável por parte dos místicos alemães. Especialmente na equalização de Tauler[nn] acerca dos valores da religião e das ocupações mundanas, e no declínio da valorização das práticas ascéticas tradicionais,[84] por conta da decisiva significação da absorção extático-contemplativa do espírito divino por parte da alma. Em um certo ponto, o luteranismo significa um passo atrás em relação aos místicos, na medida em que Lutero, e ainda mais a sua Igreja, tinha de certa forma solapado os fundamentos psicológicos para uma ética racional, se comparado aos místicos. (A atitude dos místicos com relação a esse ponto é reminiscente em parte dos pietistas e em parte da psicologia da fé dos *quakers*.)[85] Isso se dava precisamente porque ele não podia senão suspeitar de uma tendência à autodisciplina ascética que levasse à salvação pelas obras e, desse modo, ele e sua Igreja foram forçados a manter isso cada vez mais em segundo plano.

[nn] Místico alemão, pregador católico e teólogo. Viveu entre 1300 e 1361. (N.T.)

Portanto, a mera ideia da vocação no sentido luterano é, na melhor das hipóteses, de importância questionável para os problemas nos quais nós estamos interessados; e só isso é o que pretendemos pontuar aqui. Mas isso não é chegar a ponto de dizer que mesmo a forma luterana da renovação da vida religiosa possa não ter tido qualquer significado prático para o objeto de nossa investigação; é precisamente o contrário. Aquela significação apenas não pode ser derivada diretamente da atitude de Lutero e de sua Igreja diante da atividade mundana, e possivelmente não é de todo fácil estabelecer como essa conexão existe em outras ramificações do protestantismo. É, então, importante que olhemos essas formas nas quais a relação entre a vida prática e a motivação religiosa possa mais facilmente ser percebida do que no luteranismo. Nós já chamamos atenção para o notável papel desempenhado pelo calvinismo e pelas seitas protestantes na história do desenvolvimento capitalista. E, assim como Lutero encontrou um espírito diferente do seu operando em Zwinglio,[oo] também seus sucessores espirituais o fizeram em relação ao calvinismo. E no presente momento tem o catolicismo olhado para o calvinismo como seu verdadeiro oponente.

Agora isso pode ser em parte explicado sobre bases puramente políticas. Embora a Reforma seja impensável sem o desenvolvimento religioso pessoal de Lutero e profundamente influenciada espiritualmente por sua personalidade, sem o calvinismo seu trabalho não poderia ter tido sucesso permanente e concreto. No entanto, a

---

[oo] Líder da Reforma na Suíça, fundador de igrejas protestantes no país. Viveu entre 1484 e 1531. (N.T.)

razão de toda essa repugnância de católicos e luteranos reside, ao menos parcialmente, nas peculiaridades éticas do calvinismo. Uma simples olhadela superficial mostra que há aqui uma completa diferença na forma de relação estabelecida entre a vida religiosa e a atividade terrena tanto no catolicismo quanto no luteranismo. Mesmo em literaturas motivadas puramente por fatores religiosos isso é evidente. Peguemos por exemplo o final de *A Divina Comédia*,[pp] em que o poeta no Paraíso prostra-se sem palavras em uma contemplação passiva dos segredos de Deus, e compare isso com o poema que veio a ser chamado a "Divina Comédia do puritanismo". Milton fecha a última canção de *Paraíso Perdido*[qq] descrevendo a expulsão do Paraíso:

> "Eles, olhando para trás, a leste veem
> O Paraíso, há pouco seu tão feliz lar,
> Ondeante pelo brandir ardente; na porta
> Terríveis faces aglomeradas e ígneos braços.
> Algumas lágrimas naturais derramaram, mas
> [enxugaram depressa:
> O mundo todo diante deles, para escolher
> Seu lugar de descanso, e a Providência para guiá-los."

E, apenas um pouco antes, o arcanjo Miguel havia dito a Adão:

[pp] Obra mais famosa de Dante Alighieri, poeta italiano. A obra é escrita de forma poética; possui perspectiva teológica e épica. Foi escrita no começo do século XIV. (N.T.)

[qq] Obra poética do século XVII, escrita por John Milton. (N.T.)

... "Apenas some
As ações do conhecimento que exigem resposta;
[some fé,
Some virtude, paciência, temperança; some amor,
Que virá a ser chamado Caridade, e a alma
De tudo o mais: então tu não estarás perdido
Ao deixar esse Paraíso, mas deverás possuir
Um Paraíso dentro de ti, ainda mais feliz."

De imediato salta à vista que essa poderosa expressão da seriedade dos puritanos com relação a este mundo, sua aceitação da vida neste mundo como uma tarefa, simplesmente não poderia ter advindo da caneta de um escritor medieval. Mas isso também é incompatível com o luteranismo, conforme foi expresso nos corais de Lutero e de Paul Gerhard.[rr] E é agora nossa tarefa substituir essa vaga perspectiva por alguma formulação lógica mais precisa e investigar as bases fundamentais de tais diferenças. O apelo para o caráter nacional geralmente é mera confissão de ignorância, e nesse caso ele é absolutamente indefensável. Pois inscrever um caráter nacional unificado aos ingleses do século XVII seria simplesmente falsificar a história. Os "Cavaleiros" e os "Cabeças redondas" não se colocavam uns em relação aos outros apenas como dois partidos mas como espécies radicalmente diferentes de homens, e qualquer um que olhar cuidadosamente para a questão deverá concordar com eles.[86] Por outro lado, não há diferença de caráter a ser encontrada entre os aventureiros mercantes ingleses e

---

[rr] Pastor alemão, compositor de músicas sacras, viveu entre 1607 e 1676. (N.T.)

os comerciantes da velha Liga Hanseática;[ss] também nenhuma das diferenças fundamentais existentes entre os caracteres ingleses e alemães do final da Idade Média pode ser facilmente explicada pelas diferenças de suas respectivas histórias políticas.[87] Foi o poder da influência religiosa, não sozinha, porém mais do que qualquer outro fator, que criou as diferenças das quais nós hoje temos consciência.[88]

Portanto, teremos como ponto de partida, na investigação da relação estabelecida entre a ética dos antigos protestantes e o espírito do capitalismo, os trabalhos de Calvino, do calvinismo e das outras seitas puritanas. Mas não deve ser entendido que nós esperamos encontrar em qualquer um dos fundadores ou representantes desses movimentos religiosos como promotores daquilo que chamamos por espírito do capitalismo, como se essa promoção fosse um objetivo de suas vidas. Não podemos sustentar que a persecução de bens mundanos, considerada como um fim em si mesma, seria para qualquer um deles de valor ético positivo. E de uma vez por todas deve ser lembrado que programas de reforma ética nunca estiveram no centro do interesse de qualquer um dos reformadores religiosos (entre os quais, para os nossos propósitos, devemos incluir homens como Menno, George Fox e Wesley).[tt]

[ss] Liga ou confederação de guildas mercantis, localizada na região norte da Europa. Suas origens datam do começo do século XII. (N.T.)

[tt] Menno Simmons (1496-1561): teólogo e padre natural da Frísia, vinculado ao movimento anabatista. George Fox (1624-1691): dissidente inglês, fundador da doutrina dos *quakers*. John Wesley (1703-1791): padre anglicano e teólogo cristão, um dos fundadores do movimento metodista. (N.T.)

Eles não eram os fundadores de sociedades para uma cultura ética e também não eram os proponentes de projetos humanitários para uma reforma social ou por ideais culturais. A salvação da alma, e somente ela, era o centro dos seus trabalhos e de suas vidas. Seus ideais éticos e os resultados práticos de suas doutrinas foram somente embasados nisso, e foram consequências de motivos puramente religiosos. Devemos, portanto, admitir que as consequências culturais da Reforma, talvez sob os aspectos particulares com os quais estamos lidando predominantemente, foram em grande medida imprevisíveis e mesmo consequências indesejadas do trabalho dos reformadores. Essas consequências estavam muitas vezes bem longe ou mesmo em contradição com tudo o que eles próprios pensavam realizar.

Portanto, o estudo que segue pode de alguma forma, ainda que modesta, ser um meio de contribuição para se entender a maneira pela qual as ideias tornam-se forças efetivas na história. Contudo, a fim de evitar qualquer mal-entendido quanto ao sentido em que se afirma acima de tudo alguma efetividade de motivos puramente ideais, deve, talvez, ser permitida a realização de alguns reparos na conclusão desta discussão introdutória.

No nosso estudo, e vale deixar isso estabelecido desde já, nenhuma tentativa é feita no sentido de se medir o valor das ideias da Reforma, em qualquer sentido, seja referindo-se ao seu valor social ou religioso. Continuamente lidaremos com aspectos da Reforma que deverão parecer, para a verdadeira consciência religiosa, como fortuitos e mesmo superficiais. Estamos tão somente tentando esclarecer o papel, na complexa interação de um sem-número de diferentes fatores históricos, que as forças religiosas desempenharam na formação da teia de desenvolvimento de nossa moderna cultura especificamente mundana. Estamos, desse modo, apenas nos perguntando sobre até que ponto certas características peculiares dessa cultura podem ser atribuídas à influência da Reforma. Ao mesmo tempo, devemos livrar-nos da ideia de que é possível deduzir a Reforma como um resultado necessário de certas modificações econômicas. Uma inumerável quantidade de circunstâncias históricas, que não podem ser reduzidas a uma lei econômica, e que não são suscetíveis de explicações econômicas de nenhum tipo, especialmente processos puramente políticos, tinham de concorrer para que as recém-criadas Igrejas pudessem sobreviver.

Por outro lado, contudo, não temos qualquer intenção de sustentar uma tola e doutrinária tese[89] como aquela segundo a qual o espírito do capitalismo (no sentido provisório conferido anteriormente ao termo) somente poderia ter-se formado como resultado de certos efeitos da Reforma, ou mesmo que o capitalismo, enquanto sistema econômico, é um produto da Reforma. Por si mesmo, o fato de que certas importantes formas de organização de empreendimento capitalista são conhecidas por serem consideravelmente mais antigas do que a Reforma já é uma refutação suficiente de uma tal alegação. Pelo contrário, apenas queremos certificar-nos se e em que extensão as forças religiosas tomaram parte na formação qualitativa e na expansão quantitativa daquele espírito pelo mundo. E, ademais, quais aspectos concretos da nossa cultura capitalista podem ser relacionados a elas. Em vista da tremenda confusão das influências interdependentes estabelecidas entre a base material, as formas de organização social e política e as ideias correntes na época da Reforma, nós somente podemos proceder investigando se e até que ponto certas correlações entre formas de crença religiosa e práticas éticas podem ser estabelecidas. Ao mesmo tempo deveremos, se assim for possível, esclarecer a maneira e a direção geral na qual, em virtude daquelas relações, os movimentos religiosos influenciaram o desenvolvimento da cultura material. Apenas quando isso tiver sido determinado com precisão razoável poderá ser feita a tentativa de estimar em que grandeza o desenvolvimento histórico da cultura moderna pode ser atribuído àquelas forças religiosas e em que medida a outros fatores.

Notas

58. Das línguas da Antiguidade apenas o hebraico possui um conceito similar. Acima de tudo na palavra *mela'khah*, usada para funções sacerdotais (Ex. 35, 21; Ne. 11, 22; 1 Cr. 9, 13; 23, 4; 26, 30), para empreendimentos no serviço do rei (especialmente 1 Sm. 8, 16; 1 Cr. 4. 23; 29, 6), para o serviço de um funcionário real (Est 3, 9; 9, 3), de um superintendente de trabalho (2 Rs 12, 12), de um escravo (Gn. 39, 11), de trabalho no campo (1 Cr. 27, 26), de artesãos (Ex. 31, 5; 35, 21; Rs 7, 14), para comerciantes (Sl. 107, 23) e para atividade mundana de qualquer natureza na passagem Ecl. 11, 20, a qual será discutida posteriormente. A palavra é derivada de *l'kh,* "enviar", portanto significando originalmente uma tarefa a ser feita. Que estas foram originadas nas ideias correntes durante o reinado burocrático de servos (*Fronstaat*) de Salomão, construído de acordo com o modelo egípcio, parece nítido a partir das evidências acima. Em significado, no entanto, como aprendi com A. Merx, esse conceito originário se havia perdido mesmo na Antiguidade. A palavra passou a ser usada para designar qualquer gênero de trabalho e, de fato, passou a ter tanto significado e ausência de cor como a alemã *Beruf*, com a qual ela compartilhou a condição de ser usada primariamente para designar trabalhos mentais e não manuais. A expressão (*hoq*), designação, tarefa, instrução [*lesson*], a qual também aparece em Eclesiástico 11, 20, e é traduzida na Septuaginta por διαθήκη [*diátheke*], é também derivada das terminologias correntes no regime burocrático de servidão da época, assim como o é *d^e var-yom* (Exod. v. 13, cf. Exod. v. 14), em que o Evangelho também usa διαθήκη [*diátheke*] para tarefa. Em Eclesiástico 43, 10 ela é traduzida na Septuaginta por κρίμα [*krima*]. Em Evangelho 11, 20 ela evidentemente é utilizada para significar o cumprimento dos mandamentos de Deus, sendo portanto relacionada com a nossa vocação. Nessa passagem do Eclesiástico pode ser feita referência ao bem conhecido livro de Smend sobre o Eclesiástico, e para as palavras διαθήκη, ἔργον, πόνος [*diátheke, érgon, pónos*], em seu *Index zur Weisheit des Jesus Sirach* (Berlim, 1907). E como é conhecido por todos, o texto em hebraico do Eclesiástico fora perdido, mas foi redescoberto por Schechter, e em parte complementado por fragmentos advindos do Talmude. Lutero não o possuía, e esses dois conceitos hebraicos não podiam ter qualquer influência sobre o seu uso da língua (veja abaixo em Provérbios 22, 29).

No grego não há termo correspondente, em conotação ética, às palavras alemã e inglesa. Onde Lutero, totalmente no espírito de seu uso moderno (veja abaixo), traduz Ecl. 11, 20 e 21, *bleibe in deinem Beruf*, a Septuaginta tinha a certo ponto ἔργον [*érgon*], e a outro, πόνος [*pónos*], o qual no entanto parece ser uma passagem totalmente corrompida (o hebraico original fala do brilho da salvação divina!). De outra maneira, na Antiguidade τὰ προσήκοντο [*prosékonto*] é utilizado no sentido geral de deveres. Nas obras dos estoicos, Καματος [*kámatos*] ocasionalmente carrega similar conotação, ainda que sua origem linguística seja indiferente (a isso chamou minha atenção A. Dieterich). Todas as outras expressões (tal como τάξις [*táksis*], etc.) não possuem implicações éticas.

No latim, o que nós traduzimos por vocação profissional, uma atividade sustentada por um homem sob uma divisão de trabalho, que é, portanto, normalmente, sua fonte de sustento e a longo prazo a base econômica da sua existência, é, juntamente com o incolor *opus*, expresso com um conteúdo ético no mínimo similar àquele da palavra alemã, ou por *officium* (de *opificium*, o qual era originalmente incolor do ponto de vista ético, porém mais tarde, especialmente com Sêneca *de benef.*, IV, p. 18, passou a significar *Beruf*); ou por *munus*, derivado das obrigações compulsórias da velha comunidade civil; ou finalmente por *professio*. Essa última palavra também era empregada no sentido de designar obrigações públicas, provavelmente sendo derivada das antigas declarações de imposto dos cidadãos. Porém mais tarde ela passou a ser aplicada no especialmente moderno sentido de designar profissões liberais (como em *professio bene dicendi*), e em seu sentido mais estreito tinha significação em geral similar àquela da alemã *Beruf*, mesmo no sentido mais espiritual da palavra, como quando Cícero, falando de alguém, diz "*non intelligit quid profiteatur*", no sentido de "ele não conhece sua verdadeira profissão". A única diferença é que esta é, é claro, definitivamente secular, não tem qualquer conotação religiosa. Isso é ainda mais verdade para *ars*, que em tempos imperiais era utilizada para trabalhos artesanais. A *Vulgata* traduz ambas as passagens supracitadas do Eclesiástico a um momento com *opus* e em outro (verso 21) com *locus*, o qual, no caso, significa algo como posição social. O hábito de utilizar *mandaturam tuorum* advém do asceta Jerônimo, como Brentano observa muito bem, sem, entretanto, aqui ou em qualquer outro lugar, chamar atenção para o fato de que esse uso do termo era característico dos ascetas, e que tinha, antes da Reforma, um sentido transcendental (alheio a este mundo) e, depois dela, um sentido mundano. Ademais, é incerto sobre qual texto a tradução de Jerônimo se realizou. Uma influência do velho significado litúrgico de *mela'khah* não parece ser impossível.

Nas línguas românicas somente a espanhola *vocación* no sentido de um chamado interno para algo, a partir de uma analogia com algum ofício clerical, tem uma conotação em parte correspondente àquela da palavra alemã, mas nunca ela é utilizada para significar uma vocação em um sentido externo. Na *Bíblia* romana traduções da espanhola *vocación*, das italianas *vocazione* e *chiamamento*, as quais de todo modo têm um significado em parte correspondente ao uso pelo luteranismo e pelo calvinismo, são usadas apenas para traduzir a κλῆσις [*klêsis*] do Novo Testamento, o chamado do Evangelho para a salvação eterna, o qual na *Vulgata* é *vocatio*. É estranho dizer, como Brentano o faz (*op. cit.*), mantendo que esse fato, com relação ao qual eu mesmo aduzi defender segundo meu ponto de vista, é evidenciado pela existência do conceito de vocação, no sentido que ele teria mais tarde, já antes da Reforma. Mas não é nada desse tipo. κλῆσις [*klêsis*] tinha de ser traduzida por *vocatio*. Mas onde e quando ela era utilizada na Idade Média conforme o nosso sentido? A existência dessa tradução e a ausência de qualquer aplicação da palavra para uma vocação mundana é o que é decisivo, a despeito de como fora traduzido. *Chiamamento* é utilizada dessa maneira juntamente com *vocazione* na tradução italiana da *Bíblia* do século XV, a qual está gravada na *Collezione di opere inedite e rare* (Bolonha, 1887), enquanto nas traduções italianas modernas se tem somente o sentido mais recente. Por outro lado, as palavras utilizadas nas línguas romanas para vocação no sentido externo e mundano de atividade aquisitiva não carregam qualquer conotação religiosa, como aparece em todos os dicionários e no relato do meu amigo, o professor Baist (de Friburgo). Tanto assim é que não importa se elas são derivadas de *ministerium* ou se de *officium*, as quais tinham originalmente um certo colorido religioso, ou se de *ars*, *professio*, ou *implicare* (*impeigo*), das quais o caráter religioso já foi abstraído há muito. As passagens no Eclesiástico mencionadas pouco antes, em que Lutero usou *Beruf*, foram traduzidas: em francês, v. 20, *office*; v. 21, *labeur* (tradução calvinista); espanhol: v. 20, *obra*; v. 21, *lugar* (seguindo a *Vulgata*); traduções recentes, *posto* (protestantes). Os protestantes dos países latinos, uma vez que eram minoritários, não exerceram, possivelmente sem sequer fazer tentativas, uma influência tão criativa sobre suas respectivas línguas tais como Lutero fez com a ainda não tão racionalizada (no sentido acadêmico) língua alemã oficial.

59. Por outro lado, a *Confissão de Augsburgo* somente contém implícita a ideia e apenas parcialmente desenvolvida. O artigo 26 (editado por Kolde, p. 43.) ensina: "De fato, ele (o Evangelho) não dissolve os laços que envolvem a economia civil ou doméstica, o que ele faz é poderosamente nos estimular a mantê-los como ordenações de Deus e em tais ordenações (*ein jeder nach seinem Beruf*) exercitar a caridade" (traduzido para o inglês por Rev. W. H. Teale, Leeds, 1842).

A conclusão tirada, se se deve obedecer às autoridades, mostra que aqui *Beruf* é pensada, ao menos primariamente, como uma ordem objetiva no sentido da passagem em 1 Cor. 7, 20.

E o artigo 27 (Kolde, p. 83) fala de *Beruf* (no latim: *in vocacione sua*) somente em conexão com estados ordenados por Deus:

clero, magistrados, príncipes, lordes, etc. Mas mesmo isso é apenas verdade para a versão alemã de *Konkordienbuch*, enquanto na versão alemã da Ed. *Princeps* a sentença é deixada de fora.

Apenas no artigo 26 (Kolde, p. 81) a palavra é usada em um sentido que pelo menos inclui nosso significado presente: "que ele castigou seu corpo, não por merecer por meio desta disciplina a remissão dos pecados, mas para manter seu corpo na sujeição e apto às coisas espirituais, e para realizar a sua vocação". Traduzido por Richard Taverner, Sociedade de Publicações Filadélfia, 1888 (do latim *juxta vocationem suam*).

60. De acordo com os dicionários, e gentilmente confirmado por meus colegas professores Braune e Hoops, a palavra *Beruf* (em holandês *beroep*, em inglês *calling*, em dinamarquês *kald*, em sueco *kallelse*) não ocorre em qualquer uma das línguas antes da tradução da *Bíblia* de Lutero, que agora a contém em seu presente significado mundano (secular). As palavras, no alto alemão médio, no baixo alemão médio e no holandês médio, que soam como ela, todas têm o mesmo significado que *Ruf* no moderno alemão (de chamado), especialmente, inclusive, nos tempos medievais tardios, do chamamento a um benefício clerical por parte daqueles detidos do poder de nomeação. Trata-se de um caso especial que chega mesmo a ser frequentemente mencionado nos dicionários das línguas escandinavas. A palavra também vem a ser, ocasionalmente, utilizada por Lutero no mesmo sentido. Contudo, mesmo que esse uso especial da palavra possa ter promovido a sua mudança de significado, a moderna concepção de *Beruf* sem dúvidas volta linguisticamente à *Bíblia* traduzida por protestantes, e qualquer antecipação desta só pode ser encontrada, como devemos ver adiante, em Tauler (que morreu em 1361). Todas as línguas que foram fundamentalmente influenciadas pelas traduções protestantes da *Bíblia* possuem a palavra, e em todas as que não o foram ela não existe, ao menos em seu sentido moderno (como nas línguas neolatinas).

Lutero traduz dois conceitos completamente diferentes com *Beruf*. Primeiro o paulino κλῆσις [*klêsis*] no sentido do chamado à salvação eterna por intermédio de Deus. Desse modo: 1 Cor. 1, 26; Ef. 1, 18; 4, 1-4; 2 Ts. 1, 11; Hb. 3, 1; 2 Pedro 1, 10. Todos esses casos concernem a uma ideia puramente religiosa de um chamado por meio do Evangelho ensinada pelo apóstolo. A palavra κλῆσις não tem significado no sentido moderno. As *Bíblias* alemãs antes de Lutero usam nesse caso *ruffunge* (assim o é em todas as da Biblioteca Heidelberg), e em alguns casos em vez de "*von Gott geforffet*" diz "*von Gott gefordert*". Secundariamente, contudo, ele, como já vimos, traduz as palavras em Eclesiástico, como discutido na nota anterior (na Septuaginta ȇν τῷ ἔργῳ σου παλαιώθητι καὶ ἔμμεννε τῶ πόνῳ σου [*em tôo érgoo sou palaiótheti* e *kai émmene toi pónoi sou*]), por "*beharre in deinem Beruf*" e "*bliebe in deinem Beruf*", em vez de "*bliebe bei deiner Arbeit*". As mais recentes traduções católicas autorizadas (por exemplo, a de Fleischütz, Fulda, 1781) tinham (como nas passagens do Novo Testamento) simplesmente seguido seu exemplo. A tradução de Lutero da passagem do Livro do Eclesiástico é, até onde sei, a primeira vez que a palavra *Beruf* aparece em seu presente significado puramente secular. A precedente exortação, verso 20, σταθι εν διαθηκη σου [stéthi én diathekei sou], ele traduz como "*bliebe in Gottes Wort*", embora em Eclesiástico 14, 1 e 43, 10 se mostre que, correspondendo ao hebraico *hoq*, que (conforme trechos do Talmude) o Evangelho usou, διαθήκη [*diathéke*] em verdade signifique nada similar à nossa vocação, nomeadamente o destino de alguém ou alguma tarefa designada. Em seu sentido posterior e presente a palavra *Beruf* não existia na língua alemã, e tampouco, até onde eu entendo, nas obras dos antigos tradutores da *Bíblia* ou dos pregadores. As *Bíblias* alemãs antes de Lutero traduziram a passagem do Eclesiástico com *Werk* [obra]. Berthold de Regensburgo, nos momentos de seus sermões nos quais os modernos diriam *Beruf*, usava a palavra *Arbeit*. O uso, portanto, era o mesmo que na Antiguidade. A primeira passagem que conheço na qual não *Beruf* mas *Ruf* (como traduzida de κλῆσις [*klêsis*]) é aplicada a trabalho puramente mundano, é no belo sermão de Tauler em Efiseus 4 (*Obras*, edição da Basileia, folha 117, verso), de camponeses que vão "fazer esterco" na terra: é dito que eles teriam feito melhor, que "*so sie folgen einfeltiglich irem Ruf denn die geistlichen Menschen, die auf ihren Ruf nicht Acht haben*". A palavra neste sentido não encontra sólida existência no discurso do dia a dia. Ainda que o uso dado por Lutero em um primeiro momento oscile entre *Ruf* e *Beruf* (ver *Werke*, edição Erlangen, p. 51), que ele fora diretamente influenciado por Tauler é sem dúvida certo, ainda que o *Freiheit eines Christenmenschen* seja em diversos aspectos similar ao sermão de Tauler. Mas, no sentido puramente mundano de Tauler, Lutero não usou a palavra *Ruf*. (Isso contra Denifle, *Lutero*, p. 163.)

Agora evidentemente o aviso dado no Eclesiástico na versão da Septuaginta não contém, à parte a exortação geral para se confiar em Deus, nenhuma sugestão de uma especial valorização religiosa do trabalho secular em uma profissão. O termo πόνος [*pónos*], trabalhar, na segunda passagem corrompida estaria mais próximo do sentido oposto, caso não estivesse corrompido. O que o Eclesiástico diz simplesmente corresponde à exortação do escritor de salmos (Sl 37, 3), "Residir na terra, e se alimentar em sua lealdade", como também mostra em clara conexão com a previsão não para deixar que cada um seja cegado com as obras dos infiéis, já que para Deus é fácil tornar rico um homem pobre. Apenas a exortação de abertura para se permanecer no *hoq* (verso 20) tem uma certa semelhança com o κλῆσις [*klêsis*] do Evangelho, mas aqui Lutero não usa a palavra *Beruf* para a grega διαθήκη [*diátheke*]. A conexão entre os usos, que aparentemente não têm relação entre si, da palavra *Beruf*, é encontrada na primeira carta aos Coríntios e em sua tradução.

Em suas usuais edições modernas, todo o contexto no qual a passagem se mantém é o que segue, 1 Cor, 7, 17 (em inglês, versão do rei James [revisão americana, 1901]): "(17) Assim como Deus distribuiu entre os homens, como chamou a cada um, deixe-o caminhar. E assim ordeno eu em todas as igrejas. (18) Algum homem fora chamado sendo já circuncisado? Não o deixe ser descircuncisado. Algum homem já fora chamado sem ser circuncisado? Não o deixe ser circuncisado. A circuncisão e a descircuncisão não são nada senão a preservação dos mandamentos de Deus. (20) Deixe cada homem obedecer a lei naquela profissão dentro da qual foi chamado (ἐν τῇ κλήσει ῃ εκλήθη [*én tée klései hée ekléthe*]; sem dúvida um hebraísmo, como me disse o professor Merx). (21) Foste chamado para ser um escravo? Não te importes quanto a isso; ou melhor, tu mesmo podes fazer melhor uso de tua condição. (22) Porque aquele que fora chamado pelo Senhor enquanto escravo é um homem liberto pelo Senhor. Da mesma forma, aquele que fora chamado na condição de livre é um escravo de Cristo. (23) Fora trazido com um preço; não te tornes servente dos homens; (24) irmãos, deixai que cada homem permaneça na condição em que fora chamado por Deus".

No verso 29 segue a observação de que o tempo está encurtado, seguido pelo bem conhecido mandamento motivado por expectativas escatológicas: (31) para conviver com mulheres como se não as tivesse; e comprar mas agir como se não tivesse o que fora comprado, etc. No verso 20 Lutero, seguindo as velhas traduções alemãs, mesmo em 1523, na exegese do capítulo, traduz κλῆσις [*klêsis*] por *Beruf*, e interpreta esta com *Stand*. (Edição Erlangen, LI, p. 51.)

De fato, é evidente que a palavra κλῆσις [*klêsis*], nessa passagem, e somente nela, corresponde aproximadamente à latina *status* e à alemã *Stand* (estado de casamento, estado de um servo, etc.). Mas, é claro, não como Brentano supõe, *op. cit.*, p. 137, no moderno sentido de *Beruf*. Brentano dificilmente lera essa passagem, ou o que eu disse acerca dela, com cuidado. Em um sentido pelo menos é o que essa sugere palavra, que etimologicamente é relacionada a εκκλησία [*ekklesia*], "uma assembleia que fora chamada", ocorre na literatura grega, e até o ponto em que nos dizem os léxicos, apenas em uma passagem de Dionísio de Halicarnasso, na qual ela corresponde à latina *classis*, uma palavra emprestada do grego, que significa aquela parte dos cidadãos que era chamada para servir militarmente. Teofilactos (dos séculos XI-XII) interpreta 1 Cor. 7, 20 da seguinte maneira: ἐν οἵῳ βιῳ καὶ ἐν οἵῳ τάγματι καὶ πολιτεύματι ὤν ἐπίστενσεν [*ev hoioo blov kaì em holoi tágmati kai politeúmati òon episteusen*]. (O meu colega, o professor Deissmann, chamou minha atenção para essa passagem.) Agora, mesmo na nossa passagem, κλῆσις [*klêsis*] não corresponde à moderna *Beruf*. Mas, tendo traduzido κλῆσις [*klêsis*] por *Beruf* naquela exortação de motivação escatológica, segundo a qual cada um deveria permanecer em sua condição presente, Lutero, quando mais tarde veio a traduzir os apócrifos, iria naturalmente, por conta do conteúdo similar da exortação por si só, também ter usado *Beruf* para πόνος [*pónos*] no tradicionalista e anticrematista mandamento do Eclesiástico, no qual se recomendava que todos deveriam permanecer em seus empreendimentos. A passagem em 1 Cor. 7, 17, como já fora pontuado, não usa, acima de tudo, κλῆσις [*klêsis*] no sentido de *Beruf*, no sentido de um campo definido de atividade.

Nesse meio-tempo (ou mais ou menos nesse mesmo tempo), na *Confissão de Augsburgo*, fora postulado o dogma protestante que prega a inutilidade da tentativa católica de tentar sobressair-se à moralidade mundana, e nele a passagem "*einem jeglichen nach seinem Beruf*" ["cada qual segundo sua profissão"] é utilizada (ver nota anterior). Na tradução de Lutero, tanto este quanto a valorização da ordem na qual o indivíduo está inserido, enquanto algo sagrado, a qual passa a ganhar terreno ao longo do começo da década de 1530, se destacam. Isso era o resultado de sua crença especial, e cada vez mais decidida, na Divina Providência, mesmo com relação aos menores detalhes da vida, e ao mesmo tempo em sua crescente crença em se aceitar a existente ordem das coisas no mundo, como algo imutável, enquanto sendo desejada por Deus. *Vocatio*, no latim tradicional, significava o chamado divino para uma vida de santidade, especialmente em um mosteiro ou como clérigo. Mas agora, sob a influência desse dogma, a vida em uma vocação mundana viria a ter a mesma significação. Porque ele traduziu πόνος, e ἔργον [*pónos* e *érgon*] do Eclesiástico por *Beruf*, para a qual, até aquele momento, só teria existido a analogia (do latim), advinda da tradução monástica. Mas alguns anos mais cedo, em Provérbios 22, 29, ele ainda havia traduzido a hebraica *mela'khah*, a qual era o original de ἔργον[*érgon*] do texto em grego do Eclesiástico e a qual, como a alemã *Beruf* e a escandinava *kald*, *kallelse*, era originalmente relacionada a um chamado *espiritual* (*Beruf*), como em outras passagens (Gn. 39, 11), por *Geschäft* (Septuaginta: ἔργον [*érgon*]; Vulgata: *opus*; *Bíblias* inglesas: *business*, e correspondentemente no escandinavo e em todas as *Bíblias* que tenho ao meu dispor).

A palavra *Beruf*, no moderno sentido que ele havia finalmente criado, permaneceu durante seu tempo sendo inteiramente luterana. Para os calvinistas os apócrifos eram inteiramente não canônicos. Seria somente como um resultado do desenvolvimento que trouxe o interesse na comprovação da salvação que o conceito de Lutero fora tomado, e a partir de então fortemente enfatizado por eles. Mas na primeira tradução (em línguas neolatinas) eles não possuem uma palavra disponível, e também não possuem poder para criar uma em línguas já tão estereotipadas pelo uso.

Tão cedo quanto no século XVI o conceito de *Beruf* em seu presente sentido estabilizou-se na literatura secular. Os tradutores da *Bíblia* anteriores a Lutero haviam feito uso da palavra *Berunfung* para κλῆσις [*klêsis*] (como por exemplo nas versões de Heidelberg de 1462 e 1485), e a tradução de Eck, de 1537, diz "*in dem Ruf, worin er beruft ist*". A maior parte das traduções católicas posteriores seguiu diretamente Lutero. Na Inglaterra, a primeira de todas, a tradução de Wyclif (de 1382), usou *cleping* (a palavra do inglês antigo que mais tarde foi substituída pela emprestada *calling*). É com certeza característico da ética dos lolardos usar uma palavra que já corresponderia ao uso da Reforma. A tradução de Tyndale (1534), por outro lado, interpreta a ideia em termos de *status*: "no mesmo estado no qual ele fora chamado", como também o fazia a *Bíblia* de Gênova de 1557. A tradução oficial de Cranmer de 1539 substitui *calling* por *state*, enquanto a *Bíblia* (católica) de Reims (1582), assim como as *Bíblias* anglicanas da corte da era elisabetana, caracteristicamente voltam a usar vocação, seguindo a *Vulgata*.

Para a Inglaterra, a tradução da *Bíblia* de Cranmer é a fonte do conceito puritano de vocação no sentido de *Beruf*, profissão, como, de modo totalmente correto, fora apontado por Murray. Já no meio do século XVI, vocação era usado naquele sentido. Em 1588 já era feito uso de vocações ilegais, e em 1603 de vocações de grande importância no sentido de grandes profissões, etc. (Ver Murray.) Digna de nota é a ideia de Brentano (*op. cit.*, p. 139), de que na Idade Média *vocatio* não era traduzida por *Beruf*, e de que esse conceito não era conhecido, porque somente um homem livre poderia engajar-se em uma *Beruf*, e de que homens livres, em profissões de classe média, não existiam naquele tempo. Desde que toda a estrutura social dos trabalhos manuais medievais, em oposição àqueles da Antiguidade, estabeleceu-se sobre o trabalho livre, e, acima de tudo, quase todos os mercadores eram homens livres, eu não consigo compreender essa sua tese.

61. Compare com o que vem adiante a instrutiva discussão em K. Eger, *Die Anschauung Luthers vom Beruf* (Giesse, 1900). Talvez sua única falta séria, que é compartilhada por quase todos os escritores teológicos, seja sua análise insuficientemente clara do conceito de *lex naturae*. Com relação a isso ver E. Troeltsch em sua revisão do *Dogmengeschichte* de Siberg, e agora acima de tudo nas partes relevantes do seu *Der Soziallehren christlichen Kirchen*.

62. Pois quando Tomás de Aquino apresenta a divisão dos homens em estamentos e grupos ocupacionais como obra da Divina Providência, com isso ele quer dizer o cosmos objetivo da sociedade. Mas que os indivíduos deveriam tomar parte em uma ocupação particular (como nós diríamos; Tomás, contudo, diz *ministerium* ou *officium*) é devido a *causae naturales*. *Quaest. quodlibetal*, VII, art. 17c: "*Haec autem diversificatio hominum in diversis officiis contingit primo ex divina Providentia, quae ita hominum status distribuit... secundo etiam ex causis naturalibus, ex quibus contingit, quod in diversis hominibus sunt diversae inclinationes ad diversa officia...*"

Bastante similar é a visão de Pascal quando ele diz que é a oportunidade que determina a escolha de uma profissão. Ver em Pascal, A. Koester, *Die Ethik Pascals* (1907). Dos sistemas orgânicos de éticas religiosas, apenas a mais completa delas, a indiana, é diferente a esse respeito. A diferença existente entre as ideias tomística e protestante é tão evidente que podemos dispensá-la na hora, contentando-nos com o trecho acima. Isso é verdade mesmo entre as éticas tomística e o luteranismo em sua fase tardia, os quais são semelhantes em muitos outros aspectos, especialmente na ênfase na Providência. Deveremos voltar mais tarde à discussão do ponto de vista católico. Sobre Tomás de Aquino, ver Maurenbretcher, *Thomas von Aquino's Stellung zum Wirtschaftsleben seiner Zeit*, 1888. De todo modo, nos pontos em que Lutero concorda com Tomás em detalhes, ele provavelmente fora influenciado mais pelas doutrinas gerais da escolástica do que por Tomás em particular. Visto que, de acordo com as investigações de Denifle, ele parece realmente não ter conhecido Tomás muito bem. Ver Denifle, *Luther und Luthertum* (1903), p. 501, e, a respeito disso, Koehler, *Ein Wort zu Denifles Luther* (1904), p. 25.

63. Em *Von der Freiheit eines Christenmenschen*, (1) a dupla natureza do homem é usada como justificação de condutas mundanas no sentido da *lex naturae* (aqui significando a ordem do mundo). Daquilo segue (edição Erlangen, 27, p. 188) que o homem está inevitavelmente preso ao seu corpo e à comunidade social. (2) Nessa situação ele irá (p. 196: esta é uma segunda justificação), caso seja um cristão fiel, decidir retribuir o ato de graça de Deus, o qual fora feito por puro amor, amando o seu irmão. A essa frágil conexão entre fé e amor é combinada (3) (p.190) a velha justificação ascética do trabalho como um meio de se assegurar ao homem interior o domínio sobre o seu corpo. (4) Assim, o trabalho é, tal como o raciocínio é continuado com a ideia de *lex naturae* — aqui, com sentido de moralidade natural — numa aparência diferente, concebido como um instinto original dado por Deus a Adão (antes da queda), o qual ele obedeceu "somente para agradar a Deus". Finalmente (5) (p. 161 e 199), aparece, em conexão com Mateus 7, 18 ss., a ideia de que o bom trabalho em uma ocupação ordinária é e deve ser o resultado de uma renovação da vida, causada pela fé, sem, contudo, desenvolver a mais importante ideia calvinista de provação. A poderosa emoção que domina a obra explica a presença de tais ideias contraditórias.

64. "Não é da benevolência do açougueiro, do cervejeiro ou do padeiro que devemos esperar nosso almoço, mas da consideração que eles têm por seus próprios interesses. Nós apelamos não à sua humanidade, mas ao seu amor-próprio; e nunca fale a eles acerca de nossas próprias necessidades, mas das vantagens deles mesmos" (*A riqueza das nações*, Livro I, capítulo 2).

65. "*Omnia enim per te operabitur (Deus), mulgebit per te vaccam et servilissima quaeque opera faciet, ac maxima pariter et minima ipsi grata erunt*" (*Exigesis of Genesis, Opera lat. exeget.*, ed. Elsperger, VII, p. 213). A ideia é encontrada antes de Lutero em Tauler, o qual mantém o sentido espiritual e mundano de *Ruf* enquanto sendo a princípio de igual valor. A diferença da visão tomística é comum nos místicos alemães e em Lutero. E pode ser dito que Tomás, principalmente para reter o valor moral da contemplação, mas também do ponto de vista do frade mendicante, é forçado a interpretar a doutrina de Paulo de que "se um homem não trabalha, ele não deve comer" no sentido de que o trabalho, que é obviamente necessário enquanto *lege naturae*, é imposto à raça humana como um todo, mas não a todos os indivíduos. A gradação na consideração das formas de trabalho, das *opera servilia* dos camponeses para cima, está conectada com o caráter específico dos frades mendicantes, que foram por razões materiais trazidos às cidades como meio de domicílio. Ela é igualmente exterior aos místicos alemães e a Lutero, este filho de camponês; ambos, ainda que valorizando igualmente todas as ocupações, olharam para a sua ordem de estamentos como sendo desejada por Deus. Para as partes relevantes em Tomás, ver Maurenbrecher, *op. cit.*, p. 65 ss.

66. É surpreendente que alguns investigadores possam manter a posição de que tal mudança poderia ter-se realizado sem efeitos sobre a ação dos homens. Confesso minha incapacidade para entender tal ponto de vista.

67. "A vaidade está tão firmemente entranhada no coração humano que um lacaio, um ajudante de cozinha ou um carregador se vangloriam e buscam admiradores..." (Edição Faugeres, 1, p. 208. Compare com Koester, *op. cit.*, p. 17 e 136 ss.). Acerca da atitude de Port Royal e dos jansenistas com relação à ocupação, à qual deveremos retornar, ver agora o excelente estudo do dr. Paul Honigsheim, *Die Staats-und Soziallehren der französischen Jansenisten im 17 ten Jahrhundert* (dissertação histórica de Heidelberg, 1914. Trata-se de uma parte impressa separadamente de um trabalho mais amplo do *Vorgeschichte der französischen Aufklärung*. Comparar especialmente p. 138 ss.).

68. A propósito dos Fugger, ele pensa que "não pode ser certo e bom, para tanto, uma grande e régia fortuna que fora empilhada no tempo de vida de um homem". É evidente a desconfiança do camponês em relação ao capital. Igualmente (*Grosser Sermon vom Wucher*, Edição Erlangen, 20, p. 109), ele considera investimentos em rendas eticamente indesejáveis, por ser a renda "*ein neues behendes erfunden Ding*"— isto é, porque a renda é para ele economicamente incompreensível; algo como o comércio a prazo para os eclesiastas modernos.

69. A diferença é bem trabalhada por H. Levy (no seu estudo *Die Grundlagen des ökonomischen Liberalismus in der Geschichte der englischen Volkswirtschaft*, Jena, 1912). Comparar também, para exemplo, a petição dos *levellers* de 1653, no exército de Cromwell, contra os monopólios e as companhias, encontrada em Gardiner, *Commonwealth*, II, p. 179. O regime de Laud, por outro lado, trabalhou para uma organização econômico-social cristã, sob a liderança conjunta da Coroa e da Igreja, com a qual o rei esperava vantagens políticas e de monopólios fiscais. Era justamente contra isso que os puritanos estavam lutando.

70. O que eu entendo por isso pode ser mostrado pelo exemplo da proclamação dirigida por Cromwell aos irlandeses em 1650, com a qual ele abriu sua guerra contra eles e que formou sua resposta aos manifestos do clericato (católico) irlandês de Clonmacnoise de 4 e 13 de dezembro de 1649. A mais importante sentença é a que segue: "Os ingleses tinham bons patrimônios (nomeadamente na Irlanda), muitos dos quais eles compraram com seu dinheiro... eles haviam conseguido bons arrendamentos por um longo tempo ainda por vir, e desse modo grandes estoques, casas e plantações, obtidos com seus próprios recursos... Vocês quebraram a união... em um momento no qual a Irlanda estava em perfeita paz e quando, pelo exemplo da indústria inglesa, por meio do comércio e do tráfico, aquilo que estava nas mãos da nação estava melhor para eles do que se toda a Irlanda tivesse ficado em sua posse... está Deus, estará Deus com vocês? Estou confiante de que ele não estará".

Essa proclamação, que lembra artigos na imprensa inglesa no tempo da Guerra dos Bôeres, não é característica, porque os interesses capitalistas dos ingleses são mantidos como justificativa da guerra. Aquele argumento poderia, é claro, ter muito bem sido utilizado, por exemplo, em uma disputa entre Gênova e Veneza acerca de suas respectivas esferas de influência no Oriente (com relação ao qual, a despeito do que estou aqui apontando, Brentano, *op. cit.*, p. 142, estranhamente usa contra mim). Ao contrário, o que é interessante no documento é que Cromwell, com a mais profunda convicção pessoal, como todos que conhecem seu caráter concordarão, baseia a justificação moral da subjugação da Irlanda, chamando Deus como testemunha, no fato de que o capital inglês foi quem educou os irlandeses para o trabalho. (A proclamação pode ser encontrada em Carlyle, e também foi reimpressa e analisada em Gardner, *History of the Commomwealth*, I, p. 163 ss.)

71. Aqui não é o lugar para ir mais fundo no tema. Compare os autores citados na nota 73.

72. Observe os comentários do bom livro de Julicher, *Die Gleichnisreden Jesu*, II, p. 636 e 108 ss.

73. Com o que segue, compare acima de tudo a discussão de Eger, *op. cit.* E também a bela obra de Schneckenburger, a qual ainda hoje não está ultrapassada (*Vergleichende Darstellung der lutherischen und reformierten Lehrbegriffe*, Grüder, Stuttgart, 1855). A obra de Luthard *Ethik Luthers*, p. 84 na primeira edição, a única à qual tive acesso, não dá uma imagem real do desenvolvimento. Mais tarde compare com Seeberg, *Dogmengeschichte*, vol. 2, p. 262 *infra*. O artigo acerca de *Beruf* em *Realenzyklopädie für protestantische Theologie und Kirche* não possui valor. Em vez de uma análise científica do conceito e de sua origem, ela contém toda sorte de observações sentimentais acerca de todos os temas possíveis, como sobre a posição das mulheres, etc. Sobre a literatura econômica em Lutero, refiro-me aqui aos estudos de Shmoller ("Geschichte der Nationalökönomischen Ansichten in Deutschland während der Reformationszeit", *Zeitschrift f. Staatswiss.*, XVI, 1861); e o estudo de Frank G. Ward ("Darstellung und Würdigung von Luthers Ansichten vom Staat und seinen wirtschaftlichen Aufgaben", *Conrads Abhandlilungem*, XXI, Jena, 1898). A literatura sobre Lutero em comemoração ao aniversário da Reforma — parte da qual é excelente — não tinha dado, até onde pude ver, nenhuma contribuição definitiva neste problema particular. Acerca da ética social em Lutero (e nos luteranos) compare, é claro, as partes relevantes da obra *Soziallehren* de Troeltsch.

74. *Analysis of the Seventh Chapter of the First Epistle to the Corinthians* [*Análise do sétimo capítulo na primeira Epístola dos Coríntios*], 1523, Ed. Erlangen, LI, p. 1. Aqui Lutero ainda interpreta a ideia da liberdade de toda profissão diante de Deus no sentido dessa passagem, para enfatizar (1) que certas instituições humanas deveriam ser repudiadas (votos monásticos, a proibição de casamentos mistos, etc.), (2) que o cumprimento de certas condutas mundanas tradicionais para com o próximo (que por si mesmos são indiferentes perante Deus) é transformado em mandamento de amor ao próximo. De fato, esse raciocínio (por exemplo, nas p. 55 e 56) concerne fundamentalmente ao dualismo da *lex naturae* na sua relação com a justiça divina.

75. Compare a passagem de *Von Kaufhandlung und Wucher*, na qual Sombart de modo acertado usa como lema para o seu tratamento do espírito artesão (= tradicionalismo): "*Darum musst du dir fürsetzen, nichts denn deine ziemliche Nahrung zu suchen in solchem Handel, danach Kost, Mühe, Arbeit und Gefahr rechnen und überschlagen und also dann die Ware selbst setzen, steigern oder niedern, dass du solcher Arbeit und Mühe Lohn davon hasst*". O princípio é formulado em um espírito perfeitamente tomístico.

76. Tão cedo quanto a carta destinada a H. von Sternberg, de 1530, na qual ele lhe dedica a exegese do Salmo 117, o estamento da pequena nobreza aparece a ele, a despeito da degradação moral desta, como ordenada por Deus (Ed. Erlangen, 40, p.

282 *infra*). A decisiva influência das revoltas de Münzer em seu desenvolvimento desse ponto de vista pode claramente ser vista na carta (p. 282). Compare também Eger, *op. cit.*, 150.

77. Também na análise do Salmo 111, versículos 5 e 6 (Edição Erlangen, 40, p.215-216), escrita em 1530, o ponto de partida é a polêmica contra o retiro do mundo dentro dos mosteiros. Mas nesse caso a *lex naturae* (enquanto distinta da lei positiva feita pelo imperador e pelos juristas) é diretamente idêntica à justiça divina. Essa é uma ordenação de Deus e inclui especialmente a divisão das pessoas em classes (p. 215). A igualdade de valores das classes é enfatizada, mas apenas na visão de Deus.

78. Como é ensinado especialmente nas obras *Von Konzilien und Kirchen* (1539) e *Kurzer Bekenntnis vom heiligen Sakrament* (1545).

79. O quanto em segundo plano, no pensamento de Lutero, fica a mais importante ideia da provação do cristão em sua profissão e na sua conduta mundana, que dominou o calvinismo, é mostrado por essa passagem de *Von Konzilien und Kirchen* (1539, Edição Erlangen, 25, p. 376): "Além desses sete principais sinais, existem outros mais externos pelos quais a sagrada Igreja Cristã pode ser conhecida. Se nós não somos impuros nem bêbados, orgulhosos, insolentes, nem extravagantes, mas castos, modestos e moderados". De acordo com Lutero, esses sinais não são tão infalíveis como outros (como a pureza da doutrina, a oração, etc.). "Porque alguns dos pagãos nasceram detendo tais características, e algumas vezes podem aparentar ser mais santos do que os cristãos." A posição pessoal de Calvino era, como deveremos ver, não de todo diferente, mas isso não era verdade com relação ao puritanismo. De todo modo, para Lutero o cristão serve a Deus apenas *in vocatione*, e não *per vocatione* (Eger, p. 117 ss.). Da ideia de profissão, por outro lado (mais, contudo, em sua forma pietista do que na calvinista), existem ao menos sugestões isoladas nos místicos alemães (ver, por exemplo, em *Dogmengeschichte*, p. 195, de Seeberg, a passagem de Suso, assim como aquela de Tauler citada anteriormente), ainda que isso fosse entendido apenas em sentido psicológico.

80. Sua posição final está bem expressa em algumas partes da exegese do Gênese (no *op. lat. exeget.* Editada por Elsperger).

Vol. 4, p. 109: "*Neque haec fuit levis tentatio, intentum esse suae vocationi et de aliis non esse curiosum... Paucissimi sunt, qui sua sorte vivant contenti...* (p. 111). *Nostrum autem est, ut vocanti Deo pareamus...* (p. 112). *Regula igitur haec servanda est, ut unusquisque maneat in sua vocatione et suo dono contentus vivat, de aliis autem non sit curiosus*". Com efeito, isso está em perfeito acordo com a formulação de tradicionalismo feita por Tomás de Aquino: "*Unde necesse est, quod bonum hominis circa ea consistat in quadam mensura, dum scilicet homo... quaerit habere exteriores divitas, prout sunt necessariae ad vitam ejus secundum suam conditionem. Et ideo in excessu hujus mensurae consistit peccatum, dum scilicet aliquis supra debitum modum vult eas vel acquirere vel retinere, quod pertinet ad avaritiam*". A pecaminosidade da perseguição pela aquisição além do ponto demarcado pelas necessidades da posição estamental de cada um na vida é baseada, por Tomás, na *lex naturae,* tal como revelada pelo propósito (*ratio*) de buscar bens externos; para Lutero, por outro lado, se baseia na vontade de Deus. Acerca da relação da fé com a profissão em Lutero, ver também: vol. 7, p. 225: "*... quando es fidelis, tum placent Deo etiam physica, carnalia, animalia, officia, sive edas, sive bibas, sive vigiles, sive dormias, quae mere corporalia et animalia sunt. Tanta res est fides... Verum est quidem, placere*

Deo etiam in impiis sedulitatem et industriam in officio [Essa atividade na vida prática é uma virtude *lege naturae*] *sed obstat incredulitas et vana gloria, ne possint opera sua referre ad gloriam Dei* [a qual lembra a forma calvinista de falar]... *Merentur igitur etiam impiorum bona opera in hac quidem vita praemia sua* [enquanto distinto de '*vitia specie virtutum palliata*', de Agostinho] *sed non numerantur, non colliguntur in altero*".

81. No Kirchenpostille pode-se ver (Edição Erlangen, 10, p. 233, 235-236): "Cada um é chamado a alguma profissão". Ele deveria esperar por esse chamado (na p. 236 isso se torna mesmo uma ordem) e servir a Deus nela. Deus toma satisfação não da realização dos homens, mas de sua obediência a esse respeito.

82. Isso explica por que, em contraste com o que vem sendo dito acima acerca dos efeitos do pietismo a respeito de mulheres trabalhadoras, modernos homens de negócios às vezes mantêm a opinião de que trabalhadores domésticos luteranos, como exemplo em Vestfália, pensam largamente em termos tradicionalistas. Mesmo que as mudanças não signifiquem ir ao sistema fabril, e a despeito da tentação de maiores ganhos, eles resistem a elas nos métodos de trabalho, e como explicação mantêm que no próximo mundo tais ninharias não lhes serão de nenhuma importância. É evidente que o simples fato de ser membro de uma Igreja e de crer não é em si mesmo de significação essencial para a conduta como um todo. Foram valores religiosos e ideais muito mais concretos que influenciaram o desenvolvimento do capitalismo em seus estágios primitivos e que, em uma extensão menor, ainda o fazem.

83. Comparar com Tauler, Edição da Basileia, p. 161 ss.

84. Comparar com o sermão peculiarmente emocional de Tauler antes mencionado, e o seguinte: 17, 18, verso 20.

85. Desde que esse é o único propósito dessas observações acerca de Lutero, eu as limitei a um breve e preliminar esboço, que poderia, é claro, ser totalmente inadequado enquanto apreciação da influência de Lutero como um todo.

86. Alguém que compartilhasse da filosofia da história dos *levellers* estaria em uma afortunada posição de poder atribuir isso a termos de diferença de raça. Eles acreditavam ser eles próprios os defensores do direito de nascimento anglo-saxão, contra os normandos e os descendentes de Guilherme, o Conquistador. É suficientemente espantoso que não houvesse ainda ocorrido a ninguém manter a opinião de que os *Roundheads* plebeus eram cabeças redondas no sentido antropométrico!

87. Especialmente o orgulho nacional inglês, um resultado da Carta Magna e das grandes guerras. O dizer, tão típico hoje, "*she looks like an English girl*" ["ela parece uma garota inglesa"], ao se ver qualquer garota estrangeira bonita, era já existente no século XV.

88. Essas diferenças têm, é claro, persistido também na Inglaterra. Especialmente o "*Squirearchy*" tem permanecido como centro do "*merrie old England*" até o presente dia, e todo o período desde a Reforma pode ser olhado como uma luta entre os dois elementos na sociedade inglesa. Nesse ponto concordo com as observações de M. J. Bonn (no *Frankfurter Zeitung*) acerca do excelente estudo de von Schulze-Gaevernitz sobre o imperialismo britânico. Ver H. Levy *no Archiv für Sozialwissenschaft und Sozialpolitik*, vol. 46, p. 3.

89. E a despeito disso e das seguintes observações, as quais em minha opinião são suficientemente claras, e que nunca foram mudadas, tenho sido frequentemente acusado disso.

Parte II. A ética das correntes ascéticas do protestantismo

Capítulo IV
Os fundamentos religiosos do ascetismo mundano

Há quatro formas históricas principais de protestantismo ascético (no sentido aqui utilizado da palavra): (1) O calvinismo na forma que este assumiu em sua principal área de influência na Europa ocidental, especialmente no século XVII; (2) o pietismo; (3) o metodismo; (4) as seitas que cresceram a partir do movimento anabatista.[1] Nenhum desses movimentos era completamente separado dos demais, e mesmo a distinção com relação às Igrejas não ascéticas da Reforma não é perfeitamente clara. O metodismo, que primeiramente emergiu em meados do século XVIII no coração da Igreja oficial da Inglaterra, não surgira, na mente de seus fundadores, com o objetivo de fundar uma nova Igreja, mas apenas com o objetivo de reacender o espírito ascético junto à antiga. Apenas no curso de seu desenvolvimento, especialmente em sua extensão para a América, é que se separou da Igreja Anglicana.

O pietismo foi inicialmente uma cisão do movimento calvinista na Inglaterra, e, principalmente, na Holanda. Permaneceu frouxamente vinculado à ortodoxia, afastando-se dela por movimentos quase imperceptíveis, até que, ao final do século XVII, fora absorvido pelo luteranismo sob a liderança de Spencer. A despeito de seu alinhamento não totalmente satisfatório, ele permaneceu como um movimento dentro da Igreja Luterana. Apenas a facção dominada por Zinzendorf, e afetada pelas prolongadas influências hussitas e calvinistas junto à irmandade Moravian, fora forçada, e, como o metodismo, contra sua vontade, a formar um tipo peculiar de seita. O calvinismo e o anabatismo foram, no começo de seus respectivos desenvolvimentos, radicalmente opostos um ao outro. Mas, no batismo da parte final do século XVII, eles estavam em estreito contato. E, mesmo nas seitas independentes da Inglaterra e da Holanda do começo do século XVII, a transição não foi abrupta. Conforme o pietismo nos mostra, a transição ao luteranismo é também gradual; e o mesmo é verdade para o calvinismo e para a Igreja Anglicana, que está estreitamente relacionada ao catolicismo, e em seu caráter exterior e no espírito de seus adeptos mais consequentes, a última é mais estreitamente relacionada ao catolicismo. É bem verdade que tanto a massa de aderentes e especialmente os mais aguerridos adeptos do movimento ascético que, no mais amplo sentido concedido a uma palavra extremamente ambígua, tem sido chamado de puritanismo,[2] acabaram por atacar os fundamentos do anglicanismo; mas mesmo aqui as diferenças foram gradualmente sendo acuradas no curso de uma batalha. Mesmo se no presente ignorarmos as questões de governo e de organização que não nos interessam aqui, os fatos continuarão os mesmos. As diferenças de dogma, mesmo as mais importantes, como aquelas acerca das doutrinas da predestinação e da justificação, foram combinadas nas mais complexas formas e, mesmo no começo do século XVII, regularmente, ainda que não sem exceções, impediram a manutenção da unidade na Igreja. Acima de tudo, os tipos de conduta moral nos quais nós estamos interessados podem ser encontrados de maneira similar entre os adeptos das mais variadas denominações, derivados de qualquer uma das quatro fontes mencionadas acima, ou enquanto combinação de várias delas. Devemos ver que similares máximas éticas podem ser correlacionadas com cada um dos fundamentos dogmáticos. Também as importantes ferramentas literárias para a salvação das almas, acima de tudo os compêndios casuísticos das várias denominações, influenciaram uns aos outros no decorrer do tempo. Podem ser encontradas grandes similaridades entre eles, a despeito das grandes diferenças na conduta prática de cada um.

Isso chega quase a fazer parecer que seria melhor se tivéssemos ignorado completamente tanto os fundamentos dogmáticos quanto a teoria ética e tivéssemos simplesmente confinado nossa atenção na prática moral, conforme ela pudesse ser determinada. Isso, contudo, não é verdade. As várias diferentes bases dogmáticas da moralidade ascética sem dúvida se extinguiriam depois de terríveis lutas. Mas a conexão original com aqueles dogmas deixam importantes traços nas concepções éticas não dogmáticas da posteridade. Além do que, apenas o conhecimento do corpo original de ideias pode ajudar-nos a compreender a conexão daquela moralidade com a ideia de vida após a morte, a qual dominou totalmente os homens mais espiritualizados daquele tempo. Sem esse poder ofuscando todas as outras coisas, nenhum despertar moral que influenciou seriamente a vida prática daquele período teria vindo a existir.

Nós naturalmente não estamos preocupados com a questão do que teórica e oficialmente foi ensinado no compêndio ético daquele tempo, contudo, muito do significado prático nele existente teve sua influência realizada pela disciplina da Igreja, do trabalho pastoral e da pregação.[3] Estamos mais interessados em algo completamente diferente: a influência daquelas sanções psicológicas que, originárias da crença religiosa e da prática religiosa, deram uma direção à conduta prática e que mantiveram o indivíduo em tal direção. E essas sanções foram em grande medida derivadas das peculiaridades das ideias religiosas por trás delas. Os homens daqueles dias estavam em tal grau ocupados com dogmas abstratos que eles só podem ser compreendidos à medida que se perceba a conexão desses dogmas com interesses religiosos práticos. Algumas observações acerca dos dogmas,[4] que tanto parecerão estúpidos a um leitor não teólogo como apressados e superficiais a um teólogo, são indispensáveis. Nós somente podemos, é claro, proceder apresentando essas ideias religiosas na simplicidade de tipos ideais, que raramente poderiam ser encontrados na história. Simplesmente por conta da impossibilidade de se apreender limites bem precisos na realidade histórica, apenas esperamos poder compreender sua específica importância em uma investigação por meio de formas mais lógicas e consistentes.

A. O calvinismo

Agora o calvinismo[5] foi a fé[6] sobre a qual as grandes lutas políticas e culturais dos séculos XVI e XVII tinham-se realizado nos mais desenvolvidos países, a Holanda, a Inglaterra e a França. Com ele deveremos, portanto, nos ocupar. Naquele tempo, e em geral mesmo hoje, a doutrina da predestinação era considerada seu mais característico dogma. É bem verdade que têm subsistido controvérsias quanto a se esse seria o mais essencial dogma da Igreja reformada ou se seria apenas um apêndice dela. Julgamentos acerca da importância de fenômenos históricos podem ser julgamentos de valor ou de fé, nomeadamente, quando elas se referem ao que seria unicamente importante, ou à única coisa de grande valor no longo prazo. Ou, por outro lado, eles podem referir-se a este objeto segundo a sua influência em outros processos históricos como fator causal. Então nós estamos preocupados com julgamentos de imputação histórica. Mas se agora começarmos, como devemos fazer aqui, do ponto de partida posterior e perguntar acerca da significação que deve ser atribuída àquele dogma em função de suas consequências históricas e culturais, isso deve ser classificado como algo notável.[7] O movimento que Oldenbarnevelt liderou foi destruído por esse dogma. A cisão dentro da Igreja inglesa tornara-se irrevogável sob James I depois que a Coroa e os puritanos passaram a diferir com relação aos dogmas precisamente no ponto dessa doutrina. Novamente se havia olhado o calvinismo como sendo o verdadeiro elemento de perigo político, e assim, atacado enquanto tal por aqueles no poder.[8] Os grandes sínodos do século XVII, acima de tudo aqueles de Dordrecht e de Westminster, a despeito de numerosos outros de menor importância, fizeram de sua elevação ao nível de autoridade canônica o propósito central de suas vidas. Ele serviu como centro de agrupamento para incontáveis militantes da Igreja e, tanto no século XVIII como no XIX, causou cisões na Igreja e formou o grito de guerra de novos grandes despertares religiosos. Não podemos deixar que esse dogma passe despercebido por nós, e, visto que hoje não se pode assumir que se trata de algo bem conhecido por todos os homens educados, a melhor forma de aprender seu conteúdo é pelas palavras de autoridade da Confissão de Westminster de 1647, a qual, a esse respeito, é simplesmente repetida por crenças tanto independentes quanto batistas.

"Capítulo XI (da livre vontade), nº 3. O homem, por sua queda no estado de pecado, perdeu toda a capacidade própria para realizar qualquer bem espiritual que o leve à salvação. Dessa forma, um homem natural, estando distante daquele bem, e morto no pecado, não é apto, por sua própria força, a converter a si mesmo, ou para preparar a si mesmo para isso.

Capítulo III (do decreto eterno de Deus), nº 3. Por um decreto de Deus, para a manifestação da Sua glória, alguns homens e anjos são predestinados à vida eterna, e outros preordenados à morte eterna.

Nº 5. Aqueles do gênero humano que são predestinados à vida, Deus perante a fundação do mundo colocou, de acordo com o Seu eterno e imutável propósito, e do conselho secreto e do bel-prazer da Sua vontade, escolheu em Cristo a eterna glória, por conta de Sua mera graça e amor, sem qualquer antevisão de fé ou de boas obras, ou de perseverança em qualquer uma delas, ou qualquer outra coisa na criatura tal como condições, ou causas, movidas por Ele para isso, e tudo para o louvor de Sua gloriosa graça.

Nº 7. Com todo o resto do gênero humano, aprouve a Deus, de acordo com o inescrutável conselho de Sua própria vontade, por meio da qual Ele estende ou retém misericórdia conforme Lhe apraz, deixar de lado para a glória do Seu poder soberano sobre Suas criaturas, para ordená-las à desonra e ódio por seus pecados, para o louvor de Sua justiça gloriosa.

Capítulo X (da vocação eficaz), nº 1. A todos aqueles que Deus predestinou à vida, e somente àqueles, Ele apraz em Seu apontamento na hora escolhida e aceita para chamar, pela Sua palavra e espírito (fora daquele estado de pecado e morte, no qual eles estão por natureza...), tirando-lhes seu coração de pedra e dando-lhes um coração de carne; renovando suas vontades e, por seu poder todo-poderoso, determinando-os àquilo que é bom...

Capítulo V (da Providência), nº 6. Assim para aqueles homens perversos e infiéis, a quem Deus, como justo juiz, cega e endurece por pecados realizados, para eles, Ele não apenas não concede Sua graça, por meio da qual poderiam ser iluminados em seus entendimentos e moldados em seu coração, mas às vezes também lhes subtrai os dons que eles tinham e os expõe a tais objetos que sua corrupção passa a ter ocasião de pecado: e, além disso, os relega a suas próprias luxúrias, para as tentações do mundo e para o poder de Satã: por meio do que começam eles próprios a se endurecer, mesmo sob aqueles meios, que Deus usa para a sofisticação dos outros."[9]

"Ainda que eu possa ser mandado ao Inferno por conta disso, tal Deus jamais terá meu respeito", era a bem conhecida opinião de Milton acerca da doutrina.[10] No entanto, aqui não estamos preocupados com a avaliação, mas com a significação histórica do dogma. Somente podemos fazer um breve esboço sobre como a doutrina se originou e como ela se adequou ao quadro da teologia calvinista.

Dois caminhos possíveis levaram a ela. O fenômeno do sentido religioso da graça é combinado, no mais ativo e apaixonado desses grandes adoradores que o cristianismo produziu diversas vezes desde Agostinho, com o sentimento de certeza de que aquela graça é o puro produto de um poder objetivo, e que nem na mínima parte pode ser atribuído à fortuna pessoal. A poderosa sensação interior de luminosa certeza, na qual a tremenda pressão do seu sentido de pecado é libertada, aparentemente cai sobre eles com uma força elementar e destrói toda possibilidade da crença de que essa dádiva toda-poderosa pudesse estar com qualquer dependência para com sua própria cooperação ou que pudesse estar conectada com resultados ou qualidades de suas próprias fés e vontades. Ao tempo da maior criatividade religiosa de Lutero, quando ele foi capaz de escrever o seu *Freiheit eines Christenmenschen*, o decreto secreto de Deus era também para ele definitivamente a única e última fonte do estado de graça religiosa.[11] Mesmo depois, ele não abandona formalmente isso. Mas não apenas a ideia não assumiu uma posição central para ele, como ela ainda recuou mais e mais em direção a um segundo plano, conforme sua posição como político eclesiástico responsável por sua Igreja o forçou na política prática. Melancthon deliberadamente escolheu adotar esse sombrio e perigoso ensinamento na Confissão de Augsburgo, e, para os pais da Igreja do luteranismo, era um dogma da fé que a graça fosse revogável (*amissibilis*) e que pudesse ser novamente ganha pela humildade penitente e pela crença fiel na palavra de Deus e nos sacramentos.

Com Calvino, o processo é justamente o oposto; a significação da doutrina para ele cresceu,[12] perceptivelmente, no curso de suas controvérsias polêmicas com oponentes teológicos. Não está ainda completamente desenvolvido, o que só ocorre com a terceira edição de seus *Institutes*, e só ganhou a posição de central proeminência após sua morte, nas grandes lutas a que os sínodos de Dordrecht e Westminster buscaram pôr um fim. Com Calvino, o *decretum horribile* não é derivado, como em Lutero, da experiência religiosa, mas da necessidade lógica de seu pensamento; desse modo, a sua importância aumenta com cada incremento na consistência lógica daquele pensamento religioso. O interesse deste era unicamente Deus, não o homem; Deus não existe para os homens, mas os homens para a causa de Deus.[13] Toda criação — incluindo, é claro, o fato de que, como era indubitável para Calvino, apenas uma pequena proporção dos homens é escolhida para a graça eterna — somente pode ter algum significado enquanto meio para a glória e a majestade de Deus. Aplicar padrões terrenos de justiça aos Seus decretos soberanos não tem qualquer significado e é mesmo um insulto à Sua majestade,[14] já que Ele e somente Ele é livre, isto é, não submetido a nenhuma lei. Seus decretos somente podem ser compreendidos ou mesmo conhecidos por nós conforme tenha sido de Sua benevolência revelá-los. Nós podemos apenas nos apegar a esses fragmentos da verdade eterna. Qualquer outra coisa, incluindo o significado no nosso destino individual, está escondida em sombrios mistérios, nos quais seria tanto impossível penetrar quanto seria presunçoso questioná-los.

Para os condenados, queixar-se de seu destino seria a mesma coisa que animais demonstrarem desgosto por não terem nascido homens. Porque tudo da carne está separado de Deus por um precipício intransponível e merece Dele apenas a morte eterna, na medida em que ele não decretou de outra forma, para a glorificação de Sua majestade. Nós somente sabemos que uma parte da humanidade está salva, e que o resto está condenado. Assumir que o mérito ou a culpa humanas possuem algum papel na determinação desse destino seria pensar acerca dos decretos absolutamente livres de Deus, que foram estabelecidos pela eternidade e que poderiam ser objeto de mudança pela influência humana, como contendo uma contradição, e isso seria impossível. O Pai no céu do Novo Testamento, tão humano e compreensível, que se alegra tanto ao ver o arrependimento de um pecador como quando uma mulher encontra uma peça de prata que havia perdido, vai-se embora. Seu lugar fora tomado por um ser transcendental, para além de onde pode chegar o entendimento humano, que, com Seus decretos completamente incompreensíveis, decidiu o destino de cada indivíduo e regulou os mínimos detalhes do cosmos da eternidade.[15] A graça de Deus é, uma vez que Seus decretos não a podem mudar, tão impossível de perder para aqueles a quem Ele as concedeu quanto irrealizável àqueles a quem Ele a negou.

Em sua extrema desumanidade, essa doutrina deve acima de tudo ter tido uma consequência para a vida de uma geração que se rendeu à sua magnífica consistência. Essa consequência é uma sensação sem precedentes de solidão interior do indivíduo.[16] No que era para o homem da era da Reforma a coisa mais importante da vida, sua salvação eterna, ele era forçado a seguir seu caminho sozinho para conhecer um destino que havia sido decretado para ele desde a eternidade. Ninguém o poderia ajudar. Nem um padre, porque o escolhido somente pode entender a palavra de Deus em seu próprio coração. Nem sacramentos, pois, ainda que os sacramentos tenham sido ordenados por Deus para o incrementar de Sua glória e devam, desse modo, ser escrupulosamente observados, eles não são meios de se atingir a graça, mas apenas o subjetivo *externa subsidia* da fé. Nem a Igreja, pois ainda que aquela sentença extra *ecclesiam nulla salus* seja mantida no sentido de que qualquer um que se mantenha fora da verdadeira Igreja não poderia jamais pertencer ao grupo dos eleitos[17] por Deus, ainda assim, os membros da Igreja externa incluíam os condenados. Eles deveriam pertencer a ela e manter-se submetidos à sua disciplina, não com o fim de, portanto, atingir a salvação, pois isso é impossível, mas porque, para a glória de Deus, também eles devem ser forçados a obedecer Seus mandamentos. E, finalmente, nem mesmo Deus. Pois mesmo Cristo morreu apenas para os eleitos,[18] para cujo benefício Deus já havia decretado Seu martírio desde a eternidade. Isso, a completa eliminação da salvação por meio da Igreja e dos sacramentos (que não estavam de forma alguma desenvolvidos nas conclusões finais do luteranismo), foi o que formou a diferença absolutamente decisiva com relação ao catolicismo.

Aquele grande processo histórico no desenvolvimento das religiões, a eliminação da mágica do mundo,[19] que começou com os velhos profetas hebreus e, em conjunção com o pensamento científico helenístico, havia repudiado todos os meios mágicos para a salvação da alma como superstição e pecado, chega aqui à sua conclusão lógica. O puritano genuíno chega mesmo a rejeitar todos os sinais de cerimônias religiosas nos sepulcros e a enterrar seus mais próximos e queridos sem canções ou rituais, no sentido de que não se deveria ter crença em nenhuma superstição ou confiança nos efeitos de forças sacramentais ou mágicas para obter a salvação.[20]

Não apenas não havia meios mágicos de se alcançar a graça de Deus para aqueles a quem Deus decidiu negá-la como também não havia qualquer outro meio. Combinado com as severas doutrinas da absoluta transcendentalidade de Deus e com a corrupção de tudo o que pertence à carne, esse isolamento interior do indivíduo contém, por um lado, a razão para a atitude inteiramente negativa do puritanismo quanto a todos os elementos de ordem sensitiva e emocional na cultura e na religião, porque eles são inúteis em respeito à salvação e porque promovem ilusões sentimentais e idolatrias supersticiosas. Isso fornece, portanto, uma base para um antagonismo fundamental contra a cultura dos sentidos em todos os tipos possíveis.[21] Por outro lado, ele forma uma das raízes daquele individualismo[22] com inclinações à desilusão e ao pessimismo, que pode mesmo hoje ser identificado nos caracteres nacionais e nas instituições das pessoas com passado puritano, em um chocante contraste com as lentes muito diferentes através das quais o Iluminismo mais tarde olhou para os homens.[23] Podemos claramente identificar os traços da influência da doutrina da predestinação nas formas elementares de conduta e atitude perante a vida na época a que estamos nos referindo, mesmo onde sua autoridade como um dogma estava em declínio. É, de fato, apenas nessa mais extrema forma daquela confiança exclusiva em Deus que nós aqui estamos interessados. Isso se evidencia, por exemplo, na repetição frequente, especialmente na literatura puritana inglesa, de avisos contra qualquer confiança na ajuda da amizade dos homens.[24] Mesmo o amável Baxter aconselha uma profunda desconfiança até do amigo mais próximo, e Bailey diretamente exorta a não confiar em ninguém e para não se dizer nada comprometedor a ninguém. Apenas Deus deveria ser seu confidente.[25] Em notável contraste com o luteranismo, essa atitude perante a vida estava também conectada com o completo desaparecimento da confissão privada — da qual Calvino tinha desconfiança apenas por causar uma má interpretação sacramental — em todas as regiões de completo desenvolvimento do calvinismo. Essa é uma ocorrência de grande importância. De uma primeira parte, é um sintoma do tipo de influência que essa religião exerceu. Além disso, contudo, trata-se de um estímulo psicológico para o desenvolvimento de sua atitude ética. Os meios para uma descarga periódica do sentido emocional do pecado[26] foram removidos.

Das consequências para a conduta ética da vida cotidiana, falaremos adiante. Mas, para a situação religiosa geral de um homem, as consequências são evidentes. A despeito da necessidade de ser membro da verdadeira

Igreja[27] para a salvação, as relações do calvinista com seu Deus eram carregadas de um profundo isolamento espiritual. Para ver os resultados específicos[28] dessa peculiar atmosfera, é apenas necessário ler a obra *Pilgrim's Progress*[29] de Bunyan, de longe o livro mais amplamente lido de toda a literatura puritana. Na descrição da atitude de Christian depois que ele se deu conta de que estava vivendo na cidade da ruína, e de que ele havia recebido o chamado para começar sua peregrinação na cidade celestial, com sua esposa e filhos unidos a ele, mas tapando seus ouvidos com seus próprios dedos e chorando, ele diz "vida, vida eterna", e cambaleia adiante através dos campos. Nenhum refinamento poderia ultrapassar a ingênua sensação do pensador que, escrevendo em sua cela da prisão, ganhou os aplausos de um mundo crente, ao expressar as emoções do puritano fiel, que pensava apenas em sua própria salvação. Isso é expresso na suntuosa conversa que ele mantém com seus companheiros de asilo no caminho, de certa forma reminiscente do *Gerechte Kammacher*, de Gottfried Keller. Apenas quando ele próprio está salvo é que lhe ocorre que seria bom ter sua família com ele. Esse é o mesmo ansioso medo da morte e do além que sentimos tão vivamente em Afonso de Liguori, conforme Döllinger o descreveu para nós. Ele está separado por um mundo de distância daquele espírito de orgulho mundano que Maquiavel expressa ao relatar a fama daqueles cidadãos florentinos que, em sua luta contra o papa e suas excomunhões, haviam mantido "um amor por sua cidade natal maior do que o medo pela salvação de suas almas". E é claramente mais distante dos sentimentos que Richard Wagner pôs na boca de Sigmund antes de seu combate fatal, "Grüsse mir Wotan, grüsse mir Wallhall — Doch von Wallhall's spröden Wonnen sprich du wahrlich mir nicht". Mas os efeitos desse medo em Bunyan e Liguori são caracteristicamente diferentes. O mesmo medo, que leva o último a toda humilhação de si concebível, incentiva o anterior em uma luta sistemática e sem descanso com a vida. De onde advém essa diferença?

Parece a princípio um mistério como a indubitável superioridade do calvinismo em organização social pode estar conectada com sua tendência a retirar do indivíduo os laços mais estreitos com os quais ele está preso ao mundo.[30] Mas, não importa o quão estranho possa parecer, isso sucede da forma peculiar que o amor fraternal cristão teve de tomar conforme foi forçado, sob a pressão do isolamento interior do indivíduo realizada por meio da doutrina da fé calvinista. Em primeiro lugar, isso ocorre no âmbito dos dogmas.[31] O mundo existe para servir à glorificação de Deus e a esse propósito somente. O cristão eleito está no mundo apenas para aumentar a glória de Deus pelo cumprimento dos Seus mandamentos, no melhor de sua capacidade. Mas Deus requer realizações sociais do cristão porque Ele deseja que a vida social deva ser organizada de acordo com os seus mandamentos, e de acordo com aquele propósito. A atividade social[32] do cristão no mundo somente é atividade *in majorem gloriam Dei*. Esse caráter é, desse modo, compartilhado com o do trabalho em uma profissão que sirva à vida mundana da comunidade. Mesmo em Lutero encontramos que a especialização do trabalho em profissões foi justificada em termos de amor fraternal. Mas o que para ele havia remanescido como incerteza, pura sugestão intelectual, tornou-se uma característica elementar no sistema ético dos calvinistas. Amor fraternal, desde que só pudesse ser praticado para a glória de Deus[33] e não ao serviço da carne,[34] é expresso em primeiro lugar no cumprimento das tarefas diárias dadas pela *lex naturae*; e, no processo, esse cumprimento assume um caráter peculiarmente objetivo e impessoal, o serviço no interesse da organização racional do nosso ambiente. Pois a organização e a formação desse arranjo magistralmente intencional do cosmos são, de acordo com a revelação tanto da *Bíblia* quanto da intuição natural, evidentemente designados por Deus para servir à utilidade da raça humana. Isso faz que trabalhos impessoais de utilidade social pareçam promover a glória de Deus e, desse modo, pareçam ser desejados por Ele. A completa eliminação do problema da teodiceia e todas aquelas questões acerca do significado do mundo e da vida, que torturaram outros, são autoevidentes tanto para o puritano como, por razões diametralmente diferentes, para o judeu, e mesmo, em certo sentido, para todos os tipos não místicos da religião cristã.

A essa economia de forças o calvinismo adicionou outra tendência que atuou na mesma direção. O conflito entre o individual e o ético (no sentido de Sören Kierkegaard) não existia para o calvinismo, ainda que este tivesse colocado o indivíduo sob sua própria responsabilidade no que se refere à matéria religiosa. Aqui não é o lugar de analisar as razões desse fato, ou da significação do racionalismo político e econômico do calvinismo. A fonte do caráter utilitário da ética calvinista se mantém aqui, e importantes peculiaridades da ideia calvinista de vocação são derivadas da mesma fonte.[35] Mas, neste momento, devemos retornar à especial consideração da doutrina da predestinação.

Para nós o problema decisivo é: como nasceu36 essa doutrina em uma época na qual o pós-vida não era apenas mais importante mas muitas vezes mais certo do que todos os interesses acerca da vida neste mundo?[37] A questão "sou eu um dos eleitos?" precisou, em algum momento, ter crescido para cada fiel e ter forçado todos os outros interesses a um segundo plano. E como posso eu ter certeza do estado de graça?[38] Para o próprio Calvino, isso não era um problema. Ele sentira que ele mesmo era um agente escolhido de Deus, e ele estava certo de sua própria salvação. Consequentemente, com relação à questão de como o indivíduo pode ter certeza de sua própria eleição, ele no fundo apenas respondeu que nós deveríamos nos contentar com o conhecimento de que Deus escolheu e de que, ademais, a salvação depende apenas daquela confiança implícita em Cristo, a qual é resultado da verdadeira fé. Ele rejeita de princípio a suposição de que se possa apreender a partir da conduta de outros se eles são escolhidos ou condenados; trata-se de uma tentativa injustificável de penetrar nos segredos de Deus. O eleito não difere de forma alguma externamente do condenado;[39] e mesmo todas as experiências subjetivas dos escolhidos são, como *ludibria Spiritus sancti*, possíveis para os condenados com a singular exceção daquela expectativa *finaliter*, daquela fé convicta. Os eleitos, portanto, são e permanecem como a Igreja invisível de Deus.

De forma totalmente natural essa atitude foi impossível para seus seguidores, já desde Beza, e, acima de tudo, para a ampla massa de homens comuns. Para eles a *certitudo salutis* no sentido da capacidade de reconhecimento do estado de graça necessariamente tornou-se de importância absolutamente dominante.[40] Então, seja onde for que a doutrina da predestinação se afixou, não poderia ser suprimida a questão sobre se haveria algum critério infalível pelo qual a participação entre os *electi* pudesse ser conhecida. Não apenas essa questão havia continuamente tomado uma importância central no desenvolvimento do pietismo, que primeiro se erigiu sobre a base da Igreja reformada; de fato, isso havia sido, de certa maneira, fundamental para tanto. Mas, quando consideramos a grande importância política e social da doutrina e da prática reformada da comunhão, deveremos ver o quão grande é seu papel ao longo de todo o século XVII, mesmo fora do pietismo, pela possibilidade de se ter certeza do estado da graça do indivíduo. Disso dependeu, por exemplo, a sua admissão da santa ceia, isto é, para uma cerimônia religiosa central que determinou a posição social dos participantes.

Era impossível, ao menos na medida em que fora levantada a questão acerca do estado de graça de cada indivíduo ficar satisfeito[41] com a confiança de Calvino no testemunho pessoal da fé, que resultava da graça, ainda que a doutrina ortodoxa jamais tenha abandonado tal critério.[42] Acima de tudo, o trabalho pastoral, que lidaria imediatamente com todo o sofrimento causado pela doutrina, não podia ser satisfeito. Ele se deparou com essas dificuldades de diversas maneiras.[43] Conforme a predestinação não fosse reinterpretada, abrandada ou fundamentalmente abandonada,[44] apareciam dois tipos principais de recomendação, ambos mutuamente conectados. Por um lado, é tomado como um dever absoluto considerar a si mesmo um escolhido e combater todas as dúvidas como sendo tentações do diabo,[45] uma vez que falta de autoconfiança é um sintoma de fé insuficiente e, por isso, de graça imperfeita. A exortação do apóstolo para se trabalhar mais rápido naquilo em que foi chamado é aqui interpretada como um dever para se chegar à certeza da própria eleição e como justificação da luta cotidiana na vida. No lugar dos humildes pecadores, a quem Lutero prometia graça caso confiassem-se a Deus, por meio de uma fé penitente, foram criados aqueles santos autoconfiantes,[46] a quem podemos redescobrir nos rijos mercantes puritanos da era heroica do capitalismo, e em instâncias isoladas no presente. Por outro lado, para se conseguir chegar àquela autoconfiança, a atividade mundana era recomendada como o meio mais adequado.[47] Isso, e somente isso, dispersaria as dúvidas religiosas e daria a certeza da graça.

Aquela atividade mundana deveria ser tomada como capaz dessa realização, e o fato de que ela poderia, por assim dizer, ser considerada como o mais adequado meio de contrabalancear os sentimentos de ansiedade religiosa encontra sua explicação nas peculiaridades fundamentais do sentimento religioso da Igreja reformada, que se tornam mais claras à luz de suas diferenças em relação ao luteranismo na doutrina da justificação pela fé. Essas diferenças são analisadas de forma tão sutil, e com uma tal objetividade e rejeição de juízos de valor, nas excelentes leituras[48] de Schneckenburger, que as breves observações que seguem podem, em sua maior parte, se apoiar sobre sua discussão.

A mais elevada experiência religiosa a que a fé luterana empenha-se em realizar, especialmente conforme foi desenvolvida no curso do século XVII, é a *unio mystica* com a divindade.[49] Como o nome em si mesmo sugere, o que nesta forma é desconhecido pela fé reformada se trata de um sentimento de verdadeira absorção na divindade, de um verdadeiro permear do divino na alma do crente. Isso é qualitativamente similar ao objetivo da contemplação dos místicos alemães, e é caracterizado por sua busca passiva para a realização do desejo de um repouso em Deus. Agora, a história da filosofia mostra que uma crença religiosa que é primeiramente mística pode muito bem ser compatível com um pronunciado senso de realidade no campo dos fatos empíricos; e pode mesmo dar um suporte direto ao repúdio às doutrinas dialéticas. Além do mais, o misticismo pôde indiretamente ter chegado a promover os interesses de uma conduta racional. Ainda assim, a valorização positiva da atividade externa, em sua relação com o mundo, estava faltando. Em adição a isso, o luteranismo combina a *unio mystica* com aquele profundo sentimento de indignidade do pecado original, o que é essencial para preservar o *poenitentia quotidiana* do fiel luterano, mantendo, desse modo, a humildade e a simplicidade indispensáveis para o perdão dos pecados. A típica religião da Igreja reformada, por outro lado, no começo, repudiara tanto essa emoção puramente interior da devoção do luteranismo quanto a fuga "quietista" de tudo, feita por Pascal. Uma real penetração da alma humana pelo divino tornou-se impossível pela absoluta transcendencialidade de Deus, comparada com a carne: *finitum non est capax infiniti*. A comunidade dos eleitos com seu Deus somente poderia acontecer e ser perceptível a eles naquele Deus que trabalhava (*operatur*) por meio deles, sendo eles conscientes disso. Isto é, a sua ação era originada na fé, que era causada pela graça de

Deus, e essa fé, por sua vez, justificava a si mesma pela qualidade daquela ação. Profundas diferenças acerca das mais importantes condições da salvação, que eram aplicadas à classificação de todas as atividades religiosas práticas, apareciam aí. O fiel na religião poderia ele mesmo ter certeza de seu estado de graça caso sentisse a si mesmo como receptáculo do Espírito Santo ou como o instrumento da vontade divina. No primeiro caso, sua vida religiosa tende ao misticismo e à emotividade, e, no segundo, à ação ascética; Lutero permaneceu próximo do primeiro tipo, o calvinismo pertenceu, definitivamente, ao segundo. O calvinista também queria ser salvo *sola fide*. Mas, uma vez que Calvino via todos os puros sentimentos e emoções com dúvida,[50] não importando quão exaltados pudessem parecer, para ele, a fé deveria ser provada por seus resultados objetivos, a fim de prover um firme fundamento para a *certitudo salutis*. Essa deve ser uma *fides efficax*,[51] e o chamado à salvação deve ser um chamado eficaz (essa expressão é usada na *Savoy Declaration*).

Se nós agora perguntarmos, ainda, por quais frutos o próprio pensamento calvinista tornou-se apto a identificar a verdadeira fé, a resposta seria: por um tipo de conduta do cristão que servisse para aumentar a glória de Deus. Apenas o que serve para tanto está para ser visto em sua própria vontade, tal como revelado diretamente pela *Bíblia* ou indiretamente pela ordem propositiva do mundo que Ele criou (*lex naturae*).[52] Especialmente ao comparar a condição da alma de alguém com aquela de um eleito, por exemplo os patriarcas, de acordo com a *Bíblia*, poderia o estado da graça de alguém ser conhecido.[53] Apenas um entre os eleitos realmente detinha a *fides efficax*,[54] apenas ele era apto, em função de seu renascimento (*regeneratio*) e da resultante santificação de toda a sua vida, a aumentar a glória de Deus por obras realmente boas, e não apenas aparentemente boas. Isso se realizava pela consciência de que a sua conduta, ao menos em seu caráter fundamental e em seu constante ideal (*propositum oboedientiae*), assentava-se sobre um poder,[55] dentro dele próprio, que trabalhava para a glória de Deus; e foi não apenas pela vontade de Deus mas, antes, por intermédio de Deus[56] que se atingiu o mais elevado bem a que essa religião almejou, a certeza da salvação.[57] Que isso era alcançável foi provado por II Coríntios, capítulo XVIII, versículo 5.[58] Portanto, ainda que obras inúteis possam ser colocadas como meio de se alcançar a salvação, pois mesmo os eleitos permanecem como sendo coisas de carne, e que tudo o que elas fazem mostra-se infinitamente aquém dos padrões divinos, ainda assim [as obras] são indispensáveis enquanto sinais da eleição.[59] Elas são o meio técnico não de se comprar a salvação, mas de livrar-se do medo da condenação. Nesse sentido, elas são ocasionalmente referidas como diretamente necessárias à salvação,[60] ou a *possessio salutis* é vinculada a elas.[61]

Na prática isso significa que Deus ajuda aqueles que se ajudam.[62] Portanto, o calvinista, como é às vezes colocado, cria[63] ele mesmo sua própria salvação, ou, como seria mais correto, a convicção da salvação. Mas essa criação não pode, como no catolicismo, consistir em uma gradual acumulação de boas obras individuais, mas antes em um autocontrole sistemático, que a cada momento mantém-se perante a inexorável alternativa, escolhido ou condenado. Isso nos traz a um ponto muito importante da nossa investigação.

É de conhecimento comum que os luteranos têm repetidamente acusado essa linha de pensamento, que fora desenvolvida nas Igrejas reformadas e seitas com clareza cada vez maior,[64] de uma subversão da doutrina da salvação pelas obras.[65] E, ainda que justificando o protesto dos acusados contra a identificação de sua posição dogmática com a doutrina católica, essa acusação certamente fora feita com razão, se por isso se quer dizer as consequências práticas para a vida cotidiana do cristão médio da Igreja reformada.[66] Pois uma forma de valorização religiosa mais intensa da ação moral do que aquela à qual o calvinismo levou seus adeptos talvez jamais tenha existido. Mas o que é importante para a significação prática desse tipo de salvação pelas obras deve ser observado a partir do conhecimento das qualidades particulares que caracterizaram o seu tipo de conduta ética e a distinguiram da vida cotidiana de um cristão comum da Idade Média. A diferença pode bem ser formulada do modo que segue: o católico medieval ordinário[67] vivia eticamente, por assim dizer, da mão para a boca. Em primeiro lugar, ele conscientemente cumpria suas condutas tradicionais. Mas, além desse mínimo, suas boas obras não necessariamente formam um sistema de vida coeso nem sequer um sistema de vida não racionalizado, mas antes permaneceram enquanto sucessão de atos individuais. Ele poderia usá-los conforme a ocasião demandasse, para expiar seus pecados individuais, para melhorar suas chances de salvação ou, perante o fim de sua vida, como uma espécie de benefício de segurança. É claro que a ética católica era uma ética de intenções. Mas a *intentio* concreta do ato singular determinava seu valor. E a singular ação boa ou má era creditada àquele que a realizou, determinando seu destino temporal e eterno. De forma realista, a Igreja reconheceu que o homem não era uma unidade definida absolutamente clara, para ser julgada de uma forma ou de outra, mas que sua vida moral era normalmente objeto de motivos conflitantes, e que sua ação era contraditória. É claro, isso exigiu, como ideal, uma mudança da vida em termos de princípios. Mas enfraqueceu justamente essa exigência (para a média geral), por conta de um de seus mais importantes significados de poder e de educação, o sacramento da absolvição, a função que está ligada às mais profundas raízes da peculiar religião católica.

Na racionalização do mundo, na eliminação da mágica enquanto meio de salvação,[68] os católicos não foram tão longe quanto os puritanos (e, antes deles, os judeus) haviam ido. Para o católico,[69] a absolvição de sua Igreja era uma compensação por sua própria imperfeição. O padre era um mágico que realizava o milagre da transubstanciação, e era quem detinha a chave da vida eterna em sua mão. Pode-se dirigir a ele estando em pesar e penitência. Ele dispensava expiações, esperança de graça, certeza do perdão, e desse modo concedia uma libertação de uma tremenda tensão, à qual o calvinista estava sentenciado por um destino inexorável, não sendo admitido nenhum abrandamento. Para ele, tais confortos humanos e amigáveis não existiam. Ele não poderia expiar horas de fraqueza ou de irreflexão por meio de uma boa vontade aumentada em outras horas, como o católico e mesmo o luterano podiam. O Deus do calvinismo demandou de seus crédulos não bons atos singulares, mas uma vida de boas obras combinada em um sistema unificado.[70] Não havia lugar para o — bem humano — ciclo católico composto por pecado, arrependimento, expiação, liberação, seguida por um novo pecado. Nem mesmo haveria um balanço de mérito para uma vida como um todo, que poderia ser ajustada por punições temporais ou por meio da graça da Igreja.

A conduta moral do homem comum era, portanto, privada da sua ausência de planos e de caráter sistemático, e era submetida a um método consistente para a organização da conduta como um todo. Não é um acidente o nome dos metodistas vinculado aos participantes do último grande renascimento das ideias puritanas no século XVIII, assim como o termo precisistas, que detém o mesmo significado, era aplicado aos seus ancestrais espirituais no século XVII.[71] Pois somente por uma mudança fundamental em todo o significado da vida, em cada momento e em cada ação,[72] poderiam ser comprovados os efeitos da graça, na transformação de um homem do *status naturae* ao *status gratiae*.

A vida do santo era unicamente direcionada a um fim transcendental, à salvação. Mas precisamente por essa razão ela era profundamente racionalizada neste mundo e dominada inteiramente pela perspectiva de aumentar a glória de Deus na terra. Nunca a sentença *omnia in majorem Dei gloriam* tinha sido tomada com uma tão implacável seriedade.[73] Apenas uma vida guiada por um pensamento constante seria capaz de conseguir uma tal conquista sobre o estado de natureza. O *cogito ergo sum*, de Descartes, foi tomado por parte dos puritanos contemporâneos com essa reinterpretação ética.[74] Foi essa racionalização que deu à fé reformada a sua tendência peculiarmente ascética, e é a base tanto para a sua relação íntima[75] com o catolicismo quanto para seu conflito com este. Pois naturalmente coisas similares não eram desconhecidas pelo catolicismo.

Sem dúvida o ascetismo cristão, tanto externamente quanto em sua significação interior, contém muitas coisas diferentes. Mas ele tem tido caráter definitivamente racional em suas mais elevadas formas ocidentais já na Idade Média, e em diversas formas mesmo na Antiguidade. A grande significação histórica do monasticismo, como pode ser visto no contraste com aquele do Oriente, se embasa nesse fato, não em todos os casos, mas em seu tipo geral. Nas regras de São Benedito, e ainda mais para monges cluniacenses, e novamente para os cistercienses, e mais marcadamente para os jesuítas, ele tornou-se emancipado de todo transcendentalismo desprovido de planos e de autoflagelações irracionais. Ele desenvolveu um método sistemático de conduta racional com o propósito de superar o *status naturae*, para livrar o homem do poder dos impulsos irracionais e de sua dependência do mundo e da natureza. Ele esforçou-se para subjugar o homem à supremacia de uma vontade propositiva,[76] para colocar suas ações sob constante autocontrole, com considerações cuidadosas de suas consequências éticas. Portanto, treinou o monge, objetivamente, como um trabalhador a serviço do reino de Deus e, desse modo, além disso, assegurou, subjetivamente, a salvação de sua alma. Esse autocontrole ativo, que formou o fim do *exercitia* de Santo Inácio e das virtudes monásticas racionais em toda parte,[77] era também o mais importante ideal prático do puritanismo.[78] No profundo desprezo com o qual a fria reserva de seus adeptos é contrastada, nos relatórios dos julgamentos de seus mártires, com o indisciplinado vociferar dos prelados nobres e oficiais,[79] pode ser visto aquele respeito pelo autocontrole silencioso, que ainda hoje distingue o melhor tipo de cavalheiro inglês ou americano.[80] Para colocar isso em nossos termos:[81] o puritano, como todo tipo racional de asceta, tentou habilitar o homem a manter e agir sobre a base dos seus motivos constantes, especialmente aqueles que ele próprio inculcou a si, contra as emoções. Nesse sentido psicológico formal do termo, ele tentou fazer de si uma personalidade. Contrariamente a muitas ideias populares, o fim desse ascetismo era para ser capaz de levar a uma vida inteligente e alerta: a mais urgente tarefa, a destruição da fruição espontânea e impulsiva, tinha como seu mais importante significado trazer ordem à conduta de seus adeptos. Todos esses importantes pontos são enfatizados nas regras do monasticismo católico tão intensamente[82] quanto o são nos princípios de conduta dos calvinistas.[83] Nesse controle metódico sobre o homem se assenta o enorme poder expansivo de ambos, especialmente a habilidade do calvinismo, se confrontado com o luteranismo, para defender a causa do protestantismo contra o luteranismo, enquanto Igreja militante.

Por outro lado, a diferença do calvinista em relação ao ascetismo medieval é evidente. Ela consiste no desaparecimento do *consilia evangelica* e da simultânea transformação do ascetismo em uma atividade dentro do mundo. Não é como se o catolicismo tivesse restringido a vida metódica às células monásticas. Esse era o caso, indubitavelmente, tanto na teoria quanto na prática. Pelo contrário, já foi pontuado que, a despeito da maior moderação ética do catolicismo, uma vida ética não sistemática não satisfazia os mais altos ideais que haviam sido estabelecidos, mesmo para a vida do leigo.[84] A Ordem Terceira de São Francisco era, por exemplo, uma poderosa tentativa na direção de uma penetração ascética na vida cotidiana, e, como sabemos, de forma alguma foi a única. Mas, de fato, obras como *Nachfolge Christi* mostram, com a maneira pela qual sua forte influência era exercida, que o modo de vida pregado nelas era apreciado como algo mais elevado do que a moralidade de todo dia que seria suficiente como um mínimo, e que essa última não seria medida por meio de tais padrões, tal como demandava o puritanismo. Ademais, o uso prático feito de certas instituições da Igreja, acima de tudo o das indulgências, inevitavelmente contrabalanceou as tendências que iam em direção a um ascetismo mundano sistemático. Por essa razão, não se considerou que fosse meramente um abuso não essencial, mas um dos mais fundamentais males da Igreja.

Mas a coisa mais importante era o fato de que o homem que, *par excellence*, vivesse uma vida racional no sentido religioso seria, e permaneceria sendo, somente o monge. Portanto, o ascetismo, quanto mais fortemente se apegava ao indivíduo, apenas servia como meio para levá-lo ainda mais longe da vida cotidiana, porque a mais sagrada tarefa era definitivamente superar toda moralidade mundana.[85] Lutero, que não estava em sentido algum seguindo qualquer lei de desenvolvimento, mas apenas agindo sobre sua experiência pessoal, que mais tarde — embora, a princípio, ele estivesse um tanto quanto incerto acerca de suas consequências práticas — foi empurrada cada vez mais pela situação política, havia repudiado aquela tendência, e o calvinismo apenas a tomou dele.[86] Sebastian Franck chegou à característica central desse tipo de religião quando viu a significação da Reforma no fato de que agora todo cristão tinha de ser um monge por toda a vida. A retirada do ascetismo das atividades cotidianas da vida mundana havia sido interrompido por uma barragem, e aquelas naturezas apaixonadamente espirituais que haviam num primeiro momento suprido os mais elevados tipos de monges eram agora forçadas a perseguir seus ideais ascéticos dentro de ocupações mundanas.

Mas, no decorrer de seu desenvolvimento, o calvinismo agregou algo positivo a isso, a ideia da necessidade de testar a fé do homem em uma atividade mundana.[87] Por isso ele deu a grupos mais amplos de pessoas de inclinação religiosa um incentivo positivo ao ascetismo. Por fundar sua ética na doutrina da predestinação, ele substituiu a aristocracia espiritual dos monges realizada fora e acima do mundo pela aristocracia espiritual dos santos predestinados de Deus dentro do mundo.[88] Tratava-se de uma aristocracia que, com seu *character indelebilis*, era apartada de todo o restante dos eternamente condenados da humanidade pelo mais aterrorizante abismo intransponível e invisível,[89] muito pior do que o abismo que separava o monge da Idade Média do resto do mundo, um abismo que penetrava em todas as relações sociais com sua intensa brutalidade. Essa consciência da graça divina do eleito e agraciado era acompanhada por uma atitude, em relação ao pecado dos outros, não de simpática compreensão baseada na consciência da própria fraqueza, mas de ódio e desprezo por eles como inimigos de Deus, que demonstravam os sinais da condenação eterna.[90] Esse tipo de sentimento era capaz de uma tal intensidade que por vezes resultava na formação de novas seitas. Esse era o caso quando, conforme o exemplo dado pelo movimento independente do século XVII, a genuína doutrina calvinista de que a glória de Deus precisava da Igreja para manter os condenados sob a lei, foi sobreposta pela convicção de que seria um insulto a Deus que uma alma não regenerada pudesse ser admitida na Sua casa, e ainda tomando parte nos sacramentos, ou mesmo, como um pastor, administrando-os.[91] Portanto, como consequência da doutrina da comprovação, a ideia donatista da Igreja apareceu, como no caso dos batistas calvinistas. A plena consequência lógica da demanda por uma Igreja pura, uma comunidade daqueles que provaram deter o estado de graça, foi não muito frequentemente atraída pela formação de novas seitas. Modificações na constituição da Igreja resultaram da tentativa de separar os cristãos regenerados dos não regenerados, de separar aqueles que estavam daqueles que não estavam preparados para o sacramento, a fim de manter o governo ou quaisquer outros privilégios da Igreja nas mãos dos primeiros, e a fim de que apenas se ordenassem pastores aqueles sobre os quais não houvesse qualquer questão.[92]

A norma pela qual se poderia sempre mensurar a si mesmo, da qual evidentemente se estava necessitando, esse ascetismo encontrou, naturalmente, na *Bíblia*. E é importante notar toda a bem conhecida bibliografia dos calvinistas, em que se mantiveram os preceitos morais do Velho Testamento, uma vez que este estava tanto completo quanto autenticamente revelado, no mesmo nível de estima daqueles do Novo. Era apenas necessário que eles, obviamente, fossem aplicáveis apenas às circunstâncias históricas dos hebreus, ou especificamente renegados por Cristo. Para o crente, a lei era um ideal, ainda que nunca uma norma totalmente atingível,[93] enquanto Lutero, por outro lado, originalmente havia valorizado a liberdade da subjugação à lei como sendo um privilégio do fiel.[94] A influência da sabedoria hebraica, temente a Deus, mas perfeitamente não emocional, é expressa nos livros mais lidos pelos puritanos, os Provérbios e os Salmos, e pode ser percebida em toda a sua atitude perante a vida. Em particular, a supressão do elemento místico, em verdade de todo o lado emocional da religião, é diretamente atribuída, por Sanford,[95] à influência do Velho Testamento. Mas esse racionalismo do Velho Testamento era, como tal, essencialmente o de uma pequena burguesia, de tipo tradicionalista, e estava misturado não apenas com o poderoso *pathos* dos profetas mas também com elementos que encorajaram o desenvolvimento de um tipo peculiarmente emocional de religião já na Idade Média.[96] Era, portanto, em última análise, o peculiar, e fundamentalmente ascético, caráter do próprio calvinismo que fez a seleção e assimilação daqueles elementos da religião do Velho Testamento que se adequavam da melhor forma possível.

Agora aquela sistematização da conduta ética, que o ascetismo do protestantismo calvinista tinha em comum com as formas racionais de vida dentro das ordens católicas, é expressa superficialmente no modo como os puritanos continuamente supervisionaram[97] seu próprio estado de graça. Para ser claro, os "livros de contabilidade" religiosos, nos quais pecados, tentações e o progresso alcançado na graça eram inseridos ou tabulados, eram comuns tanto aos círculos[98] reformados mais entusiásticos quanto a algumas partes do moderno catolicismo (especialmente na França), acima de tudo sob a influência dos jesuítas. Mas, no catolicismo, eles serviram com o propósito de complemento da confissão, ou deram a *directeur de l'âme* base para uma tendência autoritária do cristão (principalmente, da cristã feminina). Os cristãos reformados, contudo, sentiram o seu próprio pulso por meio de sua ajuda. Isso é mencionado por todos os moralistas e teólogos, e o livro de estatísticas tabeladas dos progressos nas diferentes virtudes, de Benjamin Franklin, é um exemplo clássico.[99] Por outro lado, a velha ideia medieval (ou mesmo antiga) de uma escrituração de Deus é levada por Bunyan ao caracteristicamente insípido extremo de se comparar a relação entre um pecador e seu Deus com aquela relação estabelecida entre um freguês e um comerciante. Alguém que em um primeiro momento entrou em débito pode muito bem, pelo produto de todas as suas ações virtuosas, ter sucesso em pagar o juro acumulado, mas nunca o principal.[100]

Como observou em sua própria conduta, o puritanismo tardio também observou aquilo acerca de Deus e viu o Seu dedo em todos os detalhes da vida. E, contrariamente à estrita doutrina de Calvino, ele sempre sabia por que Deus havia tomado esta ou aquela medida. O processo de santificação podia, portanto, ser tomado quase como se detivesse o caráter de um empreendimento de negócios.[101] Uma completa cristianização do conjunto da vida era a consequência dessa metódica qualidade de conduta ética à qual o calvinismo, enquanto distinto do luteranismo, forçava os homens. Que essa racionalidade era decisiva em sua influência na vida prática deve-se sempre ter em mente a fim de se compreender de forma correta a influência do calvinismo. Por um lado, podemos ver que ele tomou esse elemento para exercer uma tal influência sobre tudo. Mas, por outro lado, outras fés também tiveram uma influência semelhante quando suas motivações éticas eram iguais nesse ponto decisivo, o da doutrina da comprovação.

Até aqui, somente tivemos em consideração o calvinismo, e, portanto, assumimos a doutrina da predestinação como o pano de fundo dogmático da moralidade puritana no sentido de uma conduta ética metodicamente racionalizada. Isso podia ser feito por causa da influência daquele dogma que, de fato, se estendia para muito além do singular grupo religioso que se manteve, em todos os sentidos, estritamente dentro dos princípios calvinistas, o grupo dos presbiterianos. Não apenas a *Savoy Declaration* de 1658, que era independente, mas também a Confissão Batista de Hanserd Knolly de 1689 o continha, e ele tinha um lugar dentro do metodismo. Ainda que John Wesley, o grande gênio organizador do movimento, fosse um crente na universalidade da graça, um dos maiores agitadores da primeira geração de metodistas e um de seus mais consistentes pensadores, Whitefield, era um adepto da doutrina. O mesmo é verdade para o círculo existente em torno de Lady Huntingdon, que por um tempo deteve considerável influência. Foi essa doutrina em sua magnífica consistência que, na fatídica época do século XVII, confirmou a crença de que os defensores militantes da vida sagrada eram instrumentos na mão de Deus e executores de Sua vontade providencial.[102] Além disso, ele preveniu um colapso prematuro na transformação em uma doutrina puramente utilitária das boas obras neste mundo, que não poderia jamais ser capaz de motivar tão tremendos sacrifícios por objetivos ideais não racionais.

A combinação de fé em normas absolutamente válidas com um absoluto determinismo e com a completa transcendentalidade de Deus era, por sua vez, o produto de um grande gênio. Ao mesmo tempo ela era, em princípio, muito mais moderna que a doutrina, mais suave, que fazia grandes concessões aos sentimentos, e que subjugava Deus à lei moral. Acima de tudo, deveremos ver novamente o quão fundamental é essa ideia de comprovação para o nosso problema. Desde que sua significação prática como uma base psicológica para uma moralidade racional pudesse ser estudada em uma tal pureza na doutrina da predestinação, seria então melhor começar com a doutrina em sua mais consistente forma. Mas isso produz um quadro recorrente para a conexão entre a fé e a conduta nas denominações a serem estudadas mais à frente. Dentro do movimento protestante, as consequências que ela inevitavelmente teria para as tendências de conduta ascéticas de seus primeiros adeptos formam, em princípio, a mais intensa antítese à relativa impotência moral do luteranismo. A expressão luterana *gratia amissibilis*, que podia sempre ser readquirida por meio de constrições penitentes, em si mesma não continha sanção para o que, para nós, é o mais importante resultado do protestantismo ascético, uma ordenação racional da vida moral como um todo.[103] A fé luterana, portanto, deixou a espontânea vitalidade da ação impulsiva e de emoções simples quase sem modificações. O motivo para o constante autocontrole e, portanto, para a regulação deliberada da própria vida, que a sombria doutrina do calvinismo dera, estava faltando. Um gênio religioso como Lutero poderia viver nessa atmosfera de abertura e de liberdade sem dificuldade e, conforme seu entusiasmo fosse suficientemente forte, sem nenhum perigo de cair novamente no *status naturalis*. Aquela forma simples, sensitiva e peculiarmente emocional de piedade, que é o ornamento de muitos dos mais altos tipos de luteranos, bem como a sua moralidade livre e espontânea, encontra alguns novos paralelos no puritanismo genuíno, porém muitos mais no anglicanismo moderado de homens como Hooker, Chilingsworth, etc. Mas, para o luterano do cotidiano, mesmo aquele mais apto, nada era mais certo senão que ele era apenas temporariamente, e na medida em que o afetava uma confissão ou sermão, elevado acima do *status naturalis*.

Havia uma grande diferença, que era bastante impactante aos contemporâneos, entre os padrões morais das cortes reais dos príncipes reformados e dos luteranos, os últimos frequentemente sendo degradados pela embriaguez e pela vulgaridade.[104] Ademais, o desamparo do clero luterano, com a ênfase na doutrina da fé por si só, contra o movimento batista ascético, é bem conhecida. A qualidade tipicamente alemã, frequentemente chamada de boa natureza (*Gemütlichkeit*) ou naturalidade, contrasta fortemente, mesmo nas expressões faciais das pessoas, com os efeitos daquela completa destruição da espontaneidade do *status naturalis* na atmosfera anglo-americana, que os alemães estão acostumados a julgar desfavoravelmente como limitada, não livre e interiormente coativa. Mas as diferenças de conduta, que são bem impactantes, foram claramente originadas do menor grau de penetração do ascetismo na vida do luteranismo, como distinto do calvinismo. A antipatia de todo filho espontâneo da natureza por todo ascetismo é expressa naqueles sentimentos. O fato é que o luteranismo, por conta de sua doutrina da graça, retirou a sanção psicológica de uma vida de conduta sistemática para incentivar a racionalização metódica da vida.

Essa sanção, que condiciona o caráter ascético da religião, poderia, sem dúvida, em si mesma, ter sido gerada por vários motivos religiosos diferentes, como em breve deveremos ver. A doutrina calvinista da predestinação era apenas uma entre várias possibilidades. Mas, ainda assim, estamos convencidos de que, em seu desenvolvimento, ela tomou uma consistência absolutamente única, e que seu efeito psicológico era extraordinariamente poderoso.[105] Em comparação com este, os movimentos ascéticos não calvinistas, considerados puramente do ponto de vista da motivação religiosa para o ascetismo, formam uma atenuação da consistência interna e do poder do calvinismo.

Entretanto, mesmo no desenvolvimento histórico atual, a situação era tal que, em sua maior parte, a forma calvinista do ascetismo era ou imitada pelos outros movimentos ascéticos, ou utilizada como fonte de inspiração ou comparação no desenvolvimento dos seus princípios divergentes. Onde, a despeito de uma base doutrinária diferente, características ascéticas similares apareceram, era em geral resultante da organização da Igreja. Acerca disso, deveremos chegar a falar em outra relação.[106]

B. Pietismo

Historicamente, a doutrina da predestinação é também o ponto de partida do movimento ascético usualmente conhecido como pietismo. No tempo em que tal movimento permaneceu dentro da Igreja reformada, era quase impossível perceber a linha que separava os calvinistas pietistas dos não pietistas.[107] Quase todos os líderes representantes do puritanismo são por vezes classificados entre os pietistas. E é mesmo legítimo apontar para a forte conexão existente entre a predestinação e a doutrina da comprovação, com o seu interesse fundamental na realização da *certitudo salutis*, como discutido acima, enquanto, em si mesmo, um desenvolvimento pietista de doutrinas originais de Calvino. A ocorrência de renovações ascéticas dentro da Igreja reformada era, especialmente na Holanda, normalmente acompanhada por uma regeneração da doutrina da predestinação, que havia sido esquecida temporariamente ou não estritamente mantida. Consequentemente, para a Inglaterra, não é costumeiro usar o termo pietismo.[108]

No entanto, mesmo o pietismo continental (holandês e do Baixo Reno) da Igreja reformada era, ao menos fundamentalmente, apenas uma simples intensificação do ascetismo reformado, como o foram, por exemplo, as doutrinas de Bailey. A ênfase era colocada intensamente na *praxis pietatis* que a doutrina ortodoxa havia empurrado para o segundo plano; às vezes, de fato, parecia uma questão de verdadeira indiferença. Aqueles predestinados à graça poderiam ocasionalmente estar sujeitos a erros dogmáticos, do mesmo modo que a outros pecados, e a experiência mostrou que frequentemente aqueles cristãos que eram completamente desinstruídos na teologia das escolas exibiram os frutos da fé de forma mais clara, enquanto, por outro lado, tornou-se evidente que o mero conhecimento da teologia de forma alguma garantia a comprovação da fé por meio da conduta.[109]

Portanto, a eleição não poderia ser comprovada pelo aprender teológico.[110] Dessa forma, o pietismo — mesmo com uma profunda desconfiança na Igreja dos teólogos,[111] na qual — e isso é característico do pietismo — ele ainda permaneceu oficialmente, passou a reunir os adeptos da *praxis pietatis* em conventículos retirados do mundo.[112] Eles desejavam tornar a invisível Igreja dos eleitos visível na Terra. Sem chegar tão longe, a ponto de formar uma seita separada, seus membros tentaram viver, nessa comunidade, uma vida liberta de todas as tentações do mundo e, em todos os seus detalhes, ditada pela vontade de Deus, para assim ter certeza do seu estado de renascimento por meio de símbolos externos, manifestos em suas condutas diárias. Portanto, a *ecclesiola* dos verdadeiros convertidos — e isso era comum a todos os grupos genuinamente pietistas — desejava, por meio de um ascetismo intenso, desfrutar da bem-aventurança da comunidade com Deus nesta vida.

E essa última tendência detinha algo de intimamente relacionado à luterana *unio mystica*, e, com muita frequência, levou a uma grande ênfase ao lado emocional da religião, maior do que a que era aceitável para o calvinismo ortodoxo. De fato, isso pode, do nosso ponto de vista, ser dito como sendo a característica decisiva do pietismo que se desenvolveu dentro da Igreja reformada. Pois esse elemento de emoção, que originalmente era estranho ao calvinismo, mas por outro lado relacionado a certas formas religiosas medievais, levou a religião, na prática, a lutar pela fruição da salvação neste mundo antes do engajamento na luta ascética pela certeza acerca do mundo futuro. Além disso, a emoção era capaz de uma tal intensidade que a religião tomava um caráter positivamente histérico, resultando numa alternância, familiar a um sem-número de exemplos e neuropatologi-camente compreensíveis, de estados semiconscientes de êxtase religioso, com períodos de exaustão nervosa que eram sentidos como abandonos de Deus. Tal efeito era o direto oposto da sóbria e estrita disciplina sob a qual os homens eram submetidos pela sistemática vida sagrada dos puritanos. E isso significava um enfraquecimento das inibições que protegiam a personalidade racional do calvinista de suas paixões.[113] De forma similar, era possível para a ideia calvinista da depravação da carne, tomada emocionalmente, por exemplo, na forma do assim chamado "sentimento de um verme", para levar a um amortecimento dos empreendimentos na atividade mundana.[114] Mesmo a doutrina da predestinação poderia levar ao fatalismo, caso, contrariamente às tendências predominantes do calvinismo racional, fosse feito dela objeto de contemplação emocional.[115] Finalmente, o desejo de se separar no mundo os eleitos poderia, com uma intensidade emocional maior, levar a uma forma de vida comunitária de caráter semicomunista, como a história do pietismo, mesmo dentro da Igreja reformada, nos tem mostrado frequentemente.[116]

Entretanto, não aparecendo esse efeito, condicionado pela ênfase na emotividade, o pietismo procurou ter a certeza da salvação no interior da rotina cotidiana da vida numa profissão mundana, e o efeito prático dos princípios pietistas era um controle ascético ainda mais estrito da conduta na profissão, uma vez que ela provia uma base ainda mais sólida para a ética na profissão do que a mera respeitabilidade mundana do cristão reformado comum, o qual era considerado pelo pietista superior uma cristandade de segunda categoria. A aristocracia religiosa dos eleitos, que se desenvolveu em cada uma das formas do ascetismo calvinista, conforme mais a sério ela era levada, e com quanto mais certeza era então organizada, na Holanda, sobre uma base voluntária, na forma de conventículos no interior da Igreja. No puritanismo inglês, por outro lado, isso levou parcialmente a uma diferenciação entre os cristãos ativos e passivos dentro da organização, e levou, parcialmente, como foi mostrado anteriormente, à formação de seitas.

Por outro lado, o desenvolvimento do pietismo alemão a partir de uma base luterana, com a qual os nomes de Spener, Francke e Zinzendorf estão vinculados, afastou-se da doutrina da predestinação. Mas, ao mesmo tempo, não fugia do corpo de ideias que formou o clímax lógico daquele dogma, o que é atestado de forma especial pela influência que o pietismo inglês e holandês tinham sobre o próprio Spener, influência que é também mostrada pelo fato de que Bailey fora lido em seus primeiros conventículos.[117]

Do nosso especial ponto de vista, de qualquer maneira, o pietismo significava simplesmente a penetração da conduta metodicamente controlada e supervisionada, e, portanto, da conduta ascética, no interior das denominações não calvinistas.[118] Mas o luteranismo necessariamente sentiu esse ascetismo racional como um elemento estranho, e a falta de consistência das doutrinas do pietismo alemão era resultado das dificuldades crescentes advindas desse fato. Como base dogmática de uma conduta religiosa sistemática, Spener combinou as ideias luteranas com a doutrina, especificamente calvinista, das boas obras, e isso era empreendido com a "intenção de honrar a Deus".[119] Ele também tinha uma fé, sugestiva do calvinismo, na possibilidade de os eleitos alcançarem graus relativos de perfeição cristã.[120] No entanto, à tal teoria faltava consistência. Spener, que era fortemente influenciado pelos místicos,[121] buscou, de uma forma bastante incerta, mas propriamente luterana, antes descrever o tipo sistemático da conduta cristã que era essencial mesmo para seu modo de pietismo do que justificá-lo. Ele não derivou a *certitudo salutis* da santificação; em vez da ideia da comprovação, adotou a relação luterana, de certa maneira frágil, entre a fé e os trabalhos, a qual foi discutida anteriormente.[122]

Entretanto, novamente, tão logo os elementos racionais e ascéticos do pietismo compensavam os emocionais, as ideias essenciais para a nossa tese mantinham seu lugar. Estas eram: (1) que o desenvolvimento do estado de graça de alguém, em níveis cada vez mais altos de certeza e perfeição em termos da lei, eram sinais da graça;[123] e (2) que "as obras da providência de Deus operavam por intermédio daqueles em tal estado de perfeição", isto é, naqueles Ele dá os Seus sinais, caso eles esperem pacientemente e ponderem metodicamente.[124] O trabalho em uma profissão era também a atividade ascética *par excellence* para A. H. Francke;[125] que o próprio Deus abençoou os seus escolhidos pelo sucesso nas suas ocupações era algo inegável para ele, e, como veremos, isso também foi assim para os puritanos.

E, como um substituto para o duplo decreto, o pietismo elaborou ideias que, de forma essencialmente similar ao calvinismo, ainda que mais suaves, estabeleceram uma aristocracia dos eleitos,[126] assentada na graça especial de Deus, com todas as consequências psicológicas pontuadas anteriormente. Entre elas estavam, por exemplo, a assim chamada doutrina do terminismo,[127] que era geralmente (ainda que injustamente) atribuída, por seus oponentes, ao pietismo. Ela assume que a graça é oferecida a todos os homens, mas para cada um em um determinado momento de sua vida, ou em algum momento pela última vez.[128] Qualquer um que deixava passar aquele momento estava fora do alcance da ajuda da universalidade da graça; ele estaria na mesma situação daqueles negligenciados por Deus na doutrina calvinista. Muito próxima dessa teoria estava a ideia que Francke tomou de sua experiência pessoal, e que era amplamente conhecida entre os pietistas, poder-se-ia até dizer que era predominante: a de que a graça somente se tornaria efetiva sob certas circunstâncias únicas e peculiares, nomeadamente, depois de um prévio arrependimento.[129] Uma vez que, de acordo com a doutrina pietista, nem todos eram capazes de tais experiências, aqueles que, a despeito do uso dos métodos ascéticos recomendados pelos pietistas para trazer a graça, não conseguiam alcançá-la permaneciam, aos olhos dos regenerados, como uma espécie de cristãos passivos. Por outro lado, por meio da criação de um método que induzisse ao arrependimento, até mesmo a realização da divina graça tornou-se um objeto da ação humana racional.

Ademais, o antagonismo à confissão privada, que, ainda que não compartilhado por todos — por exemplo, não por Francke —, era característico de muitos pietistas, especialmente dos pastores pietistas, como mostram as repetidas perguntas de Spener, e era resultado da aristocracia da graça. Esse antagonismo ajudou a enfraquecer seus laços com o luteranismo. Os efeitos visíveis que a conduta da graça adquiriu pelo arrependimento formaram um critério necessário para a admissão da absolvição; dessa forma, era impossível deixar que a *contritio* por si só bastasse.[130]

A concepção de Zinzendorf acerca da sua própria posição religiosa, ainda que ele vacilasse perante os ataques vindos da ortodoxia, geralmente tendia para a ideia instrumental. Além disso, contudo, o ponto de partida doutrinário desse notável diletante religioso, tal como o chama Ritschl, raramente era capaz de formulações claras acerca do ponto que tem importância para nós.[131] Ele repetidamente designava a si mesmo como um representante da cristandade paulino-luterana; dessa forma, ele se opôs ao tipo pietista associado a Jansen, que se mantinha adepto da lei. Mas a Irmandade por si mesma, na prática, mantinha, já em seu protocolo de 12 de agosto de 1729, um ponto de vista que em muitos aspectos se assemelhava àquele ponto de vista calvinista, o da aristocracia dos eleitos.[132] E, a despeito de suas declarações de luteranismo,[133] ele permitia e mesmo encorajava essa aristocracia. A famosa posição, tomada em 12 de novembro de 1741, de atribuir o Velho Testamento a Cristo, era a mais explícita expressão, de alguma forma, de uma atitude semelhante. Contudo, dos três "ramos" da fraternidade, tanto o calvinista como o moraviano aceitaram, no essencial, a ética reformada desde o início. E mesmo Zinzendorf seguiu os puritanos, ao expressar a John Wesley a opinião de que, mesmo que um homem não pudesse saber do seu estado de graça, outros poderiam, por meio da observação da sua conduta.[134]

No entanto, por outro lado, na peculiar religiosidade de Herrnhut, o elemento emocional mantinha uma posição de proeminente importância. O próprio Zinzendorf continuamente atentou para agir contra a tendência à santificação do ascetismo, no sentido puritano,[135] e para levar a interpretação das boas obras para um sentido luterano.[136] Também sob a influência do repúdio aos pequenos conventos e da manutenção da confissão, se desenvolveu uma dependência essencialmente luterana aos sacramentos. Ademais, o peculiar princípio de Zinzendorf, de que a infantilidade dos sentimentos religiosos era sinal de seu caráter genuíno, assim como o uso da leitura da sorte como meio de revelação da vontade de Deus, agiram fortemente contra a influência da racionalidade na conduta. No geral, dentro da esfera de influência do conde,[137] os elementos emocionais e antirracionais predominaram muito mais na religião dos herrnhutenses do que em qualquer lugar no pietismo.[138] A relação entre a moralidade e o perdão dos pecados na *Idea fides fratrum*, de Spangenberg, é tão frouxa[139] quanto geralmente é no luteranismo em geral. O repúdio de Zinzendorf pela busca metodista da perfeição é parte, aqui como em todo lugar, de seu ideal fundamentalmente eudemonístico de que os homens experimentam a bem-aventurança (ele a chama "felicidade") emocionalmente no presente,[140] em vez de encorajá-los ao trabalho racional para que tenham certeza dessa bem-aventurança somente no outro mundo.[141]

Todavia, a ideia de que o valor mais importante da comunidade de irmãos, em contraste com as outras Igrejas, reside na vida cristã ativa, no trabalho missionário e, o que vem relacionado a isso, num trabalho profissional em uma vocação[142] permaneceu uma força vital para eles. Ademais, a racionalização prática da vida, do ponto de vista da utilidade, era essencial na filosofia de Zinzendorf.[143] Para ele esta derivava, assim como para os outros pietistas, de um lado do seu decidido desgosto por toda filosofia especulativa, sendo esta perigosa para a fé, e pela correspondente preferência pelo conhecimento empírico;[144] por outro lado, derivava do perspicaz senso comum do missionário profissional. A comunidade era, como um grande centro de missões, ao mesmo tempo uma empresa comercial. Portanto, ela levava seus membros pelos caminhos do ascetismo mundano, que primeiramente procura, em toda parte, por tarefas, para depois as executar cuidadosa e sistematicamente. Contudo, a glorificação da pobreza apostólica, dos discípulos[145] escolhidos por Deus pela predestinação, que era derivada do exemplo dos apóstolos como sendo missionários, formava um novo obstáculo. Na verdade, isso significava um renascimento parcial dos *consilia evangelica*. O desenvolvimento de uma ética econômica racional similar ao calvinismo era certamente dificultado por esses fatores, ainda que, como o desenvolvimento dos movimentos batistas mostra, ele não fosse impossível, mas, ao contrário, fortemente encorajado, subjetivamente, pela ideia de trabalhar só pelas finalidades da vocação.

De toda forma, quando consideramos o pietismo alemão do ponto de vista que nos importa, devemos admitir uma vacilação e incerteza na base religiosa de seu ascetismo, o que o torna definitivamente mais fraco do que a consistência de ferro do calvinismo, e que é em parte resultado de influências luteranas, em parte fruto de seu caráter emocional. Para reiterar, é muito unilateral fazer desse elemento emocional a característica distintiva do pietismo em relação ao luteranismo.[146] Entretanto, em comparação com o calvinismo, a racionalização da vida era necessariamente menos intensa, porque a pressão para se realizar uma vocação profissional, com um estado de graça que tinha continuamente de ser provado, e que estava preocupado com o futuro na eternidade, foi desviado para o estado emocional do presente. O lugar da autoconfidência que os eleitos buscavam atingir, e continuamente renovar no trabalho incansável e bem-sucedido na sua vocação, foi tomado por uma atitude de humildade e abnegação.[147] Este, por sua vez, foi em parte resultado do estímulo emocional dirigido unicamente para a experiência espiritual; em resultado da instituição luterana da confissão, que, embora muitas vezes fosse vista com sérias dúvidas pelo pietismo, ainda era em geral tolerada.[148] Tudo isso mostra a influência da concepção peculiarmente luterana da salvação pelo perdão dos pecados, e não pela santificação prática. No lugar da luta sistemática racional para atingir e manter certo conhecimento acerca da futura salvação (da salvação no outro mundo), surge a necessidade de sentir a conciliação e a comunhão com Deus no presente. Portanto, a tendência para a busca do prazer presente, e assim para dificultar a organização racional da vida econômica, que depende de uma certa previsão do futuro, tem, de certa forma, um paralelo no campo da vida religiosa.

Evidentemente, portanto, a orientação das necessidades religiosas para apresentar satisfação emocional não podia desenvolver uma razão tão poderosa para racionalizar as atividades mundanas, como a necessidade dos eleitos calvinistas para a comprovação em relação à sua preocupação exclusiva com o além. Por outro lado, essa era consideravelmente mais favorável à penetração da conduta metódica na religião do que a fé tradicionalista do luteranismo ortodoxo, amarrado como este era à palavra e aos sacramentos. Em todo o pietismo, de Francke e Spener a Zinzendorf, existia uma tendência a uma crescente ênfase no lado emocional. No entanto, isso não era de forma alguma a expressão de uma lei imanente de desenvolvimento. As diferenças resultaram de diferenças no ambiente religioso (e social) do qual advieram os líderes. Não podemos adentrar na questão aqui, e tampouco podemos discutir sobre como as peculiaridades do pietismo alemão afetaram a sua extensão geográfica e social.[149] Devemos novamente nos lembrar de que esse pietismo emocional, que atenua o modo de vida dos eleitos puritanos, se apresenta sempre por meio de etapas graduais. Se pudermos, ao menos provisoriamente, pontuar qualquer consequência prática dessa diferença, poderemos dizer que as virtudes favorecidas pelo pietismo foram, de uma parte, mais aquelas dos funcionários, do escriturário, do trabalhador e do empregado doméstico,[150] e, da outra parte, do empregador predominantemente patriarcal, com suas condescendências piedosas (à maneira de Zinzendorf). O calvinismo, em comparação, parece estar mais estreitamente relacionado ao legalismo rígido e aos empreendimentos ativos de empresários burgueses-capitalistas.[151] Finalmente, a forma puramente emocional do pietismo é, tal como Ritschl[152] havia pontuado, um diletantismo religioso para as classes ociosas. Contudo, ainda que essa caracterização esteja longe de exaurir a questão, ajuda a explicar certas diferenças no caráter (incluindo o caráter econômico) de povos que estiveram sob a influência de um ou outro desses dois movimentos ascéticos.

C. O metodismo

A combinação de um tipo emocional, mas ainda ascético, de religião, com uma crescente indiferença ou mesmo repúdio às bases dogmáticas do ascetismo calvinista é característico também do movimento anglo-americano correspondente ao pietismo continental, denominado metodismo.[153] O nome em si mesmo mostra o que impressionou os contemporâneos como característico de seus adeptos: a natureza metódica, sistemática da conduta, com o propósito de atingir a *certitudo salutis*. Essa era desde o início o centro das aspirações religiosas desse movimento, e assim permaneceu. A despeito de todas as indiferenças, a indubitável relação com certos ramos do pietismo alemão[154] foi mostrada acima de tudo pelo fato de que o método era utilizado primeiramente para trazer o ato emocional da conversão. E a ênfase nos sentimentos, despertada em John Wesley pelas influências moravianas e luteranas, levou o metodismo, que desde o começo viu sua missão entre as massas, a tomar um caráter fortemente emocional, especialmente na América. A realização do arrependimento sob certas circunstâncias envolveu uma luta emocional de tamanha intensidade que levou aos mais terríveis êxtases, que aconteceram frequentemente, na América, em encontros públicos. Isso formava a base da crença no dom imerecido da graça divina e ao, mesmo tempo, de uma imediata consciência da justificação e do perdão.

Agora essa religião emocional entrou em uma peculiar aliança, contendo dificuldades inerentes não pequenas, com a ética ascética que havia sido marcada pela racionalidade do puritanismo. Primeiramente, à diferença do calvinismo, que mantinha que qualquer coisa sentimental era ilusória, a única base certa para a *certitudo salutis* era o princípio mantido da sensação de absoluta certeza do perdão, derivado imediatamente do testemunho do espírito, cuja chegada poderia ter hora marcada. Somada a isso, a doutrina da santificação de Wesley, a qual, apesar do seu decidido afastamento da doutrina ortodoxa, é um desenvolvimento lógico dela. De acordo com esta, alguém renascido dessa forma pode, em virtude da divina graça que já está trabalhando na pessoa, alcançar a santificação mesmo nesta vida e a consciência da perfeição no sentido da libertação dos pecados, por meio de uma segunda transformação espiritual, que em geral é separada e frequentemente súbita. Ainda que alcançar esse propósito seja de grande dificuldade, e que isso geralmente ocorra no fim da vida, ele deve inevitavelmente ser buscado, porque finalmente garante a *certitudo salutis* e substitui uma serena confidência pela sombria preocupação do calvinista,[155] pois distingue o verdadeiro convertido aos seus próprios olhos e aos olhos dos demais, pelo fato de que os pecados não mais têm poder sobre ele.

A despeito da grande significação da autoevidência do sentimento, a conduta justa, de acordo com a lei, era assim, portanto, também naturalmente respeitada. Sempre que Wesley, em seu tempo, atacou a ênfase nas obras, ele o fez para reviver a velha doutrina puritana de que as obras não são a causa, mas apenas o meio de se saber o estado de graça de alguém, e mesmo isso apenas sendo elas realizadas unicamente para a glória de Deus. A conduta justa por si só não era suficiente, como ele descobriu por si mesmo. Adicionalmente, o sentimento de graça era necessário. Ele mesmo algumas vezes descreveu as obras como uma condição da graça, e, na Declaração de 9 de agosto de 1771,[156] enfatizou que aquele que não realizou boas obras não era um verdadeiro fiel. De fato, os metodistas sempre mantiveram a posição de que eles não diferiam da Igreja oficial na doutrina, mas apenas na prática religiosa. Essa ênfase nos frutos da crença era em sua maior parte justificada na 1ª Epístola de João 3, 9; a conduta era tomada como um claro sinal de renascimento.

Entretanto, a despeito de tudo isso, houve dificuladades.[157] Pois, para esses metodistas, que eram adeptos da doutrina da predestinação, pensar nas *certitudo salutis* aparecendo nas sensações[158] imediatas de graça e de perfeição, em vez da consciência da graça que crescia a partir da conduta ascética em contínuas comprovações de fé — uma vez que a certeza da *perservantia* dependia unicamente do ato singular de arrependimento — significava uma das duas coisas que seguem. Para as naturezas fracas, haveria uma interpretação fatalista da liberdade cristã, e com isso o colapso da conduta metódica; ou, quando o primeiro caminho era rejeitado, a autoconfiança do homem justo[159] alcançava alturas incalculáveis, e ocorria uma intensificação emocional do tipo puritano. Frente ao ataque dos oponentes, o esforço era feito a fim de atentar para essas consequências. Por um lado, por meio de uma ênfase crescente na autoridade normativa da *Bíblia* e da indispensabilidade da comprovação;[160] por outro, pelo fortalecimento da facção anticalvinista de Wesley no interior do movimento, com a sua doutrina de que a graça podia ser perdida. A forte influência luterana, a que Wesley estava exposto[161] por intermédio dos moravianos, fortaleceu essa tendência e aumentou a incerteza da base religiosa da ética metodista.[162] Ao final, somente a concepção da regeneração, uma certeza emocional da salvação, como um resultado imediato da fé, era mantida como fundamento indispensável da graça; e também era mantida a santificação, resultante da (pelo menos potencial) liberdade em relação ao poder do pecado, como a consequente comprovação da graça. O significado dos meios externos da graça, especialmente os sacramentos, foi correspondentemente diminuído. Em todo caso, o despertar geral que seguiu o metodismo por toda parte, como, por exemplo, na Nova Inglaterra, significava uma vitória para a doutrina da graça e dos eleitos.[163]

Portanto, do nosso ponto de vista, a ética metodista parece assentar-se em fundamentos de incerteza, de forma similar ao pietismo. No entanto, a aspiração a uma vida superior, a uma segunda bem-aventurança, serviu-lhe como uma espécie de recurso de emergência para a doutrina da predestinação. Ademais, sendo inglesa de origem, a sua prática ética estava estreitamente relacionada com aquela do puritanismo inglês, e aspirava ser uma renovação dele.

O ato emocional de conversão era metodicamente induzido. E, depois que ele fosse realizado, não se seguia um gozo piedoso de comunidade com Deus, à maneira do pietismo emocional de Zinzendorf; mas a emoção, uma vez despertada, era dirigida a uma luta racional pela perfeição. Por isso, o caráter emocional de sua fé não levou a uma religião espiritualizada de sentimentos, tal como o pietismo alemão. E já fora mostrado por Schneckenburger que esse fato está vinculado ao desenvolvimento menos acentuado do sentido do pecado (em parte por conta da experiência emocional da conversão), e esse continua sendo um ponto aceito na discussão do metodismo. O caráter fundamentalmente calvinista de seu sentimento religioso permaneceu aqui como algo decisivo. A excitação emocional tomou a forma de um entusiasmo que era apenas ocasional, mas poderosamente estimulado, que, no entanto, de modo algum destruiu o caráter de toda maneira racional da conduta.[164] A regeneração do metodismo criou, portanto, apenas um complemento à doutrina pura das obras, uma base religiosa para a conduta ascética depois que a doutrina da predestinação foi abandonada. Os sinais dados pela conduta, que formavam um meio indispensável de se ter certeza da verdadeira conversão, mesmo de suas condições, como Wesley ocasionalmente diz, foram de fato justamente iguais aos do calvinismo. Como um produto[165] tardio, podemos, em uma discussão seguinte, negligenciar o metodismo, sendo que ele não adicionou nada de novo ao desenvolvimento[166] da ideia de vocação.

D. As seitas batistas

O pietismo do continente da Europa e o metodismo dos povos anglo-saxões, se considerado o conteúdo de suas ideias e sua significação histórica, são movimentos secundários.[167] Por outro lado, encontramos uma segunda fonte independente de ascetismo protestante para além do calvinismo nos movimentos batistas e nas seitas[168] que, no decorrer dos séculos XVI e XVII, vieram diretamente desse movimento ou que adotaram suas formas de pensamento religioso, como os batistas, os menonitas e os *quakers*.[169] A partir deles, nos aproximamos de grupos religiosos cujas éticas mantêm-se sobre bases que diferem em princípios da doutrina calvinista. O esboço que segue, que somente enfatiza o que é importante para nós, não é capaz de dar uma verdadeira impressão da diversidade desse movimento. Novamente, daremos a ênfase particular a seu desenvolvimento nos países capitalistas mais antigos.

A característica de todas essas comunidades, que é o mais importante tanto historicamente quanto nos princípios, mas cuja influência na cultura só pode ser tornada clara por uma relação um pouco diferente, é algo com o que já temos familiaridade, a Igreja dos fiéis.[170] Isso significa que a comunidade religiosa, a Igreja visível, na linguagem das Igrejas reformadas,[171] não era mais vista como uma fundação confiável aos fins sobrenaturais, como uma instituição que necessariamente incluiria tanto os justos como os não justos, seja para aumentar a glória de Deus (caso dos calvinistas), seja uma forma de trazer os meios da salvação para os homens (luteranos e católicos), mas exclusivamente como uma comunidade de pessoas crentes de seu renascimento, e somente essas. Em outras palavras, não como uma Igreja, mas como uma seita.[172] Isso é tudo o que o princício, em si mesmo puramente externo, deveria simbolizar:[173] que apenas os adultos que pessoalmente ganharam a sua própria fé deveriam ser batizados. A justificação por meio dessa fé foi, para os batistas, como eles sempre repetiram em todas as discussões religiosas, radicalmente diferente da ideia de um trabalho dentro do mundo a serviço de Cristo, tal como a ideia que dominava o dogma ortodoxo do mais antigo protestantismo.[174] Ela consistia antes em tomar a posse espiritual da Sua dádiva da salvação. Entretanto, isso ocorria por meio da revelação individual, pelo trabalho do Espírito Divino no indivíduo, e somente por esse meio. Ela era oferecida a qualquer um, e era o suficiente esperar o Espírito, e não resistir à sua vinda por conta de um apego pecaminoso ao mundo. A importância da fé, no sentido do conhecimento das doutrinas da Igreja, mas também naquela busca penitente pela graça divina, era consequentemente diminuída, e então sucedia, naturalmente, com grandes modificações, um renascimento das doutrinas pneumáticas do Cristianismo Primitivo. Por exemplo, a seita a que Menno Simons atribui a primeira doutrina razoavelmente consistente, com seu livro *Fondamentboek* (de 1539), desejava, como as outras seitas anabatistas, ser a primeira Igreja de Cristo verdadeiramente sem culpa; como a comunidade apostólica, sendo constituída por aqueles pessoalmente despertados e chamados por Deus. Aqueles que nasceram novamente, e somente eles, são os irmãos de Cristo, porque eles, como Ele, foram criados no espírito diretamente por Deus.[175] Uma severa revogação do mundo, no sentido de um não necessário relacionamento com as pessoas mundanas, juntamente com a mais estrita bibliocracia, no sentido de se tomar a vida das primeiras gerações de cristãos como modelo, foram os resultados das primeiras comunidades anabatistas, e esse princípio de revogação do mundo nunca desapareceu completamente enquanto o velho espírito permaneceu vivo.[176]

Como uma posse permanente, as seitas anabatistas retiveram desses motivos dominantes de seu primeiro período um princípio com o qual nós já nos familiarizamos no calvinismo, ainda que agora sobre um fundamento de certa forma diferente, e cuja importância fundamental virá frequentemente à tona. Eles repudiavam decididamente toda idolatria da carne, tratando-a como uma detração da reverência que deveria ser destinada somente a Deus.[177] O modo de vida bíblico era concebido pelos primeiros batistas suíços e do sul da Alemanha com um radicalismo similar àquele do jovem São Francisco, como radical ruptura com toda fruição da vida, como vida modelada diretamente a partir da vida dos após-tolos. E, na verdade, a vida de muitos dos primeiros batistas lembra aquela de Santo Egídio. Entrentanto, essa observação estrita dos preceitos bíblicos,[178] em sua conexão com o caráter pneumático da fé, não se assentava sobre fundamentos muito seguros. O que Deus havia revelado aos profetas e apóstolos não era tudo o que Ele podia e deveria revelar. Pelo contrário, a continuada vida da palavra, não como um documento escrito, mas como a força do Espírito Santo trabalhando na vida diária, e que falava diretamente a qualquer indivíduo que estivesse disposto a ouvir, era a única característica da verdadeira

Igreja. Isso, que Schwenkfeld nos ensinou contra Lutero, assim como Fox contra os presbiterianos, era o testemunho das primeiras comunidades cristãs. A partir dessa ideia da continuidade da revelação desenvolveu a bem conhecida doutrina, mais tarde sistematicamente trabalhada pelos *quakers*, do significado (em última análise, decisivo) do testemunho interior do Espírito na razão e na consciência. E isso acabou não com a autoridade da *Bíblia*, mas com sua autoridade única, e iniciou um desenvolvimento que, ao seu final, eliminou radicalmente todos os remanescentes da doutrina da salvação por meio da Igreja; para os *quakers*, e mesmo com os batistas, eliminou até mesmo a comunhão.[179]

As denominações batistas, em conjunto com as predestinacionistas, especialmente as estritamente calvinistas, realizaram a mais radical desvalorização dos sacramentos como meios para a salvação e, portanto, efetuaram a racionalização religiosa do mundo em sua mais extrema forma. Apenas a luz interior da contínua revelação poderia permitir a alguém entender verdadeiramente as revelações bíblicas de Deus.[180] Por outro lado, ao menos de acordo com a doutrina *quaker*, que aqui foi levada às últimas consequências, seus efeitos poderiam ser estendidos a pessoas que nunca conheceram as revelações em sua forma bíblica. A proposição *extra ecclesiam nulla salus* mantinha apenas essa Igreja *in*visível dos iluminados pelo Espírito. Sem a luz interior, o homem natural, e mesmo o homem guiado pela razão natural,[181] permanecia simplesmente uma criatura da carne, cuja impiedade era condenada pelos anabatistas, incluindo os *quakers*, e talvez ainda mais severamente do que pelos calvinistas. Por outro lado, o novo nascimento causado pelo Espírito, se o esperarmos e abrirmos o coração para ele, pode, desde que tal nascimento seja causado divinamente, levar ao estado de uma conquista completa sobre o poder do pecado,[182] que recaídas, e isso para não dizer a perda do estado de graça, tornavam-se praticamente impossíveis. Contudo, como no metodismo, num período mais tardio, a realização desse estado não era pensado como a regra, mas, antes, em geral, o grau de perfeição do indivíduo era algo sujeito a novos desenvolvimentos.

Mas todas as comunidades anabatistas desejavam ser Igrejas puras, no sentido da conduta pura dos seus membros. Um repúdio sincero do mundo e dos seus interesses, e a submissão incondicional a Deus, conforme falasse por meio da nossa consciência, eram os únicos sinais incontestáveis do verdadeiro renascer, e um tipo correspondente de conduta era, portanto, indispensável à salvação. E, dessa forma, a dádiva da graça de Deus não podia ser obtida, mas apenas alguém que seguisse os ditados de sua consciência poderia justamente considerar a si mesmo renascido. Boas obras, nesse sentido, eram uma *causa sine qua non*. Como podemos ver, aderimos a esse último raciocínio, que é de Barclay, que equivale, na prática, ao da doutrina calvinista, e certamente ela fora desenvolvida sob a influência do ascetismo calvinista, que circundou as seitas batistas da Inglaterra e da Holanda. George Fox devotou todas as suas primeiras atividades como missionário à pregação de sua mais séria e sincera adoção.

Entretanto, desde que a predestinação foi rejeitada, o caráter peculiarmente racional da moralidade anabatista se manteve psicologicamente, acima de tudo, por meio da perseverante espera pela vinda do Espírito, o que até hoje é característico dos encontros dos *quakers*, e isso é bem analisado por Barclay. O propósito dessa espera silenciosa é superar todas as coisas impulsivas e irracionais, as paixões e os interesses subjetivos do homem natural. Ele deve ser calado a fim de criar aquele profundo repouso da alma, no qual somente a palavra de Deus pode ser ouvida. Notadamente, essa espera poderia resultar em estados histéricos, profecias e, conforme sobrevivam certas esperanças escatológicas, sob certas circunstâncias poderia resultar mesmo em um entusiasmo quiliástico, tal como é possível em todos os tipos similares de religião. Isso, na verdade, aconteceu no movimento que se desvaneceu em Münster.

No entanto, como o anabatismo afetou o mundo do trabalho do dia a dia, a ideia de que Deus fala apenas quando a carne silencia evidentemente significa um incentivo a um deliberado cálculo dos cursos da ação e sua cuidadosa justificação em termos da consciência individual.[183] As comunidades anabatistas tardias, mais particularmente os *quakers*, adotaram esse caráter de conduta eminentemente consciente, quieto e moderado. A radical eliminação da mágica do mundo não permitiu nenhum outro percurso psicológico que não o da prática do ascetismo mundano. Uma vez que essas comunidades não teriam nada a fazer com os poderes políticos e com seus afazeres, o resultado externo era também a penetração da vida na vocação com essas virtudes ascéticas. Os líderes dos primeiros movimentos anabatistas eram impiedosamente radicais em sua rejeição pelo mundo. Entretanto, naturalmente, já na sua primeira geração, o modo de vida estritamente apostólico não fora mantido por todos como absolutamente essencial à comprovação do renascimento por todos. Existiam elementos burgueses, mesmo nessa geração e mesmo antes de Menno, que fora quem defendera definitivamente as virtudes mundanas práticas e o sistema da propriedade privada; a estrita moralidade dos batistas havia tomado, na prática, o caminho preparado pela ética calvinista.[184] Isso era simples, porque a estrada para o ascetismo monástico em outro mundo havia sido fechada, pois fora considerada não bíblica e porque já se considerava inviável para a salvação, desde Lutero, a quem os anabatistas também seguiram nesses aspectos.

Apesar disso, para não falar das comunidades semicomunistas do primeiro período, uma seita anabatista, a assim chamada *dunckards* (*tunker*, *dompelaers*), tem até os dias de hoje mantido sua condenação à educação e a qualquer forma de posse para além daquelas indispensáveis à vida. E mesmo Barclay olha para as obrigações da vocação de alguém não nos termos calvinistas nem mesmo nos termos luteranos, mas antes de forma tomista, como *naturali ratione*, a consequência necessária dos fiéis que têm de viver no mundo.[185]

Essa atitude significava um enfraquecimento da concepção calvinista da vocação, de forma similar ao que ocorrera com Spener e com os pietistas alemães. Mas, por outro lado, a intensidade dos interesses em atividades econômicas fora consideravelmente aumentado por vários fatores que atuavam sobre as seitas anabatistas. Em primeiro lugar, pela recusa em se aceitar cargos públicos a serviço do Estado, a qual foi originada como uma conduta religiosa seguindo o repúdio a tudo o que era mundano. Após o seu abandono, em princípio, ela permaneceu efetiva na prática, ao menos para os menonitas e para os *quakers*, porque a estrita recusa a portar armas ou a fazer juramentos era por si só uma desqualificação suficiente para os cargos públicos. Em todas as denominações anabatistas vinha, de mãos dadas com isso, um antagonismo invencível com relação a todo modo de vida aristocrático. Parcialmente como para os calvinistas, isso era uma consequência da proibição de toda idolatria da carne, e parcialmente um resultado dos princípios apolíticos e mesmo antipolíticos, que já foram citados. Toda a perspicaz e consciente racionalidade da conduta anabatista era, portanto, forçada a se destinar a vocações não políticas.

Ao mesmo tempo, a imensa importância que era atribuída pela doutrina anabatista da salvação ao papel da consciência, conforme a revelação de Deus ao indivíduo, dava à sua conduta nas vocações mundanas um caráter que era da maior significação para o desenvolvimento do espírito do capitalismo. Teremos de adiar a sua consideração para mais tarde, e então ele poderá ser estudado somente até onde é possível fazê-lo sem entrar no conjunto da ética social e política do protestantismo ascético. Mas, para antecipar esse ponto, já chamamos atenção para aquele importante princípio da ética capitalista, o que é geralmente formulado como "a honestidade é a melhor política".[186] O seu documento clássico é o tratado de Franklin citado anteriormente. E, mesmo no julgamento do século XVII, a forma específica do ascetismo mundano dos anabatistas, especialmente dos *quakers*, estava na adoção prática dessa máxima.[187] Por outro lado, podemos esperar chegar à conclusão de que a influência do calvinismo foi exercida mais na direção da libertação de energia no sentido da aquisição privada. Pois, a despeito de todo o legalismo formal dos eleitos, a seguinte observação de Goethe pode, de fato, ser aplicada, muitas vezes de forma válida, ao calvinismo: "O homem de ação é sempre desumano; ninguém a não ser um observador tem consciência".[188]

Outro elemento importante que promoveu a intensificação do ascetismo mundano nas denominações anabatistas pode ser também considerado, em sua completa significação, somente por meio de outra conexão. Ainda assim, podemos antecipar algumas observações acerca dele para justificar a ordem de apresentação que escolhemos. Nós deliberadamente não tomamos como ponto de partida as instituições sociais objetivas das velhas Igrejas protestantes, e suas respectivas influências éticas, especialmente no que concerne à importante disciplina dessas Igrejas. Preferimos antes tomar os resultados que a adoção subjetiva da fé ascética pode ter trazido na conduta dos indivíduos. Preferimos não somente porque esse lado da coisa havia recebido, anteriormente, menos atenção do que o outro, mas também porque o efeito da disciplina da Igreja não era, em hipótese alguma, de natureza similar. Pelo contrário, a supervisão eclesial da vida do indivíduo, que, tal como era praticada nas Igrejas calvinistas estatais, quase equivalia a uma Inquisição, podia mesmo retardar aquela liberação dos poderes individuais que era condicionada pela perseguição ascética racional da salvação e, de fato, em alguns casos ela o fez.

As regulações mercantilistas do Estado poderiam desenvolver indústrias, mas não, ou certamente não sozinhas, o espírito do capitalismo; onde as Igrejas assumiram um caráter autoritário e despótico, elas em larga medida dificultaram diretamente tal desenvolvimento. Portanto, um efeito semelhante poderia muito bem ter resultado da arregimentação eclesiástica quando esta se tornou excessivamente despótica. Ela impôs um tipo particular de conformidade externa, mas em alguns casos enfraqueceu as causas subjetivas da conduta racional. Qualquer discussão acerca desse ponto[189] deve levar em conta a grande diferença entre os resultados da disciplina moral autoritária das Igrejas oficiais e a disciplina nas seitas que se mantiveram no regime de submissão voluntária. Que o movimento anabatista, em princípio, fundou seitas e não Igrejas em todo lugar era certamente tão favorável à intensidade de seu ascetismo quanto o era, mas em diferentes graus, para as comunidades calvinistas, metodistas e pietistas serem levadas, por suas situações, à formação de grupos voluntários.[190]

E é a nossa próxima tarefa seguir os resultados da ideia puritana da vocação no mundo dos negócios, agora que o esboço acima tentou mostrar seus fundamentos religiosos. Com todas as diferenças de detalhe e de ênfase que esses movimentos ascéticos mostraram nos aspectos em que nos temos ocupado, muitas das mesmas características estão presentes e têm importância em todos eles.[191] No entanto, para os nossos propósitos o ponto decisivo foi, para recapitular, a concepção do estado de graça religiosa, comum a todas as denominações, como um estado que separa o seu possuidor da degradação da carne e, assim, do mundo.[192]

Por outro lado, ainda que os meios pelos quais se chegou a isso variem de doutrina para doutrina, eles não poderiam ser garantidos por nenhum sacramento mágico, nem pela ajuda da confissão, e tampouco por boas obras individuais. Somente seriam possíveis por meio de um tipo de conduta inconfundivelmente diferente do modo de vida do homem natural. Manifesta-se então no indivíduo um estímulo para supervisionar metodicamente o seu estado de graça a partir de sua própria conduta e, portanto, para permeá-la com ascetismo. Mas, como já pudemos ver, essa conduta ascética significava um planejamento racional do conjunto da vida do sujeito em acordo com a vontade de Deus. E esse ascetismo não era mais um *opus supererogationis*, mas algo que poderia ser requisitado de qualquer um que estivesse certo da salvação. A vida religiosa dos santos, como distinta da vida natural — e esse é o ponto mais importante — não era mais vivida fora do mundo, em comunidades monásticas, mas dentro do mundo e de suas instituições. Essa racionalização da conduta dentro deste mundo, mas pela causa do mundo do além, era consequência da concepção de profissão do protestantismo ascético.

O ascetismo cristão, que de início fugia do mundo pela solidão, já havia dominado o mundo a que ele renunciara pelo monastério e pela Igreja. Mas ele tinha, no seu conjunto, deixado intocado o caráter naturalmente espontâneo da vida cotidiana dentro do mundo. Agora ele caminhou para dentro do mercado da vida, fechou a porta do monastério atrás de si e comprometeu-se em penetrar justamente naquela rotina cotidiana com seu caráter metódico, para transformá-la em uma vida no mundo, mas não para este mundo. Com qual resultado, vamos tentar tornar claro na discussão seguinte.

Notas

1. Nós não discutiremos o zwinglianismo separadamente, já que, após um curto período em posição de poder, ele rapidamente perdeu importância. O arminianismo, a peculiaridade dogmática que consistia no repúdio à doutrina da predestinação em sua forma estrita, e que também repudiava o ascetismo mundano, se organizava como seita apenas na Holanda (e nos Estados Unidos). Neste capítulo, eles não possuem interesse para nós, ou têm apenas o interesse negativo de serem a religião dos patrícios mercantes na Holanda (ver isso adiante). Em seus dogmas eles se assemelham à Igreja Anglicana e a uma boa parte das denominações metodistas. A sua postura erastiana (ou seja, defensora da soberania do Estado mesmo no que concerne às questões da Igreja) era, contudo, comum a todas as autoridades que detinham interesses puramente políticos: o Longo Parlamento na Inglaterra, Elizabeth, os Estados Gerais neerlandeses e, sobretudo, Oldenbarneveldt.

2. No desenvolvimento do conceito de puritanismo ver, acima de tudo, Sanford, *Studies and Reflections of the Great Rebellion*, p. 65. Quando usamos a expressão, é sempre no sentido que ela tomou no discurso popular do século XVII, para designar os movimentos religiosos que tinham inclinações ascéticas na Holanda e na Inglaterra, mas que não tinham distinção de organização eclesiástica nem de dogmas, incluindo, portanto, os independentes, os congregacionalistas, os batistas, os menonitas e os *quakers*.

3. Isso tem sido muito mal compreendido na discussão dessas questões. Especialmente Sombart, mas também Brentano, continuamente citam os escritores éticos (sobre a maior parte dos quais eles somente ouviram falar a partir de mim) como codificações de regras de conduta sem nunca se perguntarem sobre quais delas eram sustentadas por sanções religiosas psicologicamente efetivas.

4. Eu mal necessito enfatizar esse esboço, tão logo ele está preocupado somente com o campo dos dogmas, que se mantém em todo lugar nas formulações da literatura da história da Igreja e da doutrina. Isso faz que não se tenha qualquer pretensão de originalidade. Naturalmente, tenho atentado para, conforme possível, me familiarizar com as fontes da história da Reforma. Mas ignorar, no processo, a intensiva e aguda pesquisa teológica de muitas décadas, em vez de, o que é indispensável, permitir-se ser conduzido a partir dela para as fontes, seria muita presunção. Devo acreditar que a necessária brevidade do esboço não levou a formulações incorretas, e que eu tenha ao menos evitado mal-entendidos sérios. A discussão contribui com algo novo, para aqueles familiarizados com a literatura teológica, somente no sentido de que o conjunto é, evidentemente, considerado do ponto de vista do nosso problema, o que é claro. Por essa razão, muitos dos mais importantes pontos, como, por exemplo, o caráter racional desse ascetismo e a sua significação para a vida moderna, não têm, naturalmente, sido enfatizados pelos escritores teológicos.

Esse aspecto, e em geral o lado sociológico, tem, desde o aparecimento do presente estudo, sido sistematicamente estudados na obra, mencionada anteriormente, de E. Troeltsch, *Gerhard und Mclancthon*, assim como numerosas resenhas contidas em *Gott. Gel. Anz.* possuíam já vários estudos preliminares para essa grande obra. Por razões de espaço as referências não incluíram tudo o que foi utilizado, mas em sua maior parte apenas as obras que aquela parte do texto segue, ou que são diretamente relevantes para elas. Eles frequentemente são autores mais antigos, quando nossos problemas pareceram mais próximos deles. Os insuficientes recursos financeiros das livrarias alemãs significavam que nas províncias as mais importantes fontes de material ou de estudo somente poderiam ser conseguidas em Berlim, ou nas outras grandes livrarias, a partir de empréstimos de duração muito curta. Esse é o caso em relação a Voet, Baxter, Tyermans, Wesley, a todos os autores metodistas, aos anabatistas, aos *quakers*, e muitos outros dos primeiros escritores não contidos no *Corpus Reformatorum*. Para qualquer estudo profundo, o uso das bibliotecas inglesas e americanas é quase indispensável. Mas para o esboço que segue era necessário (e possível) contentar-se com materiais disponíveis na Alemanha. Na América, a recentemente característica tendência em se negar as próprias origens de seita levou muitas livrarias universitárias a prover pouco ou quase nada de novo daquele tipo de literatura. Isso é um aspecto da tendência geral à secularização da vida dos americanos que irá, em um curto período, dissolver o caráter nacional tradicional e mudar completamente, e finalmente, o significado de muitas das instituições fundamentais do país. Agora é necessário voltar aos pequenos colégios ortodoxos das seitas, no interior.

5. Sobre Calvino e o calvinismo em geral, apesar da obra fundamental de Kampschulte, a melhor fonte de informações é a discussão de Erick Marcks (em seu *Coligny*). Campbell, em *The Puritans in Holland, England, and America* (2 vols.), não é sempre crítico e imparcial. Um estudo fortemente partidário do anticalvinismo é o de Pierson, *Studien over Johan Calvijn*. Para ver o desenvolvimento na Holanda, comparar, além de Motley, os clássicos holandeses, especialmente Groen van Prinsterer, em *Geschiedenis v.h. Vaderland*; *La Hollande et l'Iinfluence de Calvin*

(1864); *Le parti anti-révolutionnaire et confessionnel dans l'église des P.B.* (de 1860; para a Holanda moderna); ademais, acima de tudo, a obra de Fruin, *Tien jaren mit den tachtigjarigen oorlog*, e especialmente Naber, *Calvinist of Libertijnsch*. Ver também W. J. F. Nuyens, *Gesch. der kerkel. an pol. geschillen in de Rep. d. Ver. Prov.* (Amsterdã, 1886); e para o século XIX, A. Köhler, *Die Niederl. ref. Kirche* (edição Erlangen, 1856). Para a França, além de Polenz, ver também Baird, *Rise of the Huguenots*. Para a Inglaterra, além de Carlyle, Malaucay, Masson e, por fim, mas não menos importante, Ranke, e acima de tudo, agora também as várias obras de Gardiner e de Firth. Ademais, Taylor, *A Retrospect of the Religious Life in England* (1854), e o excelente livro de Weingarter, *Die englischen Revolutionskirchen*. E também o artigo escrito por Troeltsch sobre os moralistas ingleses em *Realenzyklopädie für protestantische Theologie und Kirche* (terceira edição), e, é claro, o seu *Soziallehren*. Também o excelente ensaio de E. Bernstein *Geschichte des Sozialismus* (Stuttgart, 1895, 1, p. 50). A melhor bibliografia (entre mais de sete mil títulos) está em Dexter, *Congregationalism of the Last Three Hundred Years* (que aborda principalmente, ainda que não exclusivamente, questões da organização da Igreja). O livro é muito melhor que os de Price (*History of Nonconformism*), de Skeats e de outros. Para a Escócia, ver, entre outros, Sack, *Die Kirche von Schottland* (1844), e a literatura de John Knox. Para as colônias americanas o livro marcante é o de Doyle, *The English in America*. Ademais, Daniel Wait Howe, *The Puritan Republic*; e J. Brown, *The Pilgrim Fathers of New England and their Puritan Successors* (terceira edição, Revell). Mais referências serão dadas posteriormente.

Para a questão das diferenças de doutrina, a seguinte apresentação mantém especial dívida com as leituras de Schneckenburger mencionadas anteriormente. A obra fundamental de Ritschl, *Die christliche Lehre von der Rechtfertigung und Versöhnung* (referências relacionadas ao volume 3 da terceira edição), em sua mistura de método histórico com julgamentos de valor, mostra as peculiaridades marcantes do autor, que, com sua fina agudeza lógica, não dá sempre ao leitor a certeza de objetividade. Onde, por exemplo, ele difere da interpretação de Schneckenburger, estou frequentemente em dúvida sobre sua justeza; no entanto, nem sequer presumo ter uma opinião própria sobre a questão. Ademais, o que ele seleciona dentro da grande variedade de ideias e perspectivas religiosas como sendo a doutrina luterana frequentemente parece ser determinado pelas suas próprias preconcepções. Isso é o que o próprio Ritschl concebe como sendo de valor permanente no luteranismo. Esse é o luteranismo tal como Ritschl o teria concebido, e não como ele sempre fora. Que as obras de Karl Müller, Seeberg e outros têm em toda parte feito uso disso não é necessário mencionar especificamente. Se, no que segue, eu tanto condenei o leitor quanto me condenei à penitência de um pernicioso crescimento das notas de rodapé, isso se faz em função de poder dar especialmente ao leitor não teólogo uma oportunidade de checar a validade deste esboço, pela sugestão de linhas de raciocínio relacionadas.

6. Na discussão que segue, não estamos interessados primariamente na origem, nos antecedentes ou na história desses movimentos ascéticos, mas em tomar suas doutrinas como dadas em estado de pleno desenvolvimento.

7. Para a discussão que segue, posso aqui dizer definitivamente que não estamos estudando as visões pessoais de Calvino, mas o calvinismo, e isso na forma para a qual este evoluiu no final dos séculos XVI e XVII nas grandes regiões onde ele possuía influência decisiva, e que foram ao mesmo tempo as áreas que abrigaram a cultura capitalista. Para o presente estudo, a Alemanha é negligenciada completamente, uma vez que o calvinismo puro nunca dominou grandes áreas aqui. A Igreja reformada não é, é claro, de forma alguma idêntica ao calvinismo.

8. Até mesmo a Declaração, realizada em conjunto entre a Universidade de Cambridge e o arcebispo de Canterbury, sobre o 17º Artigo da confissão anglicana, o assim chamado artigo Lambert de 1595, o qual (contrariamente à versão oficial) mantinha expressamente que também existia predestinação para a morte eterna, não foi ratificada pela rainha. Os radicais (como na *Hanserd Knolly's Confession*) davam especial ênfase à expressa predestinação à morte (e não apenas à admissão da condenação, como a doutrina mais moderada teria concebido).

9. *Westminster Confession*, quinta edição oficial, Londres, 1717. Compare a *Savoy Declaration* e a (americana) *Hanserd Knolly's Declaration*. Sobre a predestinação e os huguenotes ver, entre outros, Polenz, 1, p. 545 ss.

10. Sobre a teologia de Milton, ver o ensaio de Eibach nos *Theol. Studien und Kritiken*, 1879. O ensaio de Macaulay acerca da questão, feito na ocasião da tradução da *Doctrina Christiana* feita por Summer, e redescoberta em 1823 (edição Tauchnitz, 185, p. 1 ss.), é superficial. Para mais detalhes ver a, de certa forma esquemática, obra inglesa em seis volumes, escrita por Masson, e a biografia alemã de Milton, escrita por Stern, e que se embasa na obra anterior. Milton logo cedo começou a crescer à parte da doutrina da predestinação na sua forma do duplo decreto, e chegou a uma cristandade completamente livre em sua velhice. Em sua liberdade em relação às tendências de seu próprio tempo, ele pode de certa forma ser comparado a Sebastian Franck. Apenas Milton era uma pessoa prática e positiva, enquanto Franck era predominantemente crítico. Milton apenas é um puritano num sentido mais amplo da organização racional da vida dentro do mundo de acordo com a vontade divina, o que formava a herança permanente do calvinismo para os tempos posteriores. Também Franck poderia ser chamado de calvinista somente em sentido semelhante. Ambos, como figuras isoladas, devem permanecer fora da nossa investigação.

11. "*Hic est fides summus gradus; credere Deum esse clementum, qui tam paucos salvat, justum, qui sua voluntate nos damnabiles facit*" é o fragmento da famosa passagem contida em *De servo arbitrio*.

12. A verdade é que tanto Lutero quanto Calvino acreditavam fundamentalmente em um Deus duplo (ver os comentários de Ritschl em *Geschichte des Pietismus and Kostlin, Gott in Realenzyklopädie für protestantische Theologie und Kirche*, terceira edição), o Pai gracioso e compreensível revelado no Velho Testamento, que dominou os primeiros livros da *Institutio Christiana*, e, por detrás deste, o *Deus absconditus* como um déspota arbitrário. Para Lutero, o Deus do Novo Testamento mantinha a primazia, porque ele evitava reflexões sobre questões metafísicas tão inúteis e perigosas, enquanto para Calvino a ideia de um Deus transcendental fora vencedora. No desenvolvimento popular do calvinismo, é bem verdade, essa ideia não podia ser mantida, mas o que tomou seu lugar não foi o Pai do Céu do Novo Testamento, mas o Jeová do Velho.

13. Comparar com o que segue: Scheibe, *Calvins Prädestinationslehre* (Halle, 1897). Sobre a doutrina calvinista em geral, ver Heppe, *Dogmatik der evangelisch-reformierten Kirche* (Elberfeld, 1861).

14. *Corpus Reformatorum*, volume 77, p. 186 ss.

15. A precedente exposição da doutrina calvinista pode ser encontrada, na maior parte das vezes, da mesma forma como ela aqui está dada, como, por exemplo, na obra de Hoornbeek *Theologia practica* (Utrecht, 1663), L. 2, c. i: *De predestinatione*, o capítulo se encontra, caracteristicamente, logo abaixo da seção *De Deo*. Seu fundamento bíblico é principalmente o primeiro capítulo da Epístola aos Efésios. É desnecessário para nós, aqui, analisar as várias tentativas inconsistentes para se combinar a predestinação e a providência de Deus com a responsabilidade e a vontade livre do indivíduo. Elas começam já nas primeiras tentativas de Agostinho em desenvolver a doutrina.

16. "*The deepest community (with God) is found not in institutions or corporations or Churches, but in the secrets of a solitary heart*" ["A mais profunda comunidade (com Deus) não se encontra nas instituições, corporações ou Igrejas, mas nos segredos de um coração solitário"], é como Dowden põe o ponto essencial em seu belo livro *Puritan and Anglican* (p. 234). Essa profunda solidão espiritual do indivíduo é aplicada também aos jansenistas de Port Royal, que eram também predestinacionistas.

17. "*Contra qui huiusmodi caetum* [nomeadamente uma Igreja que mantenha uma doutrina pura, sacramentos e disciplina eclesiástica] *contemnunt... salutis suae certi esse non possunt; et qui in illo contemtu perseverat electus non est.*" Olevian, *De subst. faed.*, p. 222.

18. "*It is said that God sent His Son to save the human race, but that was not His purpose. He only wished to help a few out of their degradation — and I say unto you that God died only for the elect*"

["É dito que Deus mandou Seu Filho para salvar a raça humana, mas que isso não era o Seu propósito. Ele desejou ajudar apenas alguns poucos a sair de sua degradação — e eu digo perante você que Deus morreu apenas pelos eleitos"] (sermão pronunciado em 1609 em Broek, próximo a Rogge, Wtenbogaert, II, p. 9. Comparar com Nuyens, *op. cit.*, II, p. 232). A explicação do papel de Cristo ainda é confusa em *Hanserd Knolly's Confession*. Nela, em todo lugar é assumido que Deus não teria precisado de Sua instrumentalidade.

19. *Entzauberung der Welt*. Acerca desse processo, ver os outros ensaios no meu *Wirtschaftsethik der Weltreligionen* ["Ética econômica das religiões mundiais"]. A posição peculiar da velha ética hebraica, quando comparada com as éticas, intimamente relacionadas, do Egito e da Babilônia, e seu desenvolvimento depois do tempo dos profetas, se manteve embasada, como é mostrado aqui, inteiramente sobre esse fato fundamental, o da rejeição da mágica sacramental como um caminho para a salvação.

20. De forma similar, a mais consistente doutrina mantinha que o batismo só era requerido por decreto positivo, mas que não era necessário à salvação. Por essa razão, os escoceses e ingleses independentes, os que eram estritamente puritanos, estavam aptos a manter o princípio de que os filhos de réprobos não deveriam ser batizados (como, por exemplo, os filhos de alcoólatras). Um adulto que desejasse ser batizado, mas que ainda não estivesse maduro para a comunhão, recomendava o Sínodo de Edam, de 1558 (Art. 32, I), somente deveria ser batizado caso sua conduta fosse irrepreensível, e ele também deveria manter seus desejos *sonder superstitie* [sem superstição].

21. Essa atitude negativa perante toda cultura do sensível é, como Dowden, *op. cit.*, mostra, um elemento fundamental do puritanismo.

22. A expressão individualismo inclui as coisas mais heterogêneas que se podem imaginar. O que aqui é entendido por ela ficará claro, eu espero, a partir da discussão que segue. Em outro sentido da palavra, o luteranismo tem sido chamado de individualista, visto que ele não tenta nenhuma regulação ascética da vida. Em ainda outro diferente sentido a palavra é utilizada, por exemplo, por Dietrich Schafer quando, em seu estudo "Zur Beurteilung des Wormser Konkordats", *Abhandlungen der Berliner Akademie* (1905), ele chama a Idade Média de era de marcante individualismo porque, para os eventos relevantes para o historiador, fatores irracionais possuíam uma significação que já não possuem hoje. Ele está certo, mas talvez também o estejam aqueles a quem ele ataca em suas observações, pois o que eles querem dizer é algo bastante diferente, quando falam de individualidade e individualismo. As brilhantes ideias de Jacob Burchhardt estão hoje parcialmente ultrapassadas, e uma profunda análise desses conceitos em termos históricos seria, no presente momento, de grande valor para a ciência. Muito pelo contrário ocorre, notadamente, quando um impulso faz que certos historiadores definam o conceito de uma tal forma que ele possa ser utilizado como um rótulo para qualquer época histórica que eles quiserem.

23. E em um contraste similar, ainda que naturalmente menos acentuado, com a doutrina católica tardia. O profundo pessimismo de Pascal — que também se assenta sobre a doutrina da predestinação — é, por outro lado, de origem jansenista, e o individualismo resultante (de renúncia) em hipótese alguma concorda com a posição católica oficial. Ver o estudo de Honigsheim sobre os franceses jansenistas, já mencionado no capítulo 3, nota 10.

24. O mesmo também é válido para os jansenistas.

25. Bailey, *Praxis pietatis* (edição alemã, Leipzip, 1724), p. 187. E também P. J. Spener no seu *Theologische Bedenken* (de acordo com a terceira edição, Halle, 1712) adota semelhante ponto de vista. Um amigo raramente dá avisos para a glória de Deus, mas geralmente por razões mundanas (ainda que não necessariamente egoístas). "*He [the knowing man] is blind in no man's cause, but best sighted in his own. He confines himself to the circle of his own affairs and thrusts not his fingers into needless fires. He sees the falseness of it [the world] and therefore learns to trust himself ever, others so far as not to be damaged by their disappointment*" {"Ele [o homem que sabe] é cego na causa que não é de ninguém, mas é bem esclarecido na própria. Ele se confina a si mesmo ao círculo dos seus próprios negócios e não coloca seus dedos em chamas desnecessárias. Ele vê a falsidade deste [o mundo] e, dessa forma, confia sempre em si mesmo, e, em outros, só até o ponto de não poder ser afetado pelo desapontamento"}, é a filosofia de Thomas Adams (*Works of the Puritan Divines*, p. 11). Bailey (*Praxis pietatis*, p. 176) ainda recomenda que, em toda manhã, antes de sair entre as pessoas, se imagine a si mesmo indo a uma floresta selvagem, cheia de perigos, rogando a Deus pelo "manto de previdência e de justiça". Esse sentimento é característico de todas as denominações ascéticas, sem exceção, e no caso de muitos pietistas levou diretamente a um tipo de vida de ermitão dentro do mundo. Mesmo Spangenberg na (moraviana) obra *Idea fides fratrum*, p. 382, chama atenção com ênfase para Jeremias 17, 5: "Amaldiçoado é o homem que acredita no homem". Para compreender a peculiar misantropia dessa atitude, veja também as observações de Hoombeek (*Theologia practica*, I, p. 882) sobre a conduta de se dever amar a seus inimigos: "*Denique hoc magis nos ulscisimur, quo proximum, inultum nobis, tradimus ultori Deo — Quo quis plus se ulscitur, eo minus id pro ipso agit Deus*". É a mesma transferência da vingança que é encontrada nas partes do Velho Testamento escritas após o exílio; uma sutil intensificação e refinamento do espírito de vingança, se comparado com o antigo "olho por olho". Sobre o amor ao próximo, ver mais na nota 34.

26. Certamente o confessionário não tinha somente esse efeito. As explicações, por exemplo, de Muthmann, *schrift für Religions psychlogie*, vol. 1, fascículo 2, p. 65, são demasiado simples para um problema psicológico tão complexo quanto o da confissão.

27. Esse é um fato que é de especial importância para a interpretação da base psicológica das organizações sociais dos calvinistas. Todas elas se mantêm sobre motivos espiritualmente individualistas e racionais. O indivíduo nunca entra emocionalmente nelas. A glória de Deus e a própria salvação pessoal mantêm-se sempre acima do limiar da consciência. Isso conta para alguns aspectos característicos das organizações sociais de povos com passado puritano ainda hoje.

28. A tendência fundamentalmente antiautoritária da doutrina, que, no mínimo, reduziu toda responsabilidade para uma conduta ética ou salvação espiritual por parte da Igreja ou do Estado à inutilidade, levou frequentemente à sua proibição, como, por exemplo, pelos Estados Gerais neerlandeses. O resultado era sempre a formação de conventículos (como depois de 1614).

29. Sobre Bunyan comparar a biografia de Froude em *English Men of Letters series*, e também o esboço superficial feito por Macaulay (*Miscellaneous Works*, n, p. 227). Bunyan era indiferente às diferenças de denominação dentro do calvinismo, mas era, ele mesmo, um batista calvinista estrito.

30. É tentador referir-se à indubitável importância, para o caráter social da cristandade reformada, da necessidade da salvação, seguida pela ideia calvinista da "incorporação no corpo de Cristo" (Calvino, *Institutio Christiane religionis*, vol. 3, 11, 10), da recepção em uma comunidade em conformidade com as prescrições divinas. Do nosso ponto de vista, contudo, o centro do problema é de certa forma diferente. Aquele princípio doutrinário poderia ter sido desenvolvido em uma Igreja de caráter puramente institucional (*anstaltsmässig*), e, como é bem conhecido, isso aconteceu. Mas em si mesmo ele não tem a força psicológica para despertar a iniciativa de se formarem tais comunidades nem mesmo de imbuí-las do poder que possuía o calvinismo. A sua tendência a formar comunidades funcionou amplamente no mundo fora das organizações eclesiais ordenadas por Deus. Aqui a crença de que os cristãos provaram (ver anteriormente) o seu estado de graça pela ação *in majorem Dei gloriam* era decisiva, e a acentuada condenação da idolatria da carne e de toda dependência com relação às relações pessoais com outros homens havia levado imperceptivelmente a se direcionar essa energia para o campo da atividade (impessoal) objetiva. O cristão que tomava parte da sua predestinação da graça agia seriamente a serviço dos fins de Deus, e estes somente podiam ser impessoais. Qualquer coisa puramente emocional, que não fosse racionalmente motivada, relações pessoais entre homens facilmente caíam, entre os puritanos — assim como em toda ética ascética —, na suspeita de idolatria da carne. Adicionalmente ao que já foi dito, isso é mostrado de forma suficientemente clara, para o caso de amizade, no seguinte aviso: "*It is an irrational act and not fit for a rational creature to love any one farther than reason will allow us.* (...) *It very often taketh up men's minds so as to hinder their love of God*" ["Trata-se de uma ação irracional e não cabe a uma criatura racional amar a qualquer um mais do que a razão nos permitir. (...) Isso muito frequentemente toma a mente dos homens, de forma a diminuir o seu amor por Deus"] (Baxter, Christian Directory, IV, p. 253). Encontraremos tais argumentos frequentemente.

O calvinista era fascinado pela ideia de que Deus, ao criar o mundo, incluindo a ordem da sociedade, teria desejado que as coisas fossem feitas objetivamente, com o propósito de serem meios para aumentar a Sua glória; não a carne por causas próprias, mas a organização das coisas da carne sob a Sua vontade. As energias ativas dos eleitos, liberadas pela doutrina da predestinação, fluíram, portanto, para a luta para racionalizar o mundo. Especialmente a ideia de que o bem-estar público, ou como Baxter (*Christian Directory*, IV, p. 262) coloca a questão, a ideia de bem no sentido do tardio racionalismo liberal, *the good of the many* ["o bem da maioria"] (com uma referência de certa forma forçada à citação da Epístola aos Romanos 9, 3), deveria ser preferida em relação a qualquer bem pessoal ou privado do indivíduo; ainda que não seja em si mesma algo novo, essa ideia era seguida pelo puritanismo a partir do repúdio da idolatria da carne. A tradicional objeção americana sobre a realização de serviços pessoais provavelmente está conectada, ao menos indiretamente, com aquela tradição, apesar de outras importantes causas, resultantes de sentimentos democráticos. De forma similar, a relativa imunidade dos primeiros povos puritanos em relação ao *cesarismo* e, em geral, a atitude subjetivamente livre dos ingleses em relação aos seus grandes homens de Estado, se comparada com muitas coisas que temos visto desde 1878 na Alemanha, positiva e negativamente. Por um lado, existe uma ampla boa vontade para dar aos grandes homens o que lhes é devido, mas, por outro, um repúdio de toda idolatria histérica destes e da tola ideia de que a obediência política pudesse ser destinada a qualquer um por gratidão. Sobre a pecaminosidade da crença nas autoridades, que somente é permitida quando na forma de uma autoridade impessoal pautada pelas Escrituras, assim como sobre a excessiva devoção até mesmo aos homens mais sagrados e virtuosos, uma vez que isso poderia interferir na obediência a Deus, ver Baxter, *Christian Directory* (segunda edição, 1678), I, p. 56. As consequências políticas da renúncia da carne e o princípio, que fora primeiramente aplicado apenas para a Igreja, mas posteriormente para a vida em geral, de que somente Deus deve governar, não pertencem a essa investigação.

31. Sobre a relação entre as consequências dogmáticas e prático-psicológicas, teremos de falar frequentemente. Que as duas não são idênticas é claramente necessário pontuar.

32. A palavra "social", utilizada, é claro, sem nenhuma das implicações vinculadas ao sentido moderno do termo, como significando a simples atividade dentro de organizações eclesiais, políticas, ou qualquer outra forma de organização social.

33. "Boas obras realizadas para qualquer outro propósito que não a glória de Deus são pecaminosas". (*Hanserd Knolly's Confession*, cap. 16).

34. Que tal impessoalidade do amor ao próximo, resultante da orientação da vida unicamente para a vontade de Deus, significa no campo da vida de um grupo religioso, pode ser bem ilustrado pela atitude da *China Inland Mission* e da Aliança Internacional dos missionários (ver Warneck, *Geschichte der protestantischen Mission*, p. 99, 111). Com tremendas despesas, um exército de missionários estava equipado (por exemplo, somente na China eram mil), a fim de realizar uma pregação itinerante para oferecer o Evangelho, em sentido estritamente literal, a todos os pagãos, desde que Cristo assim havia ordenado e que a Sua segunda vinda dependia disso. Se esses pagãos deviam ser convertidos ao cristianismo e, portanto, conseguir a salvação, mesmo se eles podiam compreender a língua na qual os missionários pregavam, era uma questão de pequena importância, que podia ser deixada para Deus, que sozinho podia tomar conta de tais coisas. De acordo com Hudson Taylor (ver Warneck, *op. cit.*), a China tinha cerca de cinquenta milhões de famílias; mil missionários podiam chegar a cinquenta famílias por dia (!), ou seja, o Evangelho podia ser apresentado a todos os chineses em menos de três anos. É precisamente da mesma forma que, por exemplo, o calvinismo levou a cabo a sua disciplina eclesiástica. O fim não era a salvação daqueles submetidos a ela — o que era questão exclusiva de Deus (na prática, das próprias pessoas), e não podia de modo algum ser influenciado pelos meios de que dispunha a Igreja — era puramente aumentar a glória de Deus. O calvinismo, enquanto tal, não é responsável por aquelas obras de ordem missionária, desde que se assentava sobre uma base interdenominacional. O próprio Calvino negou a conduta de se enviar missões aos pagãos, já que uma ulterior expansão da Igreja era *unius Dei opus*. Não obstante, elas obviamente se originaram das ideias, que perpassam toda a ética puritana, de acordo com as quais a conduta de se amar o próximo é satisfeita pelo cumprimento dos mandamentos de Deus para aumentar a Sua glória. O "próximo", portanto, recebe tudo o que lhe é devido, e tudo o mais é assunto de Deus. A humanidade, quanto à relação com o "próximo", tinha, por assim dizer, morrido. Isso é indicado pelas mais variadas circunstâncias.

Portanto, para mencionar uma reminiscência daquela atmosfera, no campo da caridade da Igreja reformada, e que em alguns aspectos é, muito justamente, famosa: os órfãos de Amsterdã (no século XX!), com seus casacos e calças divididos verticalmente em vermelho e preto, ou em uma metade vermelha e uma metade verde, uma espécie de traje de tolo, foram levados, em formação, até a Igreja; constituíam, para os sentimentos do passado, um espetáculo altamente edificante. Isso serviu à glória de Deus na medida em que todos os sentimentos humanos e pessoais eram forçosamente insultados pelo ocorrido. E então, como veremos depois, mesmo em todos os detalhes da vida privada. Naturalmente, tudo aquilo significava apenas uma tendência, e teremos de fazer, mais tarde, certas qualificações. Mas, como uma importante tendência dessa fé ascética, era necessário pontuar esse aspecto aqui.

35. Em todos esses aspectos a ética de Port Royal, ainda que predestinacionista, toma pontos de vista acentuadamente distintos, por conta de sua orientação mística e extramundana, que é, nesse aspecto, católica (ver Honigsheim, *op. cit.*).

36. Hundeshagen (*Beitrage zur Kirchenverfassungsgeschichte und Kirchenpolitik*, 1864, I, p. 37) adota a visão de que a predestinação, já que frequentemente repetida, era um dogma dos teólogos, e não uma doutrina popular. Mas isso somente é verdade se o povo for identificado com a massa das classes baixas não instruídas. Ainda assim, tal afirmação teria sua validade limitada. Köhler (*op. cit.*) conclui que nos anos quarenta do século XIX apenas aquelas massas (significando a *pequena burguesia* da Holanda) estavam profundamente inspiradas pela predestinação. Qualquer um que negasse o duplo decreto era para eles uma alma herética e condenada. Perguntaram mesmo a ele sobre o momento de seu renascimento (no sentido da predestinação). Da Costa e a separação dos Kock foram amplamente marcados por essa influência. Não apenas Cromwell, a cujo caso Zeller (*Das Theologische System Zwinglis*, p. 17) já mostrou da forma mais efetiva os efeitos do dogma, mas também seu exército sabiam muito bem do que isso se tratava. Ademais, os cânones dos sínodos de Dordrecht e de Westminster eram questões nacionais de primeira importância. Os examinadores e ejetores de Cromwell somente admitiam crédulos da doutrina da predestinação, e Baxter (*Life*, I, p. 72), ainda que fosse, de toda forma, seu oponente, considerava importantes seus efeitos sobre a qualidade do clericato. Que os pietistas reformados, os membros dos conventículos ingleses e holandeses, não devem ter compreendido a doutrina, é de todo impossível. Era precisamente o que os levava a buscar a *certitudo salutis*.

Qual significação a doutrina da predestinação possui, ou não, conforme ela permanece um dogma de teólogos, é mostrado pelo catolicismo perfeitamente ortodoxo, a quem ela não era de forma alguma estranha como doutrina esotérica, sob as mais variadas formas. O que é importante é que a ideia da obrigação individual para se considerar a si mesmo um eleito, e de se comprovar isso para si mesmo, sempre foi negada. Compare, para a doutrina católica, por exemplo, A. van Wyck, *Tract. de praedestinatione* (Colônia, 1708). Até que ponto a doutrina da predestinação de Pascal era correta não podemos investigar aqui.

Hundeshagen, que não gosta da doutrina, evidentemente toma suas impressões, primariamente, com base em fontes alemãs. A sua antipatia é baseada na opinião puramente dedutiva de que ela necessariamente leva ao fatalismo moral e ao antinominalismo. Essa opinião já foi refutada por Zeller, *op. cit.*

Que tal resultado era possível não se pode, é claro, negar. Tanto Melanchthon quanto Wesley falam dele. Mas é característico que em ambos os casos ele é combinado com uma religião de fé emocional. Para eles, faltando a ideia racional da comprovação, essa consequência não era, de fato, anormal.

As mesmas consequências apareceram no Islã. Mas por quê? Porque a ideia maometana era aquela da predeterminação, e não a da predestinação, e era aplicada aos fatos dentro deste mundo, e não no próximo. Como consequência, a coisa mais importante, a comprovação do fiel acerca de sua predestinação, não tinha espaço no Islã. Portanto, somente o destemor do guerreiro (como no caso de *moira*) poderia ser o resultado, mas não havia consequências para a racionalização da vida; não havia recompensas religiosas para dentro desta. Ver a dissertação teológica de F. Ullrich, *Die Vorherbestimmungslehre im Islam u. Christenheit*, 1900, Heideberg. As modificações da doutrina que sobrevieram, na prática, por exemplo, em Baxter, não a perturbaram em sua essência, conforme a ideia de que a eleição de Deus, e a ideia da sua comprovação, que recaíam sobre o indivíduo concreto, não foram abaladas. Finalmente, e acima de tudo, todos os grandes homens do puritanismo (no mais amplo sentido) tomaram seu ponto de partida nessa doutrina, cuja terrível seriedade os influenciou profundamente em seus desenvolvimentos juvenis. Tanto Milton, em ordem decrescente, é verdade, quanto Baxter, e, ainda mais tarde, o livre-pensador Franklin. As suas emancipações tardias de sua interpretação estrita são diretamente paralelas ao desenvolvimento que o movimento religioso como um todo seguiu na mesma direção. E todos os grandes reflorescimentos religiosos, ao menos na Holanda, e na maior parte dos da Inglaterra, retomariam a doutrina da predestinação novamente.

37. Como é verdadeiro de forma preponderante na atmosfera geral da obra *Pilgrim's Progress*, de Bunyan.

38. Essa questão significava menos para o luterano tardio, mesmo à parte da doutrina da predestinação, do que para o calvinista. Não porque ele estivesse menos interessado na salvação de sua alma, mas porque, na forma que a Igreja luterana havia tomado, o seu caráter como uma instituição para a salvação (*Heilsanstalt*) veio para o primeiro plano. O indivíduo, portanto, sentia-se como um objeto de sua atividade e dependente dela. O problema fora levantado pela primeira vez de forma suficientemente característica dentro do luteranismo por intermédio do movimento pietista. A questão da *certitudo salutis* em si mesma tinha, contudo, para toda religião de concepção não sacramental da salvação, seja o budismo, jainismo, ou qualquer outro, sido absolutamente fundamental; isso não deve ser esquecido. Isso tem sido a origem de todos os estímulos psicológicos de caráter puramente religioso.

39. Assim expresso na carta a Bucer, *Corpus Reformatorum*, 29, p. 883 ss. Comparar com isso, novamente, Scheibe, *op. cit.*, p. 30.

40. A *Westminster Confession* (XVIII, p. 2) também assegura aos eleitos a ausência de dúvidas sobre a certeza da graça, ainda que com toda a nossa atividade nós nos mantenhamos servos inúteis e que a luta contra o mal dure toda a nossa vida. Mas mesmo o escolhido frequentemente tem de lutar longa e duramente para conseguir a *certitudo* que lhe dá a consciência de ter cumprido sua conduta, e da qual um verdadeiro fiel não será jamais totalmente privado.

41. A doutrina calvinista ortodoxa se referia à fé e à consciência da comunidade com Deus nos sacramentos e mencionava "os outros frutos do Espírito" apenas ocasionalmente. Ver as passagens em Heppe, *op. cit.*, p. 425. O próprio Calvino negou da forma mais enfática que as obras fossem sinais de valor perante Deus, ainda que ele, como os luteranos, as considerasse frutos da crença (*Instit. Christ*, III, 2, 37, 38). A evolução atual da comprovação da fé através das obras, que é característica do ascetismo, é paralela à gradual modificação das doutrinas de Calvino. Assim como Lutero, a verdadeira Igreja era marcada em primeiro lugar pela pureza da doutrina e dos sacramentos, e só mais tarde a *disciplina* passou a ser posta em pé de igualdade com as outras duas. Essa evolução pode ser acompanhada nas passagens dadas por Heppe, *op. cit.*, p. 194-195, assim como pela forma como a Igreja adquiria membros na Holanda por volta do final do século XVI (pela expressa sujeição, voluntária, à disciplina da Igreja como o pré-requisito principal).

42. Por exemplo, Olevian, *De substantia faederis gratuiti inter Deum et electos* (1585), p. 257; Heidegger, *Corpus Theologiae*, XXIV, p. 87 ss.; e outras passagens em Heppe, *Dogmatik der ev. ref. Kirche* (1861), p. 425.

43. Sobre esse ponto, ver as observações de Schneckenburger, *op. cit.*, p. 48.

44. Portanto, em Baxter, por exemplo, a distinção entre pecado de ordem mortal e venial reaparece em um sentido verdadeiramente católico. O primeiro é um sinal da falta de graça, que somente pode ser revertido com base em uma conversão de toda a vida da pessoa. O segundo não é incompatível com a graça.

45. Conforme mantido por Baxter, Bailey, Sedgwick, Hoombeek. Ademais, ver os exemplos dados por Schneckenburger, *op. cit.*, p. 262.

46. A concepção do estado da graça como uma espécie de condição social (de certa maneira como aquela dos ascetas da antiga Idade Média) é muito comum. Ver, por exemplo, Schortinghuis, *Het innige Christendom* (1740; obra proibida pelos Estados Gerais).

47. Portanto, como veremos mais tarde em inúmeras passagens, especialmente na conclusão da obra *Christian Directory*, de Baxter. Essa recomendação da atividade mundana como meio de superação do sentimento de inferioridade moral é remanescente da interpretação psicológica de Pascal acerca do impulso de aquisição e da atividade ascética como meio de se enganar alguém quanto a seu estado de inutilidade moral. Para ele, a crença na predestinação e a convicção na pecaminosidade original de tudo pertencente à carne resultaram apenas na renúncia do mundo e na recomendação da contemplação do mundo como os únicos meios de aliviar a carga do pecado e de se atingir a certeza da salvação. Uma acurada análise, sobre as versões católico-ortodoxa e jansenista da ideia da vocação, foi feita pelo Dr. Paul Honigsheim em sua dissertação mencionada anteriormente (e que é parte de um estudo maior, que, espera-se, seja continuado). Os jansenistas retiraram todo traço de conexão entre a certeza da salvação e a atividade mundana. A sua concepção de vocação tinha, de forma ainda mais intensa do que nos luteranos ou mesmo do que nos católicos ortodoxos, o sentido da aceitação da situação de vida na qual a pessoa se encontra, sancionada não apenas, como no catolicismo, pela ordem social mas também pela voz da própria consciência da pessoa (Honigsheim, *op. cit.*, p. 139 ss.)

48. O esboço de Lobstein, escrito de forma extremamente lúcida, em *Festgabe für H. Holtzmann*, que começa com o seu ponto de vista, pode também ser comparado com o que segue. Ele tem sido criticado por dar uma ênfase muito extremada na *certitudo salutis*. Mas justamente nesse ponto a teologia de Calvino deve ser distinguida do calvinismo, e o sistema teológico, das necessidades da prática religiosa. Todos os movimentos religiosos que têm afetado amplas massas começam com a questão: "Como posso estar certo da minha salvação?". Como temos dito, essa questão não desempenha somente um papel central nesse caso, mas na história de todas as religiões, até mesmo na Índia. E poderia ser de outra forma?

49. Obviamente não pode ser negado que o pleno desenvolvimento dessa concepção não se deu antes do período tardio do luteranismo (Praetorius, Nicolai, Meisner). Ele está presente, contudo, até mesmo em Johannes Gerhard, no preciso sentido em que colocamos aqui. Dessa forma Ritschl, no Livro 4 do seu *Geschichte des Pietismus* (II, p. 3 ss.), interpreta a introdução desse conceito no luteranismo como um renascimento ou como uma adoção de elementos católicos. Ele não nega (p. 10) que o problema da salvação individual era o mesmo tanto para Lutero quanto para os católicos místicos, mas acredita que a solução dada era exatamente a oposta nos dois casos. Eu não posso ter, é claro, nenhuma opinião suficiente sobre a questão. Que a atmosfera de *Die Freiheit eines Christenmenschen* é diferente, por um lado, do doce flerte dos escritores posteriores com o *liebem Jesulein*, e, por outro lado, com o sentimento religioso de Tauler, é, naturalmente, óbvio para qualquer um. De forma similar, a retenção do elemento místico-mágico nas doutrinas luteranas da comunhão certamente tinha motivos religiosos da religiosidade "bernardina", o "Cântico dos Cânticos" a que Ritschl frequentemente retorna como sendo a fonte de relações "nupciais" com Cristo. Mas não pode ter sido que, entre outras coisas, a doutrina da comunhão tenha favorecido o renascimento de certas emoções religiosas místicas? Ademais, não é de forma alguma correto dizer (p. 11, *op. cit.*) que a liberdade do místico consistia inteiramente em isolamento do mundo. Especialmente Tauler sustentava, em passagens que do ponto de vista da psicologia da religião são muito interessantes, que a ordem que é assim posta em pensamento, acerca das atividades mundanas, é um resultado prático da contemplação noturna que ele recomendava, por exemplo, em casos de insônia. "Somente assim [a união mística com Deus, à noite antes de ir dormir] é esclarecida a razão e o cérebro é fortalecido, e o homem é durante todo o dia guiado da forma mais pacífica e divina, em virtude da disciplina interior de ter realmente unido a si mesmo com Deus: então todas as suas obras serão colocadas em ordem. E, portanto, quando um homem estiver prevenido (= preparado) para suas obras, e tiver colocado sua confiança na virtude, somente então, quando se voltar ao mundo, suas obras serão virtuosas e divinas" (*Predigten*, fol. 318). Dessa forma nós vemos, e voltaremos ao ponto mais tarde, que aquela contemplação mística e uma atitude racional perante a vocação no mundo não são em si mesmas contraditórias. O contrário é verdade somente quando a religião toma um caráter diretamente histérico, o que não tem sido o caso com todos os místicos, e tampouco com todos os pietistas.

50. Nessa hipótese, o calvinismo possui um ponto de contato com o catolicismo oficial. Mas, para os católicos, disso resultou a necessidade do sacramento do arrependimento; para a Igreja reformada, resultou na necessidade da comprovação prática por meio da atividade dentro do mundo.

51. Ver, por exemplo, Beza (*De praedestinat. doct. ex preelect.*, em Rom. 9ª Raph. Eglino exc. 1584), p.133: "*Sicut ex operibus vere bonis ad sanctificationis donum, a sanctificatione ad fidem — ascendimus: ita ex certis illis effectis non quamvis vocationem, sed efficacem illam et ex hac vocatione electionem et ex electione donum praedestinationis in Christo tam firmam quam immotus est Dei thronus certissima connexione effectorum et causarum colligimus...*". Só no que diz respeito aos sinais da condenação seria necessário ser prudente, já que se trata de algo relacionado ao julgamento final. Sobre esse ponto, os puritanos de início diferiram. Ver à frente a profunda discussão de Schneckenburger, *op. cit.*, que para ter certeza cita apenas uma categoria limitada de literatura. Em toda a literatura puritana isso vem à tona. "*It will not be said, did you believe? — but: were you Doers or Talkers only?*" ["Isso não será dito, você acredita? — mas: são vocês Pessoas que Fazem ou são apenas Faladores?"], diz Bunyan. De acordo com Baxter (*The Saints' Everlasting Rest*, capítulo 12), que ensina a mais suave forma de predestinação, a fé como submissão a Cristo no coração e nas obras. "Faça primeiro o que está apto, e só então se lamente a Deus por ter-lhe negado a graça, se tiver razão", era sua resposta à objeção de que a vontade não era livre e que Deus por si só estaria apto a assegurar a salvação (*Works of the Puritan Divines*, 4, p. 155). A investigação de Füller (o historiador da Igreja) é limitada à questão da comprovação prática e às indicações de seu estado de graça e de sua conduta. O mesmo ocorre com Howe na passagem em outros lugares. Qualquer exame dos *Works of the Puritan Divines* dá amplas comprovações.

Não raramente a conversão do puritanismo era devida a escritos ascéticos católicos, e assim, com Baxter, um escrito jesuíta. Essas concepções não eram totalmente novas, se comparadas com a doutrina do próprio Calvino (*Instit. Christ*, cap. 1, edição original de 1536, p. 97, 113). Apenas para o próprio Calvino a certeza da salvação não podia ser alcançada dessa maneira (p. 147). Geralmente se fazia referência a I João, capítulo 3, versículo 5, e a passagens similares. A demanda por *fides efficax* não se limita — só para antecipar — aos calvinistas. As confissões batistas de acordos de fé, no artigo sobre a predestinação, de forma similar com os frutos da fé ("e que a sua — da regeneração — justa evidência apareça nos frutos sagrados do arrependimento e da fé e da renovação da vida" — Artigo 7 da confissão impressa no *Baptist Church Manual*, de J. N. Brown, D. D., Filadélfia, *Am. Bapt. Pub. Soc.*). Da mesma forma o folheto (sob influência menonita), *Oliif-Tacxken*, que o sínodo do Harlem adotou em 1649, começa na página 1 com a questão de como os filhos de Deus podem ser reconhecidos, e responde (p. 10): "*Nu al is't dat dasdanigh vruchtbare ghelove alleene zii het seker fondamentale kennteeken — om de conscientien der gelovigen in het nieuwe verbondt der genade Gods te versekeren*".

52. Sobre o significado disso para o conteúdo material das éticas sociais, algumas sugestões foram dadas anteriormente. Aqui estamos interessados não no conteúdo, mas nas razões da ação moral.

53. O quanto essa ideia deve ter promovido a penetração, no puritanismo, do espírito hebreu do Velho Testamento, é evidente.

54. Assim a Declaração Savoy diz, sobre os membros da *Ecclesia Pura,* que eles são "santos por uma efetiva vocação, visivelmente manifesta em suas profissões e por seu andar".

55. "A Principle of Goodness", Charnock, em *Works of the Puritan Divines*, p. 175.

56. A conversão é, tal como Sedgwick coloca a questão, uma "exata cópia do grau de predestinação". E qualquer um que seja escolhido é também chamado à obediência e tornado apto a ela, ensina Bailey. Apenas aqueles a quem Deus chama para a Sua fé (a qual é expressa na conduta deles) são verdadeiramente fiéis, e não meros fiéis temporários, de acordo com a confissão (batista) de Hanserd Knolly.

57. Comparar, por exemplo, a conclusão à obra de Baxter chamada *Christian Directory*.

58. Assim, por exemplo, Chamock, *Self-Examination*, p. 183, em refutação da doutrina católica da *dubitatio*.

59. Esse argumento recorre frequentemente em Hoornbeek, *Theologia practica*. Por exemplo, 1, p. 160; 2, p. 70, 72, 182.

60. Por exemplo, a *Conf. Helvet*, 16, diz "*et improprie his [as obras] salus adtribuitur*".

61. Com tudo o que foi acima mencionado, compare Schneckenburger, p. 80 ss.

62. Agostinho supostamente disse "*si non es praedestinatus, fac ut praedestineris*".

63. Pode-se lembrar de um dizer de Goethe, que tem significado em essência semelhante: "Como pode um homem conhecer a si mesmo? Nunca por meio da observação, mas por meio da ação. Tente fazer sua conduta e saberá a que veio. E o que é sua conduta? A sua tarefa diária".

64. Pois, apesar de o próprio Calvino sustentar que a santidade deve aparecer na superfície (*Instit. Christ*, IV, p. 1, 2, 7, 9), a linha divisória entre santos e pecadores deve sempre se manter escondida do conhecimento humano. Devemos acreditar que quando a pura palavra de Deus se mantém viva numa Igreja, organizada e administrada de acordo com a Sua lei, alguns dos eleitos, a despeito mesmo de não os conhecermos, estão presentes.

65. A fé calvinista é um dos muitos exemplos, na história das religiões, da relação entre as consequências lógicas e psicológicas das atitudes das práticas religiosas a ser derivada de certas ideias religiosas. O fatalismo é, obviamente, a única consequência lógica da predestinação. Mas, por conta da ideia da comprovação, o resultado psicológico era precisamente o contrário. Por razões essencialmente similares, os seguidores de Nietzsche reivindicam um significado ético positivo para a ideia da recorrência eterna. Esse caso, contudo, está preocupado com a responsabilidade para a vida futura, que não está ligada ao indivíduo ativo por nenhum fio de continuidade consciente, enquanto para os puritanos esse fio era o *tua res agitur*. Mesmo Hoornbeek (*Theologia practica*, 1, p. 159) analisa a relação entre a predestinação e a ação bem à linguagem do tempo. Os *electi* eram, por causa de sua eleição, a prova contra o fatalismo, porque, em sua rejeição ao fatalismo, eles provavam a si mesmos *quos ipsa electio sollicitos reddit et diligentes officiorum*. Os interesses práticos suprimiam as consequências fatalistas (as quais, no entanto, a despeito de tudo o que foi dito, ocasionalmente fizeram avanços).

Mas, de outro modo, o conteúdo das ideias de uma religião é, como o calvinismo mostra, muito mais importantes do que William James (*Varieties of Religious Experience*, 1902, p. 444 ss.) está inclinado a admitir. O significado do elemento racional na metafísica religiosa é mostrado de forma clássica pela tremenda influência que, em especial a estrutura lógica da concepção calvinista de Deus, exerceu sobre a vida. Se o Deus dos puritanos influenciou a história de tal forma que dificilmente outro o fez antes ou mesmo desde então, isso é devido principalmente aos atributos que o poder do pensamento lhe dera. A valorização pragmática, feita por James, da significação das ideias religiosas de acordo com a sua influência sobre a vida é, aliás, um verdadeiro filho do mundo das ideias da casa puritana daquele eminente erudito. A experiência religiosa, enquanto tal, é obviamente irracional, como toda experiência. Em sua mais alta e mística forma, essa ainda é a experiência *kat'eksokhèn* [por excelência], e, como James mostra muito bem, é distinta pela sua absoluta incomunicabilidade. Essa tem um caráter específico e aparece como conhecimento, mas não pode ser reproduzida de forma adequada em função de nossos aparatos conceituais e linguísticos. É também verdade que toda experiência religiosa perde um pouco de seu conteúdo quando da tentativa de formulação racional, e quanto mais a formulação conceitual continua, mais isso se intensifica. Essa é a razão de muitos dos trágicos conflitos de toda teologia racional, como as seitas anabatistas do século XVII já conheceram. Mas o elemento irracional — que não é de forma alguma específico às experiências religiosas, mas se aplica (em diferentes sentidos e em graus diversos) a toda experiência — não impede que seja da maior importância prática saber a qual tipo particular de sistema de ideias se pertence, que captura e molda a imediata experiência da religião em sua forma própria. Para, a partir dessa fonte, desenvolver, em tempos de grande influência da Igreja sobre a vida e de fortes interesses em concepções dogmáticas dentro dela, muitas das diferenças entre as várias religiões em suas consequências éticas e que são de grande importância prática. O quão inacreditavelmente intensos, medidos por padrões atuais, eram os interesses religiosos, mesmo no leigo, sabe qualquer um familiarizado com as fontes históricas. Nós podemos encontrar um paralelo somente na crença, no mínimo igualmente supersticiosa, do moderno proletariado naquilo que pode ser demonstrado e comprovado pela ciência.

66. Baxter, *The Saints' Everlasting Rest*, 1, p. 6, responde à pergunta: "*Whether to make salvation our end be not mercenary or legal? It is properly mercenary when we expect it as wages for work done.* (...) *Otherwise it is only such a mercenarism as Christ commandeth* (...) *and if seeking Christ be mercenary, I desire to be so mercenary*". ["Por acaso fazer da salvação a nossa finalidade é algo não mercenário ou legal? É propriamente mercenário quando a esperamos como um salário por um trabalho realizado (...) De outro modo é apenas um tal mercenarismo conforme Cristo ordenou (...) e se seguir Cristo é ser mercenário, eu desejo portanto ser mercenário."] No entanto, muitos calvinistas que eram considerados ortodoxos não deixaram de cair num tipo grosseiro de mercenarismo. De acordo com Baxter, *Praxis pietatis*, p. 262, a caridade é um meio de se escapar de punições temporais. Outros teólogos estimulavam os condenados à realização de boas obras, desde que sua condenação pudesse tornar-se de alguma forma mais suportável, mas os eleitos por Deus não iriam então amá-los sem causa mas *ob causam*, o que certamente em algum momento teria sua recompensa. Os apologistas certamente também fizeram algumas pequenas concessões no que concerne à significação das boas obras para o grau de salvação (Schneckenburger, *op. cit.*, p. 101).

67. Aqui também é absolutamente necessário, a fim de trazer à tona as diferenças características, falar em termos de tipos ideais, portanto, de certa forma, violentando a realidade histórica. Mas sem isso uma formulação clara seria de todo impossível, considerando a complexidade do material. Até que ponto as diferenças que são aqui extraídas de forma tão nítida quanto possível são meramente relativas, teria de ser discutido separadamente. É verdade que, notadamente, a própria doutrina católica oficial, mesmo na Idade Média, construiu o ideal de uma santificação sistemática da vida como um todo. Mas é tão certo (1) que a prática normal da Igreja, diretamente por causa dos seus mais efetivos meios de disciplina, a confissão, promoveu o modo de vida não sistemático discutido no texto, e, ademais, (2) que a atmosfera fundamentalmente rigorosa e fria na qual ele vivia e o absoluto isolamento do calvinismo foram completamente estranhos ao catolicismo medieval do leigo comum.

68. A importância absolutamente fundamental desse fator irá, como já foi pontuado, gradualmente se tornar clara nos ensaios do *Wirtschaftsethik der Weltreligionen*.

69. E até certo ponto também para o luterano. Lutero não desejava eliminar esse último vestígio da mágica sacramental.

70. Comparar, por exemplo, Sedgwick, *Buss-und Gnadenlehre* (versão alemã, Roscher, 1689). O homem arrependido tem uma regra rápida à qual ele se mantém estritamente, ordenando dessa forma toda a sua vida e conduta (p. 591). Ele vive de acordo com a lei, de forma perspicaz, vigilante e cuidadosa (p. 596). Apenas uma mudança permanente no conjunto do homem pode, já que isso é um resultado da predestinação, causá-la (p. 852). O verdadeiro arrependimento é sempre expresso na conduta (p. 361). A diferença entre a obra moralmente boa e a *opera spiritualia* reside, como explica Hoornbeek (*op. cit.*, I, IX, cap. 2), no fato de que a última é resultado da vida regenerada (*op. cit.*, I, p. 160). Um progresso contínuo neles é discernível, o qual só pode ser alcançado por meio da influência sobrenatural da graça de Deus (p. 150). A salvação resulta da transformação do conjunto do homem pela graça de Deus (p. 190 ss.). Essas ideias são comuns a todo o protestantismo, e são também, notadamente, encontradas nos mais elevados ideais do catolicismo. Mas suas consequências somente podiam aparecer nos movimentos puritanos de ascetismo mundano, e acima de tudo somente nesses casos tinham eles sanções psicológicas adequadas.

71. O último nome é, especialmente na Holanda, derivado daqueles que modelaram sua vida precisamente com base no exemplo da *Bíblia* (assim em Voet). Ademais, o nome "metodista" ocorre ocasionalmente entre os puritanos no século XVII.

72. Pois, como os pregadores puritanos enfatizaram (por exemplo, Bunyan, em *Pharisee and the Publican, Works of the Puritan Divines*, p. 126) que cada pecado particular seria capaz de destruir tudo aquilo que fora acumulado por meio de méritos em boas obras em toda uma vida, caso, o que era impensável, o homem fosse apto a realizar, por si só, qualquer coisa que Deus devesse necessariamente reconhecer como merecido, ou mesmo pudesse viver em perfeição por qualquer porção de tempo. Assim o puritanismo não pensava como o catolicismo em termos de uma espécie de consideração com um cálculo de balanço, algo similar que era comum mesmo na Antiguidade, mas em termos da alternativa definitiva de graça ou condenação mantida por uma vida como um todo. Para sugestões da ideia da "conta de banco", ver adiante.

73. Nesse ponto reside a distinção entre a mera Legalidade e a Civilidade, que em Bunyan vivem como associadas ao "Senhor Sábio Mundano", na cidade chamada Moralidade.

74. Charnock, *Self-Examination* (*Works of the Puritan Divines*, p. 172): "Reflexão e conhecimento de si é uma prerrogativa de uma natureza racional." E também a nota de rodapé: "*Cogito, ergo sum*, é o primeiro princípio da nova filosofia".

75. Este ainda não é o lugar para se discutir a relação da teologia de Duns Scotus com certas ideias do protestantismo ascético. Ela não ganhou nunca reconhecimento oficial, mas era, na melhor das hipóteses, tolerada, e por vezes proibida. A tardia repulsa específica dos pietistas à filosofia aristotélica, compartilhada por Lutero, ainda que em um sentido um pouco diferente, e também por Calvino, em antagonismo consciente ao catolicismo (*Instit. Christ*, II, cap. XII, p. 4; IV, cap. XVII, p. 24). A "primazia da vontade", tal como Kahl colocou a questão, é comum a todos esses movimentos.

76. Assim, por exemplo, o artigo sobre o "ascetismo" na católica *Church Lexicon* define seu significado em inteira harmonia com suas mais elevadas manifestações históricas. De forma similar, Seeberg, em *Realenzyklopädie für protestantische Theologie und Kirche*. Para o propósito deste estudo devemos estar aptos a utilizar o conceito tal como temos feito. Que isso possa ser feito de outras formas, de modo mais amplo tanto quanto de forma mais estreita, e é geralmente de modo definido, eu estou bem consciente.

77. Em Hudibras (1º *canto*, 18, 19), os puritanos são comparados com os franciscanos descalços. Um relatório do embaixador genovês, Fieschi, chama o exército de Cromwell de uma assembleia de monges.

78. Tendo em vista a estreita relação existente entre o ascetismo monástico transcendental e o ascetismo mundano ativo, relação que eu expressamente mantenho, fico surpreso por encontrar Brentano (*op. cit.*, p. 134 e em outros lugares) citando o trabalho ascético dos monges e sua recomendação contra mim. Toda a sua "digressão" contra mim culmina naquilo. Mas essa continuidade é, como qualquer um pode ver, um postulado fundamental do conjunto da minha tese: a Reforma levou o ascetismo racional cristão e seus hábitos metódicos para fora dos monastérios e os colocou a serviço da vida ativa dentro do mundo. Compare a discussão que segue, que não foi alterada.

79. Assim nos muitos relatos dos julgamentos dos puritanos heréticos citados no *History of the Puritans*, de Neal, e no *English Baptists*, de Crosby.

80. Sanford, *op. cit.*, (e tanto antes quanto depois dele, muitos outros encontra a origem do ideal da reserva no puritanismo. Comparar, sobre esse ideal, também as observações de James Bryce sobre o colégio americano no volume 2 de seu *American Commonwealth*. O princípio ascético do autocontrole também fez do puritanismo um dos pais da moderna disciplina militar. (Sobre Maurício de Orange como fundador da moderna organização dos exércitos, ver Roloff, *Preuss. Jahrb.*, 1903, III, p. 255.) Os *Ironsides* de Cromwell, com pistolas engatilhadas na mão, e aproximando-se do inimigo por meio de trotes rápidos sem atirar, não eram superiores aos cavaleiros em virtude de sua violenta paixão, mas, ao contrário, por conta de seu frio autocontrole, que permitia a seus líderes sempre mantê-los sob controle. Os tempestuosos ataques de cavalaria, por outro lado, sempre resultaram na dissolução das suas tropas em átomos. Ver Firth, *Cromwell's Army*.

81. Ver, especialmente, Windelband, *Ueber Willensfreiheit*, p. 77 ss.

82. Somente não tão sem misturas. A contemplação, às vezes combinada com emocionalismo, é frequentemente combinada com esses elementos racionais. Mas novamente a contemplação em si mesma é metodicamente regulada.

83. De acordo com Richard Baxter, é pecaminoso tudo o que é contrário à razão dada por Deus como norma de ação. Não apenas as paixões que possuem conteúdo pecaminoso, mas todos os sentimentos que são imoderados e sem sentido. Eles destroem a compostura e, enquanto coisas da carne, nos afastam do direcionamento racional de todas as ações e sentimentos para Deus e, portanto, O insultam. Compare o que é dito sobre a pecaminosidade do ódio (*Christian Directory*, segunda edição, 1698, p. 285. Tauler é citado na p. 287). Sobre a pecaminosidade da ansiedade, Ebenda, I, p. 287. Que se trata de uma idolatria se o nosso apetite é tornado "a regra ou a medida do ato de comer" é colocado de forma extremamente enfática (*op. cit.*, I, p. 310, 316, e em outro lugar). Em tais discussões, são feitas referências aos Provérbios em toda parte e também à obra de Plutarco, *De Tranquilitate Animi*, e não raro aos escritos ascéticos da Idade Média: de São Bernardo, de Bonaventura e outros. O contraste com "quem não ama vinho, mulheres e canção..." dificilmente poderia ser mais acentuado do que pela extensão do conceito de idolatria a todos os prazeres sensoriais, conforme não se justifiquem por razões de higiene, nesse caso eles (como é o dos esportes, dentro desses limites, mas também outras recreações) eram permitidos. Ver adiante (capítulo 5) uma discussão mais aprofundada. Favor notar que as fontes aqui e em outras partes mencionadas não são dogmáticas e tampouco edificantes, mas nascidas da prática sacerdotal, e assim dão uma boa imagem da direção que a sua influência tomou.

84. Eu deveria lamentar se qualquer modo de valoração de uma ou outra forma de religião puder ser visto nesta discussão. Nós não estamos com esse objetivo aqui. Trata-se somente da questão da influência de certas coisas, de um ponto de vista puramente religioso, e talvez incidental, mas importante para a conduta prática.

85. Sobre o tema, ver, em especial, o artigo "Moralisten, englische", escrito por E. Troeltsch, na obra *Realenzyklopädie für protestantische Theologie und Kirche*, terceira edição.

86. O quanto de influência ideias e situações religiosas completamente definidas possuem, que parecem ser acidentes históricos, é mostrado de forma peculiarmente clara pelo fato de que nos círculos do pietismo de origem reformada a ausência de monastérios era ocasionalmente lamentada, e de que os experimentos comunistas de Labadie e de outros eram simplesmente o substituto para a vida monástica.

87. Já mesmo em muitas confissões prematuras do tempo da Reforma. Mesmo Ritschl (*Pietismus*, I, p. 258 ss.) não nega, ainda que ele olhe para o desenvolvimento tardio como uma deterioração das ideias da Reforma, que, por exemplo, em *Conf. Gall.*, 25, 26, *Conf. Belg.*, 29, *Conf. Helv. post* 17, a verdadeira Igreja reformada era definida por atributos empíricos definitivos, e que para essa Igreja os fiéis não eram considerados como tais sem o atributo da atividade moral.

88. "*Bless God that we are not of the many*" ["Abençoado seja Deus por nós não sermos a maioria"] (Thomas Adams. *Works of the Puritan Divines*, p. 138).

89. A ideia do direito de nascimento, tão importante na história, assim recebeu uma importante confirmação na Inglaterra. "*The firstborn which are written in heaven. (...) As the firstborn is not to be defeated in his inheritance, and the enrolled names are never to be obliterated, so certainly they shall inherit eternal life*" ["Os primogênitos que estão escritos no Céu. (...) Como o primogênito não pode ser deserdado de sua herança, e os nomes envolvidos não devem nunca ser obliterados, desse modo certamente eles deverão herdar a vida eterna"] (Thomas Adams, *Works of the Puritan Divines*, p. 14).

90. A ênfase luterana na dor penitente é estranha ao espírito do calvinismo ascético, não na teoria, mas definitivamente na prática. Pois ele não é de valor ético para o calvinista; não ajuda aos condenados, enquanto, para aqueles certos de sua eleição, o seu próprio pecado, conforme eles o admitam para si mesmos, é um sintoma da hesitação se desenvolvendo. Em vez de se arrependerem deles, eles os odiavam e tentavam superá-los por meio da atividade para a glória de Deus. Compare a explicação de Howe (o capelão de Cromwell, 1656-1658) em *Of Men's Enmity against God and of Reconciliation between God and Man* (*Works of English Puritan Divines*, p. 237): "*The carnal mind is ennemity against God. It is the mind, therefore, not as speculative merely, but as practical and active that must be renewed*" ["A mente carnal é hostilidade contra Deus. É a mente, portanto, não como meramente especulativa, mas como prática e ativa que deve ser renovada"], e "*Reconciliation (...) must begin in (1) a deep conviction (...) of your former enmity (...) I have been alienated* *from God. (...) (2) (p. 251) a clear and lively apprehension of the monstrous iniquity and wickedness thereof.*" ["A reconciliação (...) deve começar com (1) uma profunda convicção (...) da sua primeira hostilidade (...) com a qual tenho me alienado de Deus (...) (2) (p. 251) com uma clara e viva apreensão da monstruosa iniquidade e perversidade daí resultante"]. O ódio aqui é aquele do pecado, não do pecador. Mas já na famosa carta da duquesa Renata d'Este (mãe de Leonor), destinada a Calvino, na qual ela fala do ódio que sentiria perante seu pai e marido caso ficasse convencida de que eles pertenciam aos condenados, se mostra a transferência desse ódio às pessoas. Ao mesmo tempo, é um exemplo do que foi dito acima, de como o indivíduo se soltou das amarras mantidas sobre seus sentimentos naturais, pelo que a doutrina da predestinação foi responsável.

91. "*None but those who give evidence of being regenerate or holy persons ought to be received or counted fit members of visible Churches. Where this is wanting, the very essence of a Church is lost*" ["Ninguém senão aqueles que deram prova de estar regenerados ou de serem pessoas sagradas deveria ser recebido ou contado como membro das Igrejas visíveis. Quando se deseja isso, a quintessência da Igreja está perdida"], é como o princípio é formulado por Owen, o calvinista independente, vice-chanceler de Oxford sob Cromwell (*Inv. into the Origin of Ev. Ch.*). Ver o artigo seguinte, mais adiante.

92. Ver o ensaio seguinte.

93. *Cat. Genev.*, p. 149. Bailey, *Praxis pietatis*, p. 125: "*In life we should act as though no one but Moses had authority over us*" ["Na vida nós devemos agir como se ninguém além de Moisés tivesse autoridade sobre nós"].

94. "*The law appears to the Calvinist as an ideal norm of action. It oppresses the Lutheran because it is for him unattainable.*" ["A lei aparece ao calvinista como uma norma ideal de ação. Ela oprime o luterano porque é para ele inalcançável."] No catecismo luterano isso se coloca como o começo da ordem, a fim de se edificar a humildade necessária; no catecismo reformado (calvinista), ele geralmente fica depois do Evangelho. Os calvinistas acusavam os luteranos de terem uma "relutância virtual para se tornarem santos" (Möhler), enquanto os luteranos acusavam os calvinistas de uma "servidão não livre à lei", e de arrogância.

95. *Studies and Reflections of the Great Rebellion*, p. 79 ss.

96. Entre eles, o "Cântico dos Cânticos" é especialmente notável. Ele foi, na maior parte das vezes, simplesmente esquecido pelos puritanos. O seu erotismo oriental tinha influenciado o desenvolvimento de certos tipos de religião, tal como aquela de São Bernardo.

97. Sobre a necessidade dessa auto-observação, ver o sermão de Charnock, ao qual já nos referimos, em II Coríntios, capítulo 13, versículo 5, *Works of the Puritan Divines*, p. 161 ss.

98. A maior parte dos teólogos moralistas o recomendou. Assim também o fez Baxter, *Christian Directory*, II, p. 77 ss., quem, contudo, não esconde seus perigos.

99. A contabilidade moral tinha, é claro, sido de ampla difusão por toda parte. Mas faltava a ênfase que foi colocada sobre ela como o único meio de conhecimento do decreto eterno de salvação ou condenação, e com ela a mais importante sanção psicológica para o cuidado e a exatidão nesse cálculo.

100. Essa era a diferença significativa em relação a outras atitudes que eram superficialmente similares.

101. Baxter (*Saints' Everlasting Rest*, cap. 12) explica a invisibilidade de Deus com a observação de que, assim como alguém pode manter um negócio lucrativo com um estrangeiro invisível, por meio de correspondência, é também possível, por meio de um comércio divino com um Deus invisível, adquirir a posse de uma pérola de valor inestimável. Essas alegorias comerciais, mais do que as forenses, costumeiras entre os velhos moralistas e entre os luteranos, são profundamente características do puritanismo, o qual, com efeito, faz que os homens comprem a própria salvação. Compare mais à frente a seguinte passagem de um sermão: "Nós estimamos o valor de uma coisa por meio daquilo que dará por ela um homem sábio, que não seja ignorante dela e também não esteja sob necessidade. Cristo, a Sabedoria Divina, deu a Si mesmo o Seu próprio sangue precioso, para redimir as almas, e Ele sabia o que elas eram e não tinha necessidade delas" (Matthew Henry, *The Worth of the Soul, Works of the Puritan Divines*, p. 313).

102. Contrariamente a isso, o próprio Lutero disse: "Chorar passa antes do agir e sofrer ultrapassa todo fazer" (*Weinen geht vor Wirken und Leiden übertrifft alles tun*).

103. Isso é mostrado da forma mais clara no desenvolvimento da teoria ética do luteranismo. Sobre isso ver Hoennicke, *Studien zur alt protestantischen Ethik* (Berlim, 1902), e a instrutiva resenha desta por E. Troeltsch, *Gott. Gel. Anz.*, 1902, nº 8. A proximidade da doutrina de Lutero, especialmente com relação à velha doutrina calvinista ortodoxa, era, em suas formas, frequentemente muito grande. Mas a diferença na orientação religiosa geral era sempre aparente. A fim de estabelecer uma conexão entre a moralidade e a fé, Melanchthon tinha alocado a ideia do arrependimento no primeiro plano. O arrependimento pela lei deveria preceder a fé, mas as boas obras deveriam segui-la, de outra forma não pode ser a verdadeira fé justificadora — uma fórmula quase puritana. Melanchthon admitia que certo grau de perfeição podia ser alcançado na terra. Ele tinha, de fato, ensinado originalmente que a justificação era dada a fim de tornar os homens aptos a realizar boas obras, e, ao se aumentar a perfeição, chegava-se a um grau relativo de bem-aventurança que a fé podia dar neste mundo. Também os teólogos luteranos posteriores mantiveram que as boas obras são os frutos necessários da fé, de que a fé resulta em uma nova vida externa, conforme os pregadores calvinistas pregavam. Sobre a questão de se saber o que são boas obras, Melanchthon, e especialmente os luteranos tardios, respondeu frequentemente por meio da referência à lei. Como reminiscência das ideias de Lutero restou somente a seriedade, mas em menor grau, com que a *Bíblia*, especialmente as normas do Velho Testamento, era tomada. O Decálogo continuou, como uma codificação das mais importantes ideias da lei moral natural, a norma essencial da ação humana. Mas não havia uma ligação firme ligando a sua validade legal com a importância, enfatizada de modo cada vez mais intenso, da fé para a justificação, porque essa fé (ver anteriormente) tinha um caráter psicológico fundamentalmente diferente daquele que tinha o calvinismo.

O verdadeiro ponto de partida luterano do primeiro período tinha de ser abandonado por uma Igreja que olhava para si mesma como uma instituição para a salvação. Mas outro ponto de partida não havia sido encontrado. Especialmente, era impossível, pelo medo de perder seu fundamento dogmático (*sola fide!*), aceitar a racionalização ascética da conduta como a tarefa moral do indivíduo. Por isso, não havia razão para se dar à ideia da comprovação uma significação tal como ela adquiriu no calvinismo por meio da doutrina da predestinação. Ademais, a interpretação mágica dos sacramentos, combinada com a falta dessa doutrina, especialmente a associação da *regeneratio*, ou, ao menos, de seu começo com o batismo, necessariamente, assumindo como fez com a universalidade da graça, prejudicou o desenvolvimento da moralidade metódica. Porque isso enfraqueceu o contraste entre o estado de natureza e o estado de graça, especialmente quando se combinou com a intensa ênfase luterana no pecado original. Não menos importante era a interpretação inteiramente forense do ato de justificação, que assumia que os decretos de Deus poderiam ser modificados pela influência de atos particulares de arrependimento do pecador convertido. E isso era justamente o elemento ao qual Melanchthon crescentemente deu ênfase. Todo o desenvolvimento de sua doutrina, que deu peso crescente ao arrependimento, estava intimamente ligado à sua profissão de liberdade da vontade. Isso foi o que, primariamente, determinou o caráter não metódico da conduta luterana.

Atos de graça particulares, para pecados particulares, e não o desenvolvimento de uma aristocracia dos santos que criava a certeza da própria salvação, era a forma necessária que a salvação tomava para o luterano médio, como a retenção da confissão prova. Portanto, ele não poderia desenvolver uma moralidade livre da lei nem um ascetismo racional em termos da lei. Antes, a lei manteve-se em uma proximidade inorgânica com a fé como um ideal, e, ademais, já que a estrita dependência da *Bíblia* havia sido evitada como sugerido pela salvação pelas obras, manteve-se incerto, vago, e, acima de tudo, não sistemático em seu conteúdo. Suas condutas permaneceram, tal como Troeltsch havia dito de sua teoria ética, uma "soma de meros começos que nunca chegavam a ficar totalmente consumados"; cujos "ensinamentos particulares e incertos, e máximas não relacionadas" não sucederam em "elaborar um sistema de conduta articulado", mas formaram, essencialmente, seguindo o desenvolvimento que o próprio Lutero havia feito (ver anteriormente), uma resignação às coisas tal como elas são, sejam as coisas grandes ou pequenas. A resignação dos alemães às culturas estrangeiras, a sua rápida mudança de nacionalidade, com relação à qual há tanto descontentamento, claramente podem ser atribuídas, juntamente com certas circunstâncias políticas na história da nação, em parte aos resultados dessa influência, que ainda afeta todos os aspectos da nossa vida. A assimilação subjetiva da cultura permaneceu fraca porque ela ocorreu, primariamente, por meio de uma absorção passiva do que era imposto autoritariamente.

104. Sobre esses pontos, ver o livro de historietas de Tholuck, *Vorgeschichte des Rationalismus*.

105. Sobre os resultados completamente diferentes da doutrina maometana da predestinação (ou, antes, da predeterminação) e as razões para tanto, ver a dissertação teológica de F. Ullrich, *Die Vorherbestimmungslehre im Islam u. Ch.*, 1912 (Heidelberg). Sobre a dos jansenistas, ver P. Honigsheim, *op. cit.*

106. Ver o ensaio que segue nesta coleção (não traduzido aqui).

107. Ritschl, *Geschichte des Pietismus*, I, p. 152, busca distingui-los para o tempo anterior a Labadie (somente se baseando em exemplos tirados da Holanda) alegando (1) que os pietistas formavam conventículos; (2) que eles postulavam a doutrina da "inutilidade da existência da carne" de uma "forma contraditória aos interesses protestantes da salvação"; (3) e de que a "certeza da graça na sensível relação com o Senhor Jesus" era buscada de uma forma não calvinista. O último critério é aplicável, no primeiro período, somente para um dos casos com os quais ele trabalha. A ideia da inutilidade da carne era em si mesma uma verdadeira filha do espírito calvinista, e somente onde este levou à renúncia prática do mundo era ele antagônico ao protestantismo normal. Os conventículos, finalmente, foram estabelecidos até certo ponto (especialmente para propósitos de catecismo) pelo próprio sínodo de Dordrecht. Dos critérios do pietismo analisados na discussão anterior de Ritschl, os que valem a pena considerar são (1) a grande precisão com que a letra da *Bíblia* era seguida em todos os afazeres externos da vida, tal como Gisbert Voet clamou por certo tempo; (2) o tratamento da justificação e da reconciliação com Deus, não como fins em si mesmos, mas como simples meios para uma vida ascética sagrada, como possa talvez ser visto em Lodensteyn, mas como também é sugerido por Melanchthon [ver acima, nota 104]; (3) o alto valor colocado no arrependimento como um sinal da verdadeira regeneração, como foi primeiro ensinado por W. Teellinck; (4) abstenção da comunhão quando pessoas não regeneradas dela participarem (da qual falaremos em outro contexto). Relacionado com isso estava a formação de conventículos com uma revitalização de profecias, ou seja, da interpretação das Escrituras pelos leigos comuns, mesmo por mulheres. Isso ia além dos limites designados pelos cânones de Dordrecht.

Isso tudo eram coisas que representavam desvios, às vezes consideráveis, tanto da prática quanto da teoria dos reformadores. Mas se comparado com os movimentos que Ritschl não incluiu em seu tratamento, em especial os puritanos ingleses, eles formam, exceto para o nº 3, apenas uma continuação das tendências que estavam em toda a linha de desenvolvimento desta religião. A objetividade do tratamento de Ritschl sofre com o fato de que o grande erudito permite que sua atitude pessoal em relação à Igreja ou, talvez ainda, com relação à política eclesiástica, interfira na sua interpretação e que, em sua antipatia a toda forma de religião peculiarmente ascética, interprete todo desenvolvimento naquela direção como um passo de volta ao catolicismo. Mas, como o catolicismo, o velho protestantismo inclui todas as espécies e condições de homens. Porém isso não preveniu a Igreja Católica de repudiar o ascetismo rigorosamente mundano na sua forma jansenista; justamente como o pietismo repudiou o quietismo católico do século XVII. Do nosso especial ponto de vista, o pietismo não difere em grau, mas em seu tipo, do calvinismo somente quando o medo crescente do mundo leva à retirada da vida econômica ordinária e à formação de conventículos monástico-comunistas (Labadie). Ou, o que tinha sido atribuído a certos pietistas extremistas, da parte dos seus contemporâneos, eles foram deliberadamente levados a negligenciar a conduta mundana em favor da contemplação. Isso naturalmente ocorreu com particular frequência quando a contemplação começou a assumir o caráter que Ritschl chamou de bernardismo, pois ele sugere que lembra a interpretação feita por São Bernardo do "Cântico dos Cânticos": uma forma de religião mística, emocional, buscando uma *unio mystica* com uma coloração sexual-esotérica. Mesmo do ponto de vista da psicologia religiosa por si só, tratava-se de algo completamente diferente do calvinismo, inclusive em sua forma ascética, exemplificada por homens como Voet. Ritschl, entretanto, a todo momento, busca ligar esse quietismo ao ascetismo pietista e, assim, busca manter o último sob a mesma acusação; ao fazê-lo, ele coloca seu dedo em toda citação do misticismo católico ou do ascetismo que ele encontra na literatura pietista. Mas os moralistas ingleses e holandeses e os teólogos que estão além de qualquer suspeita citam Bernardo, Bonaventura, e Tomás de Kempis. A relação de todas as Igrejas reformadas com o passado católico era bem complexa e, de acordo com o ponto de vista que era enfatizado, um ou outro aparece relacionado de forma mais estreita com o catolicismo ou com certos aspectos deste.

108. O esclarecedor artigo sobre o "Pietismo", feito por Mirbt na terceira edição do *Realenzyklopädie für protestantische Theologie und Kirche* trata da origem do pietismo, deixando seus antedecentes protestantes inteiramente de lado, como uma experiência religiosa puramente pessoal de Spener, o que é de certa forma improvável. Como uma introdução ao pietismo, a descrição de Gustav Freytag em *Bilder der deutschen Vergangenheit* ainda é a melhor leitura. Para os começos do pietismo inglês na literatura contemporânea, compare W. Whitaker, *Prima Institutio disciplinaque pietatis* (1570).

109. É bem conhecido que essa atitude tornou possível ao pietismo ser uma das principais forças por trás da ideia da tolerância. Nesse ponto, podemos inserir algumas observações sobre aquele tema. No Ocidente, a sua origem histórica — se omitirmos a indiferença humanista do Iluminismo, que em si mesmo nunca teve grande influência prática — pode ser encontrada nas seguintes fontes principais: (1) pura conveniência política (tipo: Guilherme de Orange). (2) Mercantilismo (o que é especialmente claro para a cidade de Amsterdã, mas também típico para numerosas cidades, proprietários de terras, e governantes que recebiam os membros das seitas como valiosos para o progresso econômico). (3) A ala radical do calvinismo. A predestinação tornou fundamentalmente impossível para o Estado promover religiões por meio da intolerância. Isso não poderia, dessa maneira, salvar uma única alma. Apenas a ideia da glória de Deus deu à Igreja ocasião para reivindicar a sua ajuda na supressão da heresia. Agora, conforme era maior a ênfase na participação do pregador, e de todos aqueles que participavam da comunhão, dentre os eleitos, maior se tornava a intolerância da interferência do Estado na nomeação do clero. Pois posições clericais eram frequentemente concedidas como benefícios a homens das universidades, somente por conta dos seus treinamentos teológicos, ainda que eles pudessem ser pessoalmente não regenerados. Em geral, qualquer interferência nos negócios da comunidade religiosa, por parte daqueles detentores de poder político, e cuja conduta muitas vezes podia ser insatisfatória, era ressentida. O pietismo reformado fortaleceu essa tendência ao enfraquecer a ênfase na ortodoxia doutrinária e por gradualmente minar o princípio do *extra ecclesiam nulla salus*.

Calvino tinha considerado a sujeição dos condenados à divina supervisão da Igreja por si só como consistente com a glória de Deus; na Nova Inglaterra, foi feita uma tentativa no sentido de constituir a Igreja como uma aristocracia dos santos comprovados. Mesmo os radicais independentes, entretanto, repudiaram toda interferência de poderes temporais ou de qualquer sorte de poderes hierárquicos na comprovação da salvação, o que somente era possível dentro da comunidade individual. A ideia de que a glória de Deus requer a sujeição dos condenados à disciplina da Igreja era gradualmente substituída pela outra ideia, que já estava presente desde o começo e que gradualmente se tornarva mais proeminente, a de que era um insulto à Sua glória participar da comunhão com alguém rejeitado por Deus. Isso necessariamente levava ao voluntarismo, pois levou a que a comunidade religiosa da Igreja dos fiéis incluísse somente os nascidos duas vezes. O batismo calvinista, a que, por exemplo, o líder do Parlamento dos Santos, Praisegod Barebones, pertenceu, extraiu as conclusões necessárias dessa linha de pensamento com grande ênfase. O exército de Cromwell defendeu a liberdade de consciência, e o Parlamento dos Santos chegou a reivindicar a separação da Igreja e do Estado, porque seus membros eram bons pietistas, e assim tinham motivos religiosos positivos. (4) As seitas anabatistas, que discutiremos mais adiante, têm mantido, desde o início de sua história, da forma mais intensa e consistente, o princípio de que somente aqueles pessoalmente regenerados podiam ser admitidos na Igreja. Dessa forma, eles repudiavam toda concepção da Igreja como instituição (*Anstalt*) e toda interferência dos poderes temporais. Aqui também, por razões religiosas positivas, é que aquela tolerância incondicional era defendida.

O primeiro homem que se posicionou pela absoluta tolerância e pela separação da Igreja e do Estado, sendo quase uma geração antes dos anabatistas e duas antes de Roger Williams, provavelmente foi John Browne. A primeira declaração de um grupo da Igreja nesse sentido parece ser a resolução dos anabatistas ingleses em Amsterdã, de 1612 ou 1613: "O magistrado não deve misturar-se com a religião ou com os problemas da consciência (...) porque Cristo é o Rei e o Legislador da Igreja e da consciência". Os primeiros documentos oficiais de uma Igreja que reivindicaram a proteção positiva da liberdade de consciência em relação ao Estado, como um direito, provavelmente foi o Artigo 44 da *Confession of the Particular Baptists*, de 1644.

É preciso ser pontuado enfaticamente uma vez mais que a ideia, por vezes apresentada, de que a tolerância enquanto tal era favorável ao capitalismo, é completamente errada. A tolerância religiosa não é peculiar aos tempos modernos e tampouco ao Ocidente. Tinha reinado na China, na Índia, nos grandes impérios do Oriente Próximo, nos tempos helenísticos, no Império Romano e nos impérios islâmicos por longos períodos, em um grau somente limitado por conveniências políticas (que formam seus limites ainda hoje!), e não foi atingida em nenhum outro lugar do mundo durante os séculos XVI e XVII. Ademais, ela era menos forte naquelas regiões que foram dominadas pelo puritanismo, como, por exemplo, a Holanda e a Zelândia em suas épocas de expansão política e econômica, ou na Velha e na Nova Inglaterra puritana. Tanto antes quanto depois da Reforma, a intolerância religiosa era peculiarmente característica do Ocidente e do Império dos Sassânidas. De forma similar, prevaleceu na China, no Japão, na Índia em certos períodos particulares, mas na maior parte das vezes por razões políticas. Portanto a tolerância, enquanto tal, certamente nada tem a ver com o capitalismo. A verdadeira questão é: quem se beneficiou dela? Das consequências da Igreja dos fiéis falaremos adiante, no próximo ensaio.

110. Essa ideia é ilustrada em sua aplicação prática pelos *tryers* de Cromwell, os examinadores de candidatos para a posição de pregador. Eles buscavam assegurar não apenas o conhecimento de teologia mas também o estado de graça subjetivo do candidato. Ver também o próximo ensaio.

111. A desconfiança caracteristicamente pietista de Aristóteles de toda filosofia clássica em geral é sugerida pelo próprio Calvino (comparar *Instit. Christ*, II, cap. 2, p. 4; III, cap. 23, p. 5; IV, cap. 27, p. 24). Lutero, em seu período juvenil, não tinha desconfiança menor, o que mais tarde foi modificado por conta da influência humanista (especialmente de Melanchthon) e da urgente necessidade de munição para propósitos apologéticos. Que todo o necessário para a salvação estava contido nas Escrituras de forma clara o suficiente mesmo para o ignorante era, sem dúvida, ensinado pela Confissão de Westminster (cap. I, nº 7), em conformidade com toda a tradição protestante.

112. As Igrejas oficiais protestaram contra isso, como, por exemplo, no catecismo encurtado da Igreja Presbiteriana Escocesa de 1648, seção VII. A participação daqueles não membros de uma família nas orações desta foi proibida como sendo uma interferência nas prerrogativas do ofício. O pietismo, como todo movimento ascético com formação de comunidades, tendeu a afrouxar as amarras do indivíduo com o patriarcalismo doméstico, com o seu interesse pelo prestígio do ofício.

113. Nós aqui estamos, por boas razões, intencionalmente negligenciando a discussão do aspecto psicológico, no sentido técnico da palavra, desses fenômenos religiosos, e mesmo a sua terminologia tem sido evitada conforme possível. Os resultados firmemente estabelecidos pela psicologia, incluindo a psiquiatria, no presente não vão longe o suficiente para fazê-los de uso para os propósitos da investigação histórica dos nossos problemas sem que prejudiquem os juízos históricos. O uso de sua terminologia seria uma tentativa de esconder fenômenos que são imediatamente compreensíveis, ou mesmo, por vezes, triviais, por trás de um véu de palavras estranhas, que assim dão a falsa impressão de exatidão científica, tal como infelizmente é típico de Lamprecht. Para uma tentativa mais séria de se fazer uso de conceitos psicológicos de certos fenômenos históricos de massa, ver W. Hellpach, *Grundlinien zu einer Psychologie der Hysterie*, cap. XII, assim como o seu *Nervosität und Kultur*. Eu não posso aqui buscar explicar que, na minha opinião, mesmo esse multifacetado escritor tem sido prejudicialmente influenciado por algumas das teorias de Lamprecht. O quão completamente sem valor, se comparado com a literatura mais antiga, é o esquemático tratamento do pietismo feito por Lamprecht (no vol. VII do *Deutsche Geschichte*) sabem todos aqueles que possuem qualquer familiaridade com a literatura.

114. Assim como com os adeptos da obra de Schortinghuis, *Innige Christendom*. Na história da religião isso remonta ao verso sobre o servo de Deus, do Dêutero-Isaías (Is 53) e no Salmo 22 (21).

115. Isso apareceu ocasionalmente no pietismo holandês e depois sob a influência de Espinosa.

116. Labadie, Teersteegen, etc.

117. Talvez isso apareça de forma mais clara quando ele (Spener) questiona a autoridade do governo para controlar os conventículos, exceto em casos de desordem e de abusos, pois se trata de um direito fundamental dos cristãos garantido pela autoridade apostólica (*Theologische Bedenken*, II, p. 81 ss.). Isso é, em princípio, exatamente o ponto de vista puritano no que concerne à relação do indivíduo com as autoridades, e à medida que são lícitos os direitos individuais, que seguem o *ex jure divino* e que são assim inalienáveis, são válidos. Nem essa heresia, e tampouco a que será mencionada mais adiante no texto, escaparam a Ritschl (*Pietismus*, II, p. 115, 157). Não obstante o caráter a-histórico da crítica positivista (para não dizer filistina) à qual ele tem submetido a ideia dos direitos naturais, que nós devemos não menos que tudo aquilo que mesmo o mais extremo reacionário estima como sua esfera da liberdade individual, nós naturalmente concordamos com ele que, em ambos os casos, não existia uma relação orgânica quanto ao ponto de vista luterano de Spener.

Os próprios conventículos (*collegia pietatis*), aos quais a famosa *pia desideria* de Spener deu a base teórica, e a qual ele fundou na prática, corresponderam em essência aos *prophesyings* ingleses que foram primeiramente praticados nas *Horas bíblicas londrinas* (1547), de John de Lasco, e que depois disso se tornaram uma característica comum a todas as formas de puritanismo que se revoltaram contra a autoridade da Igreja. Finalmente, ele baseia seu bem conhecido repúdio à disciplina da Igreja de Gênova no fato de que os seus executores naturais, o terceiro estado (*status aeconomicus*: os cristãos leigos), não eram sequer uma parte da organização da Igreja luterana. Por outro lado, na discussão da excomunhão, o reconhecimento dos membros leigos do consistório, feito pelo príncipe, como representantes do terceiro estado, é debilmente luterano.

118. O nome pietismo, que primeiro aparece em território luterano, em si mesmo indica que na opinião dos contemporâneos lhe era característica uma administração metódica da *pietas* [piedade].

119. É necessário, notadamente, admitir que, apesar de esse tipo de motivação ser primariamente calvinista, ele não o é exclusivamente. Ele é também encontrado com especial frequência na constituição de muitas das mais antigas Igrejas luteranas.

120. No sentido da Epístola aos Hebreus: Hb 5, 13-14. Ver Spener, *Theologische Bedenken*, I, p. 306.

121. Apesar de Bailey e Baxter (ver *Consilia theologica*, III, 6, 1; I, 47; 3, 6), Spener tinha uma apreciação especial de Tomás de Kempis, e ainda mais de Tauler — a quem ele não compreendeu inteiramente (*op. cit.*, III, 61, I, nº 1). Para detalhada discussão sobre o último, ver *op. cit.*, I, 1, 1, nº 7. Para ele, Lutero é derivado diretamente de Tauler.

122. Ver em Ritschl, *op. cit.*, II, p. 113. Ele não aceitava o arrependimento dos pietistas (e dos luteranos) como a única indicação digna de confiança da verdadeira conversão (*Theologische Bedenken*, III, p. 476). Sobre a santificação como fruto da gratidão pela crença no perdão, uma ideia tipicamente luterana, ver passagens citadas por Ritschl, *op. cit.*, p. 115, nota 2. Sobre *certitudo salutis* ver, por um lado, *Theologische Bedenken*, I, p. 324: "A verdadeira crença não é tanto sentida emocionalmente quanto conhecida por meio de seus frutos" (o amor e a obediência a Deus); por outro, *Theologische Bedenken*, I, p. 335 ss.: "Conforme se tenha preocupação quanto à certeza da salvação e da graça, é melhor confiar nos nossos livros, os luteranos, do que nos escritos ingleses". Mas sobre a natureza da santificação ele estava em conformidade com o ponto de vista inglês.

123. Disso os diários religiosos pessoais que A. H. Francke recomendava eram também sintomas externos. A prática metódica e o hábito da virtude deveriam causar o seu crescimento e a separação do bem e do mal. Esse é o tema principal do livro de Francke, *Von des Christen Vollkommenheit.*

124. A diferença entre essa crença racional pietista na Providência e a sua interpretação ortodoxa é mostrada caracteristicamente na famosa controvérsia entre os pietistas de Halle e o luterano ortodoxo Löscher. Löscher em seu *Timotheus Verinus* vai tão longe que chega a contrastar tudo o que é alcançado pela ação humana com os decretos da Providência. Por outro lado, a consistente visão de Francke era de que o "súbito lampejo de clareza" sobre o que está para acontecer, que vem como resultado da espera silenciosa para a tomada da decisão, deve ser considerado como um "conselho de Deus", de forma análoga à psicologia *quaker*, e de maneira correspondente à ideia ascética geral de que os métodos racionais são o meio de se aproximar o máximo possível de Deus. É verdade que Zinzendorf, que em uma das mais vitais decisões confiou o destino de sua comunidade ao azar, estava longe da forma de confiança de Francke na Providência. Spener, *Theologische Bedenken*, I, p. 314, se refere a Tauler para uma descrição da resignação cristã, na qual alguém deveria curvar-se perante a vontade divina, e não a atrapalhar com ações de sua própria responsabilidade, o que é essencialmente a posição de Francke. A sua efetividade, se comparada com o puritanismo, é em sua essência enfraquecida pela tendência pietista a se buscar a paz dentro deste mundo, como pode ser claramente visto por todos. "Primeiro a retidão, depois a paz", tal como era dito em oposição a isso por um líder batista, em 1904 (G. White em um texto ao qual faremos referência mais tarde), ao formular o programa ético de sua denominação (*Baptist Handbook*, 1904, p. 107).

125. *Lect. paraenet.*, IV, p. 271.

126. A crítica de Ritschl é direcionada especialmente a essa ideia continuamente recorrente. Ver a obra de Francke que contém a doutrina a que já nos referimos. (Ver a nota 123, acima.)

127. Isso ocorria também entre os pietistas ingleses que não eram adeptos da predestinação, como, por exemplo, Goodwin. Sobre ele e outros, compare: Heppe, *Geschichte des Pietismus in der reformierten Kirche* (Leiden, 1879), um livro que, mesmo com a obra de referência de Ritschl, não pode ser dispensado para a Inglaterra, e em várias partes também para a Holanda. Mesmo no século XIX, na Holanda, Köhler, *Die Niederl. ref. Kirche*, ouviu várias vezes a pergunta sobre o momento exato do seu renascimento.

128. Eles buscaram, assim, combater os frouxos resultados da doutrina luterana da recuperabilidade da graça (especialmente a conversão, muito frequente, *in extremis*).

129. Contra a correspondente necessidade de se saber o dia e a hora da conversão como um sinal indispensável de seu caráter genuíno. Ver Spener, *Theologische Bedenken*, II, 6, 1 , p. 197. O arrependimento era tão pouco conhecido por ele quanto eram os *terrores conscientiae*, de Lutero, por Melanchthon.

130. Ao mesmo tempo, notadamente, a interpretação antiautoritária do sacerdócio universal, típico de todo ascetismo, fez sua parte. Ocasionalmente, o pastor era ordenado a atrasar a absolvição até que a comprovação fosse dada por meio do arrependimento genuíno, o que, como Ritschl diz corretamente, era, em princípio, calvinista.

131. Os pontos essenciais para os nossos propósitos são mais facilmente encontrados em Plitt, *Zinzendorfs Theologie* (3 vols., Gotha, 1869), vol I: p. 325, 345, 381, 412, 429, 433 ss., 444, 448; vol. II: p. 372, 381, 385, 409 ss.; vol. III: p. 131, 167, 176. Compare também Bernh. Becker, *Zinzendorf und sein Christentum* (Leipzig, 1900), Livro III, cap. III.

132. "Em nenhuma religião nós reconhecemos como irmãos aqueles que não foram lavados no sangue de Cristo e que não prossigam profundamente modificados na santidade do Espírito. Nós não reconhecemos nenhuma evidente (isto é: visível) Igreja de Cristo exceto onde a Palavra de Deus é ensinada em sua pureza e onde os membros vivem em santidade, como filhos de Deus seguindo aos seus preceitos." A última sentença, é verdade, é tomada dos pequenos catecismos de Lutero, mas, tal como pontua Ritschl, lá ela serve como resposta à questão de como o Nome de Deus será feito sagrado, enquanto aqui ele serve para delimitar a Igreja dos santos.

133. É verdade que ele somente considerou a confissão de Augsburgo como um documento apropriado da fé cristã luterana caso, tal como ele expressa em sua terminologia repugnante, um *Wundbrühe* fosse derramado sobre ela. Lê-lo é um ato de penitência, pois sua linguagem, em sua insípida qualidade diluída, é ainda pior do que a temível "aguarrás de Cristo", de F. T. Vischer (em sua polêmica com o *Munich christoterpe*).

134. Ver Plitt, *op. cit.*, l, p. 346. Ainda mais decisiva é a resposta, citada em Plitt, *op. cit.*, I, p. 381, à questão sobre se as obras de Deus são necessárias à salvação. "Desnecessárias e prejudiciais à obtenção da salvação, mas, depois que a salvação é alcançada, são tão necessárias que aquele que a obteve e não as pratica não está verdadeiramente salvo." Portanto, aqui também elas não são a causa da salvação, mas tão somente o meio de seu reconhecimento.

135. Por exemplo, por meio daquelas caricaturas da liberdade cristã que são severamente criticadas por Ritschl, *op. cit.*, III, p. 381.

136. Acima de tudo, na grande ênfase dada sobre a ideia da punição retributiva, na doutrina da salvação, foi que, depois do repúdio às tentativas missionárias, feito pelas seitas americanas, ele forjou a base do seu método de santificação. Depois disso, ele aloca a infantilidade e as virtudes da resignação no primeiro plano, como o fim do ascetismo Herrnhut, em nítido contraste com a inclinação de sua própria comunidade, para uma ascese intimamente análoga à puritana.

137. A qual, contudo, tinha seus limites. Só por essa razão já é errado buscar colocar a religião de Zinzendorf em um esquema de evolução de estágios psicológico-sociais, tal como faz Lamprecht. Ademais, contudo, toda a sua perspectiva religiosa é influenciada, antes de mais nada, pelo fato de que ele era um conde, com uma perspectiva fundamentalmente feudal. Além disso, o seu lado emocional iria, do ponto de vista da psicologia social, encaixar-se tão bem tanto no período de decadência sentimental da cavalaria quanto naquele de sentimentalismo. Se a psicologia social desse qualquer pista quanto à sua diferença em relação ao racionalismo do Ocidente europeu, esta provavelmente seria encontrada na tradição patriarcal da Alemanha oriental.

138. Isso fica evidente a partir da controvérsia de Zinzendorf com Dippel, assim como, depois de sua morte, as doutrinas do sínodo de 1764 trouxeram à tona o caráter da comunidade Herrnhut enquanto se tratando de uma instituição para a salvação. Ver a crítica de Ritschl, *op. cit.*, III, p. 443 ss.

139. Comparar, por exemplo, §§151, 153, 160. Que a santificação podia não tomar seu lugar, a despeito da verdadeira penitência e da indulgência dos pecados, é evidente, especialmente a partir das observações da p. 311, e ainda concorda com a doutrina da salvação luterana conforme esta esteja em desacordo com aquela do calvinismo (e do metodismo).

140. Compare a opinião de Zinzendorf, citada em Plitt, *op. cit.*, II, p. 345. De modo similar, Spangenberg, *Idea Fidei*, p. 325.

141. Compare, por exemplo, a observação de Zinzendorf sobre Mateus 20, 28, citada por Plitt, *op. cit.*, III, p. 131: "Quando eu vejo um homem a quem Deus deu uma grande dádiva, regozijo-me e alegremente me sirvo daquela dádiva. Mas quando noto que ele não está contente com ela, mas quer incrementar sua dádiva ainda mais, considero isso como o começo de sua ruína". Em outras palavras, Zinzendorf negava, especialmente em sua conversa com John Wesley em 1743, que pudesse haver uma progressão na santificação, pois ele identificava isso com a justificação e a encontrava somente na relação emocional com Cristo (Plitt, I, p. 413). No lugar do sentido de ser instrumento de Deus, se torna a possessão do divino; o misticismo, e não o ascetismo. Como é pontuado aqui, um estado mental mundano, e presente, é também o que o puritano realmente busca. Mas para ele o estado que é interpretado como a *certitudo salutis* é o sentimento de ser um instrumento ativo.

142. A qual, no entanto, precisamente por conta de sua tendência mística, não recebeu uma justificação ética consistente. Zinzendorf rejeita a ideia de Lutero do culto divino na profissão como sendo a razão decisiva na qual deve realizar-se a conduta de alguém. Trata-se, antes, de um retorno aos "serviços leais do Salvador" (Plitt, II, p. 411).

143. O seu dizer de que "um homem sensato não deveria ficar sem fé e um fiel não deveria ser insensato" é bem conhecido. Ver o seu *Sokrates, d. i. Aufrichtige Anzeige verschiedener nicht sowohl unbekannter als vielmehr in Abfall geratener Hauptwahrheiten* (1725). Ademais, a sua predileção por autores como Bailey.

144. A decidida propensão do ascetismo protestante para o empiricismo racionalizado sobre bases matemáticas é bem conhecida, mas não poderá ser analisada mais a fundo aqui. Sobre o desenvolvimento das ciências na direção da investigação exata, matematicamente racionalizada, as suas razões filosóficas e o seu contraste com o ponto de vista de Bacon, ver Windelband, *Geschichte der Philosophie*, p. 305-7 ss., em especial a observação da p. 305, que corretamente nega que a moderna ciência natural possa ser apreendida como o produto de interesses técnicos e materiais. Relações muito importantes existem, é claro, mas são demasiado complexas. Ademais, ver Windelband, *Neuere Phil.*, I, p. 40 ss. Para a atitude do ascetismo protestante, o ponto decisivo era, como talvez seja mostrado da forma mais clara pela obra de Spener, *Theologische Bedenken*, I, p. 232, III, p. 260, o de que, assim como o cristão é conhecido pelos frutos de sua crença, o conhecimento de Deus e de Suas designações somente pode ser alcançado por meio de um conhecimento de Sua obra. A ciência favorita de todo puritano, batista ou pietista cristão era, portanto, a física, e depois desta todas aquelas ciências naturais que utilizavam um método similar, em especial, o método matemático. Era esperado que, do conhecimento empírico das leis divinas da natureza, se ascendesse à compreensão da essência do mundo, o que, por conta da natureza fragmentária da revelação divina, uma ideia calvinista, não poderia jamais ser alcançado pelo método da especulação metafísica. O empiricismo do século XVII era o meio para o ascetismo buscar Deus na natureza. Ele parecia levar a Deus, enquanto a especulação filosófica, para longe Dele. Spener em particular considera a filosofia aristotélica como tendo sido o elemento mais nocivo à tradição cristã. Qualquer outra filosofia era melhor, especialmente a platônica; ver *Cons. Theol*, III, 6, I, Dist. 2, nº 13. Adicionalmente, compare a característica passagem que segue: "*Unde pro Cartesio quid dicam non habeo* [ele não o tinha lido], *semper tamen optavi et opto, ut Deus viros excitet, qui veram philosophiam vel tandem oculis sisterent in qua nullius hominis attenderetur auctoritas, sed sana tantum magistri nescia ratio*", Spener, *Com. Theol*, II, 5, nº 2. A significação dessa atitude do protestantismo ascético para o desenvolvimento da educação, especialmente da educação técnica, é bem conhecido. Combinado com a atitude com relação à *fides implicita* eles forjaram um programa pedagógico.

145. "Esse é um tipo de homem que busca sua felicidade por quatro meios principais: (1) ser insignificante, desprezado e humilhado; (2) negligenciar todas as coisas de que não precise para o serviço do seu Senhor; (3) não possuir nada ou devolver tudo o que receber; (4) trabalhar como trabalhador assalariado, não tendo o salário como fim, mas pela profissão a serviço de Deus e do próximo" (*Rel. Reden*, II, p. 180; Plitt, *op. cit.*, I, p. 445). Não é qualquer um que pode ou deve tornar-se um discípulo, mas apenas aqueles que recebem o chamado de Deus. Contudo, de acordo com a própria confissão de Zinzendorf (Plitt, *op. cit.*, 1, p. 449), ainda se mantêm dificuldades, porque o Sermão da Montanha se aplica formalmente a todos. A semelhança dessa universalidade livre de amor com os velhos ideais batistas é evidente.

146. Uma intensificação emocional da religião não era de forma alguma totalmente desconhecida pelo luteranismo, mesmo em seu período tardio. Antes, o elemento ascético, o modo de vida que o luterano suspeitou ser a salvação por meio das obras, era a diferença fundamental nesse caso.

147. Um medo saudável é melhor sinal da graça do que a certeza, diz Spener, *Theologische Bedenken*, I, p. 324. Nos escritores puritanos, nós também encontramos, notadamente, enfáticos avisos contra a falsa certeza; mas, ao menos a doutrina da predestinação, sendo que sua influência determinou a prática religiosa, sempre trabalhou no sentido oposto.

148. O efeito psicológico da confissão era em toda parte aliviar o indivíduo da responsabilidade por sua própria conduta, e por isso ela era procurada, mas isso enfraquecia a consistência rigorosa das demandas do ascetismo.

149. O quão importante é, mesmo para a forma da fé pietista, o papel realizado por fatores puramente políticos pode ser indicado por Ritschl em seu estudo do pietismo de Württemberg.

150. Ver o posicionamento de Zinzendorf (citado acima, na nota 145).

151. Notadamente, o calvinismo, na medida em que é genuíno, é também patriarcal. A relação existente, por exemplo, entre o sucesso das atividades de Baxter e o caráter doméstico das indústrias em Kidderminster fica evidente a partir de sua autobiografia. Ver a passagem citada em *Works of the Puritan Divines*, p. 38: "A cidade vive dos panos tecidos em Kidderminster, e, conforme as pessoas sentam em seus teares, podem colocar um livro diante delas, ou edificar umas às outras...". De todo modo, existe uma diferença entre o patriarcalismo baseado no pietismo e o baseado no calvinismo e especialmente na ética batista. Esse problema pode ser discutido apenas em outro contexto.

152. *Lehre von der Rechtfertigung und Versöhnung*, terceira edição, I, p. 598. Que Frederico Guilherme I chamou o pietismo de uma religião para as classes ociosas é mais indicativo do seu próprio pietismo do que daquele de Spener ou de Francke. Mesmo esse rei sabia muito bem o porquê de ele ter aberto seu reino aos pietistas, por meio da sua declaração de tolerância.

153. Como uma introdução ao metodismo, o excelente artigo de Loofs, *Methodismus*, nos *Realenzyklopädie für protestantische Theologie und Kirche*, é particularmente bom. Também as obras de Jacoby (especialmente *Handbuch des Methodismus*), Kolde, Jüngst e Southey são úteis. Sobre Wesley: Tyerman, *Life and Times of John Wesley*, é popular. Uma das melhores bibliotecas sobre a história do metodismo é a da Northwestern University de Evanston, em Chicago. Uma espécie de vinculação entre o puritanismo clássico e o metodismo era feita pelo poeta religioso Isaac Watts, um amigo do capelão de Oliver Cromwell (Howe) e depois de Richard Cromwell. Whitefield disse ter buscado seu conselho (ver Skeats, *op. cit.*, p. 254 ss.).

154. À parte a influência pessoal de Wesley, a similaridade é historicamente determinada pelo declínio do dogma da predestinação, por um lado, e, por outro, pelo poderoso reflorescimento do *sola fide* nos fundadores do metodismo, especialmente motivado pelo seu caráter especificamente missionário. Isso trouxe um rejuvenescimento modificado de certos métodos medievais, de reflorescimento da pregação edificante, e os combinou com formas pietistas. Isso certamente não se configura como uma linha geral de desenvolvimento perante o subjetivismo, já que nesse aspecto ele permaneceu atrás não somente do pietismo mas também da religião bernardina da Idade Média.

155. Dessa maneira o próprio Wesley ocasionalmente caracterizou o efeito da fé metodista. A relação com a *Glückseligkeit* de Zinzendorf é evidente.

156. Dados na obra de Watson, *Life of Wesley*, p. 331 (edição alemã).

157. J. Schneckenburger, *Vorlesungen über die Lehrbegriffe der kleinen protestantischen Kirchenparteien*, editado por Hundeshagen (Frankfurt, 1863), p. 147.

158. Whitefield, líder do grupo predestinacionista que se dissolveu depois de sua morte, por falta de organização, rejeitou a doutrina da perfeição, de Wesley, em seus pontos essenciais. De fato, essa era somente uma improvisação da real ideia calvinista da comprovação.

159. Schneckenburger, *op. cit.*, p. 145. E de uma forma um tanto diferente em Loofs, *op. cit.* Ambos os resultados são típicos de todo fenômeno religioso similar.

160. Portanto, na conferência de 1770. A primeira conferência de 1744 já havia reconhecido que as palavras bíblicas não se afastavam nem em um fio de cabelo do calvinismo, por um lado, e do antinominalismo, por outro. Mas, uma vez que eles eram tão obscuros, não ficava bem estar separado por diferenças de doutrina se a validade da *Bíblia* fosse mantida como norma prática.

161. Os metodistas foram separados dos Herrnhuters por sua doutrina da possibilidade da perfeita ausência de pecados, a qual Zinzendorf, em particular, rejeitava. Por outro lado, Wesley sentiu o elemento emocional na religião Herrnhut como sendo misticismo e chamou a interpretação de Lutero da lei de blasfema. Isso mostra a barreira existente entre o luteranismo e todo tipo de conduta religiosa racional.

162. John Wesley enfatiza o fato de que em toda parte, entre *quakers*, presbiterianos e anglicanos, os membros devem acreditar em dogmas, exceto no metodismo. Acerca da questão, compare a discussão, ainda que sumária, em Skeats, *History of the Free Churches of England, 1688-1851.*

163. Compare Dexter, *Congregationalism*, p. 455 ss.

164. Ainda que naturalmente isso possa interferir, como é hoje o caso entre os negros americanos. De resto, o caráter frequentemente patológico do emocionalismo metodista, se comparado com o tipo relativamente moderado do pietismo, pode, possivelmente, em conjunto com razões puramente históricas e da publicidade do processo, estar vinculado com a maior penetração ascética na vida, nas áreas em que o metodismo é amplamente difundido. Somente um neurologista poderia dar a palavra final sobre isso.

165. Loofs, *op. cit.*, p. 750, enfatiza de forma intensa o fato de que o metodismo é distinto de outros movimentos ascéticos pela razão de ter emergido depois do Iluminismo inglês, e o compara com o (obviamente muito menos marcado) renascimento alemão do pietismo, no primeiro terço do século XIX. De resto, é permissível, seguindo Ritschl, *Lehre von der Rechtfertigung und Versöhnung*, I, p. 568 ss., manter o paralelo com a forma de Zinzendorf de pietismo, a qual, diferentemente daquela de Spener e de Francke, já era em si mesma uma reação ao Iluminismo. Contudo, essa reação toma um curso muito diferente no metodismo da dos Herrnhuters, ao menos conforme eles foram influenciados por Zinzendorf.

166. Os quais, no entanto, como é mostrado pela passagem de John Wesley (supracitado, p. 175), se desenvolveram na mesma direção e com o mesmo efeito das outras denominações ascéticas.

167. E, como vimos anteriormente, formas mais enfraquecidas da consistente ética ascética do puritanismo; ao passo que, se alguém desejasse, de um modo popular, interpretar essas concepções religiosas como meros expoentes ou reflexos de instituições capitalistas, justamente o oposto seria o caso.

168. Dos batistas somente os assim chamados *General Baptists* remontam ao movimento mais antigo. Os *Particular Baptists* eram, como já pontuamos, calvinistas, que em princípio limitaram a participação na Igreja aos regenerados, ou ao menos aos que professavam sua fé pessoalmente, e assim permaneceram, em princípio, voluntaristas e inimigos de toda Igreja de Estado. Sob Cromwell, sem dúvida, eles não eram de todo consistentes na prática. Nem eles, e tampouco os *General Baptists*, a despeito da grande importância que detinham como os portadores da tradição batista, nos dão ocasião para uma análise dogmática especial aqui. Que os *quakers*, embora formalmente uma nova fundação de George Fox e de seus associados, foram fundamentalmente uma continuação da tradição batista, está além de qualquer questão. A melhor introdução à sua história, incluindo as suas relações com os batistas e com os menonitas, é Robert Barclay, *The Inner Life of the Religious Societies of the Commonwealth*, 1876. Sobre a história dos batistas, comparar, entre outros, H. M. Dexter, *The True Story of John Smyth, the Se-Baptist, as told by himself and his contemporaries*, Boston, 1883 (E também: J. C. Lang em *The Baptist Quarterly Review*, 1883, p. 1); J. Murch, *A History of the Presb. and Gen. Bapt. Church in the West of England*, Londres, 1835; A. H. Newman, *History of the Baptist Church in the U.S.*, Nova York, 1894 (*Am. Church Hist. Series*, vol. 2); Vedder, *A Short History of the Baptists*, Londres, 1897; E. B. Bax, *Rise and Fall of the Anabaptists*, Nova York, 1902; G. Lorimer, *The Baptists in History*, 1902; J. A, Seiss, *The Baptist*

System Examined, Lutheran Publication Society, 1902; mais materiais podem ser encotrados em *Baptist Handbook*, Londres, 1896 ff.; *Baptist Manuals*, Paris, 1891-1893; *The Baptist Quarterly Review*; e na *Bibliotheca Sacra*, Oberlin, 1900.

A melhor biblioteca batista parece ser aquela do *Colgate College*, no Estado de Nova York. Para a história dos *quakers*, a coleção da *Devonshire House*, Londres, é considerada a melhor (não avaliada por mim). O moderno órgão oficial da ortodoxia é o *American Friend*, editado pelo Professor Jones; a melhor história dos *quakers* é a de Rowntree. Adicionalmente: Rufus B. Jones, George Fox, *An Autobiography*, Phil., 1903; Alton C. Thomas, *A History of the Society of Friends in America*, Phil., 1895; Edward Grubbe, *Social Aspects of the Quaker Faith*, Londres, 1899. E também a copiosa e excelente literatura biográfica.

169. Esse é um dos méritos da obra *Kirchengeschichte*, de Karl Müller, o ter concedido ao movimento anabatista, grande em seu caminho, ainda que aparentemente despretensioso, o lugar que merecia em sua obra. Ele sofreu mais do que qualquer outro a impiedosa perseguição de todas as Igrejas, porque ele buscava ser uma seita no específico sentido da palavra. Mesmo depois de cinco gerações, ficou desacreditado diante dos olhos de todo o mundo, por conta da derrocada da corrente escatológica a ele relacionada em Münster. E, continuamente oprimido e mantido na clandestinidade, foi muito tempo depois de sua origem que ele obteve uma formulação consistente de suas doutrinas religiosas. Portanto, ele produziu ainda menos teologia do que teria sido coerente com os seus princípios, que eram em si mesmos hostis a um desenvolvimento especializado de sua fé em Deus como sendo uma ciência. Isso não foi muito agradável para os teólogos profissionais mais antigos, até mesmo em seu próprio tempo, e assim eles não deixaram que ele tivesse muito impacto sobre eles. Mas muitos outros, mais recentes, tomaram a mesma atitude. Em Ritschl, *Pietismus*, I, p 22 ss., os anabatistas não são adequadamente tratados, e, na verdade, são antes tratados desdenhosamente. Somos tentados a falar de um ponto de vista teológico burguês. Isso a despeito do fato de que a bela obra de Cornelius (*Geschichte des Münsterschen Aufruhrs*) já estava disponível há décadas.

Aqui também Ritschl vê em toda parte um retrocesso, a partir de seu ponto de vista perante o catolicismo, e suspeita de influências diretas da ala radical da tradição franciscana. Mesmo que tal influência pudesse ser provada em alguns casos, esses fios seriam muito tênues. Acima de tudo, o fato histórico foi, provavelmente, que a Igreja Católica oficial, onde quer que o ascetismo mundano dos leigos fosse tão longe, como na formação de conventículos, o encarou com a maior suspeita e tentou, assim, incentivar a formação de ordens ascéticas para fora do mundo, ou buscava anexá-las como ascetismo de segundo grau às ordens já existentes, a fim de mantê-lo sob controle. Onde isso não aconteceu, ela sentiu o perigo de que a prática da moralidade ascética subjetivista podia levar à negação da autoridade e à heresia, assim como, e com a mesma justificativa, a Igreja de Elizabeth fez com relação aos conventículos, semipietistas, de profetização da *Bíblia*, mesmo quando o conformismo destes era indubitável; uma perspectiva que era expressa pelos Stuart no *Book of Sports*, de que falaremos adiante. A história de vários movimentos heréticos, incluindo, por exemplo, o Humiliati e os Beguins, bem como o destino de São Francisco, é prova disso. A pregação dos frades mendicantes, especialmente dos franciscanos, provavelmente fez muito para preparar o caminho para a moralidade ascética dos leigos do protestantismo calvinista e batista. Mas as numerosas relações estreitas entre o ascetismo do monasticismo ocidental e da conduta ascética do protestantismo, cuja importância deve continuamente ser relevada para os nossos problemas particulares, são baseadas, em última análise, no fato de que importantes elementos necessariamente são comuns a todo ascetismo baseado no cristianismo bíblico. Além disso, todo ascetismo, não importando qual a sua fé, tem necessidade de certos métodos capazes de subjugar a carne.

Do esboço que segue, deve também ser observado que a sua brevidade se deve ao fato de que a ética batista possui somente uma importância bastante limitada para o problema central deste estudo, o do desenvolvimento do pano de fundo religioso da ideia burguesa da profissão como vocação. Ele não contribui com nada de novo para ele. O aspecto social movimento, muito mais importante, deve, para o presente, permanecer intocado. Da história do movimento batista mais antigo podemos, do ponto de vista do nosso problema, apresentar aqui apenas o que era mais importante para o desenvolvimento das seitas nas quais nós estamos interessados: os batistas, os *quakers*, e, de forma mais incidental, os menonitas.

170. Ver anteriormente (nota 91).

171. Sobre sua origem e mudanças, ver A. Ritschl em seu *Gesammelte Aufsätze*, p. 69 ss.

172. Naturalmente os anabatistas sempre repudiaram a designação de uma seita. Eles formam *a* Igreja no sentido da Epístola aos Efésios (5, 27). Mas na nossa terminologia eles formam uma seita não apenas pela falta de toda relação com o Estado. A relação entre a Igreja e o Estado do cristianismo dos primórdios era, mesmo para os *quakers* (Barclay), o seu ideal; para eles, como para muitos pietistas, por si sós, uma Igreja sob uma cruz estava além de qualquer suspeita quanto a sua pureza.

Mas também os calvinistas, *faute de mieux*, de forma similar mesmo a Igreja Católica sob as mesmas circunstâncias, foram forçados a ser a favor da separação da Igreja e do Estado, na escolha entre um Estado incrédulo ou sob a cruz. Tampouco eram eles uma seita, pois a indução à participação na Igreja tomou lugar *de facto* por meio de um contrato entre a congregação e os candidatos. Esse era formalmente o caso nas comunidades reformadas dos Países Baixos (como um resultado da situação política original), de acordo com a constituição da antiga Igreja (ver a respeito Hoffmann, *Kirchenverfassungsrecht der niederl. Reformierten*, Leipzig, 1902).

Do contrário, foi porque tal comunidade religiosa só poderia ser organizada voluntariamente, como uma seita, e não obrigatoriamente, como Igreja, caso não desejasse incluir os não regenerados e, assim, afastar-se do ideal cristão primitivo. Para as comunidades anabatistas se tratava de um elemento essencial da própria ideia de sua Igreja, enquanto, para os calvinistas, tratava-se de um acidente histórico. Para ter certeza que os últimos eram também motivados por razões religiosas muito bem definidas na direção da Igreja dos fiéis, foi já indicado. Sobre a distinção entre Igreja e seita, ver o próximo ensaio. O conceito de seita que eu tenho adotado aqui tem sido usado ao mesmo tempo e, suponho, de forma independente de mim, por Kattenbusch em *Realenzyklopädie für protestantische Theologie und Kirche* (artigo "Sekte"). Troeltsch em seu *Die Soziallehren der christlichen Kirchen und Gruppen* o aceita e discute a questão em mais detalhes. Ver também a introdução aos ensaios no *Wirtschaftsethik der Weltreligionen*.

173. O quão importante esse símbolo era, historicamente, para a conservação da comunidade da Igreja, desde que fosse um signo não ambíguo e não confundível, foi mostrado de forma clara por Cornelius, *op. cit.*

174. Certas aproximações a essa questão, na doutrina menonita da justificação, não precisam preocupar-nos aqui.

175. Essa ideia é talvez a base do interesse religioso na discussão de questões como a da encarnação de Cristo e de sua relação com a Virgem Maria, que frequentemente, só como a única puramente dogmática dos anabatistas, aparece tão estranhamente nos seus mais antigos documentos (por exemplo, as confissões expostas em Cornelius, *op. cit.*, apêndice ao volume II. Sobre essa questão, ver K. Müller, *Kirchengeschichte*, II, 1, p. 330). A diferença entre a cristologia da Igreja reformada e da luterana (na doutrina da assim chamada *communicatio idiomatum*) parece basear-se em interesses religiosos similares.

176. Isso foi expresso especialmente na revogação estritamente original até mesmo do contato cotidiano com os excomungados, um ponto ao qual mesmo os calvinistas, que em princípio mantiveram a opinião de que questões mundanas não deviam ser afetadas por censuras espirituais, fizeram amplas concessões. Ver o próximo ensaio.

177. Como esse princípio era aplicado pelos *quakers* a coisas aparentemente externas e triviais (recusa a retirar o chapéu, a se ajoelhar, se curvar ou se dirigir formalmente) é bem conhecido. A ideia básica é de certa forma característica de todo ascetismo. É essa a razão de o verdadeiro ascetismo ser sempre hostil a autoridades. No calvinismo isso aparece no princípio de que somente Cristo deveria governar na Igreja. No caso do pietismo, pode-se pensar nos esforços de Spener para encontrar uma justificação bíblica dos títulos. O ascetismo católico, visto que a autoridade eclesiástica era uma preocupação, rompeu com essa tendência em seu juramento de obediência, por interpretar a obediência em si mesma em termos ascéticos. O tombamento desse princípio no ascetismo protestante é a base histórica das peculiaridades até mesmo da democracia contemporânea dos povos influenciados pelo puritanismo, como distinta daquelas de espírito latino. Ela também é parte do pano de fundo histórico daquela falta de respeito dos americanos que é, conforme o caso, tão irritante ou tão refrescante.

178. Sem dúvida isso era verdade para os batistas essencialmente no Novo Testamento, e não na mesma grandeza com relação ao Velho. Especialmente o Sermão da Montanha desfrutava de um peculiar prestígio enquanto programa de ética social em todas as denominações.

179. Mesmo Schwenkfeld havia considerado o desempenho formal dos sacramentos como um *adiaphoron*, enquanto os batistas gerais e os menonitas se mantiveram estritamente ao batismo e à comunhão, e os menonistas, adicionalmente, à lavagem dos pés. Por outro lado, para os predestinacionistas a depreciação, de fato para tudo, exceto para a comunhão — pode-se mesmo dizer que a suspeita, com a qual os sacramentos foram mantidos, foi muito longe. Ver o próximo ensaio.

180. Sobre esse ponto, as denominações anabatistas, especialmente os *quakers* (Barclay, *Apology for the True Christian Divinity*, quarta edição, Londres, 1701, de certa forma colocado à minha disposição por Eduard Bernstein), se referem aos posicionamentos de Calvino em *Instit. Christ*, III, p. 2, em que, de fato, podem ser encontradas inconfundíveis sugestões da doutrina anabatista. Também a antiga distinção entre a Palavra de Deus como aquela que Deus havia revelado aos patriarcas, os profetas e os apóstolos, e as Sagradas Escrituras como aquela parte delas que eles escreveram, eram, a despeito da não existência de conexão histórica, intimamente relacionadas à concepção batista da revelação. A ideia mecânica da inspiração, e com ela a estrita bibliocracia dos calvinistas, era justamente o produto do seu desenvolvimento em uma dada direção, no curso do século XVI, como a doutrina da luz interior dos *quakers*, derivada de fontes anabatistas, mas era o resultado de um desenvolvimento diretamente oposto. A acentuada diferenciação era, também nesse caso, em parte o resultado de contínuas disputas.

181. Isso era fortemente enfatizado contra certas tendências dos socinianos. A razão natural não sabe absolutamente nada de Deus (Barclay, *op. cit.*, p. 102). Isso significava que o papel desempenhado pelas *lex naturae* no protestantismo em outros lugares foi alterado. Em princípio, não poderia haver regras gerais, nenhum código moral, para a vocação profissional que todos detinham, e que é diferente para cada indivíduo, e que lhe é revelado por Deus por meio de sua própria consciência. Deveríamos fazer não o bem no sentido geral da razão natural, mas a vontade de Deus tal como ela está escrita em nossos corações e que conhecemos pela consciência (Barclay, p. 73, 76 ss.). Essa irracionalidade da moralidade, derivada do exagerado contraste entre o divino e a carne, é expresso nestes dogmas fundamentais da ética *quaker*: "O que um homem faz contra a sua fé, apesar de sua fé poder estar errada, não é de forma alguma aceitável para Deus — ainda que a coisa possa ser legítima para outro" (Barclay, p. 487). É claro que isso não poderia ser mantido na prática. Os "estatutos morais e perpétuos reconhecidos por todos os cristãos" são, por exemplo, para Barclay, o limite da tolerância. Na prática os contemporâneos sentiram suas respectivas éticas como similares àquelas dos pietistas reformados, mas com certas peculiaridades próprias. "Tudo o que há de bom na Igreja é suspeito de ser quakerismo", tal como Spener repetidamente postula. Portanto, parece que Spener invejava os *quakers* por essa reputação. *Cons. Theol.*, III, 6, 1, Dist. 2, nº. 64. O repúdio dos juramentos com base em uma passagem na *Bíblia* mostra que a verdadeira emancipação das Escrituras não tinha ido muito longe. O significado da ética social do princípio "Faça aos outros o que gostaria que fizessem a você", que muitos *quakers* colocaram como a essência de toda a ética cristã, não precisa preocupar-nos aqui.

182. Barclay justifica a necessidade de assumir essa possibilidade ao dizer que sem ela "nunca deveria haver um lugar conhecido pelos santos em que eles pudessem ser livres de dúvida e desespero, o que (...) é mais um absurdo". É evidente que a *certitudo salutis* depende dela. Dessa forma, Barclay, *op. cit.*, p. 20.

183. Assim, portanto, mantém-se uma diferença de tipos entre a racionalização da vida calvinista e a dos *quakers*. Mas, quando Baxter a formula dizendo que é suposto pelos *quakers* que o espírito aja sobre a alma como se agisse sobre um cadáver, enquanto a formulação de princípio caracteristicamente calvinista é que "a razão e o espírito são princípios conjuntos" (*Christian Directory*, II, p. 76), essa distinção não mais era válida nessa forma, em seu tempo.

184. Assim, nos artigos muito minuciosos "Menno" e "Mennoniten", de Cramer, em *für Realenzyklopädie protestantische Theologie und Kirche*, especialmente p. 604. Ainda que esses artigos sejam excelentes, o artigo "Baptisten" na mesma enciclopédia não é muito penetrante e, em parte, simplesmente incorreto. O seu autor não conhece, por exemplo, as *Publications of the Hanserd Knolly's Society*, que são indispensáveis para a história do batismo.

185. Portanto, Barclay, *op. cit.*, p. 404, explica que comer, beber e adquirir são atos naturais, e não espirituais, e que podem ser executados sem sanção especial de Deus. A explicação é uma resposta à característica objeção de que, tal como ensinam os *quakers*, alguém não pode rezar sem um recurso especial do Espírito, e o mesmo deveria ser considerado até para o ato de arar. É significativo, notadamente, que, mesmo nas resoluções modernas dos sínodos *quakers*, o conselho seja dado para que as pessoas se retirem dos negócios depois de adquirirem uma fortuna suficiente, para que fujam da agitação do mundo e se tornem aptas a viver somente em devoção ao Reino de Deus. Mas a mesma ideia ocorre ocasionalmente em outras denominações, inclusive no calvinismo. Isso demonstra o fato de que a aceitação da ética prática burguesa, por parte desses movimentos, era a aplicação mundana de um ascetismo que originalmente fugia do mundo.

186. Veblen em seu sugestivo livro *The Theory of Business Enterprise* é da opinião de que esse lema pertence apenas ao capitalismo primitivo. Mas os super-homens econômicos, que, como os atuais capitães da indústria, têm estado além do bem e do mal, têm sempre existido, e tal posicionamento é verdadeiro mesmo quando referido ao amplo estrato inferior de homens de negócios.

187. Podemos aqui novamente chamar expressamente atenção às excelentes observações de Eduard Bernstein, *op. cit.* Ao tratamento altamente esquemático dado por Kautsky ao movimento batista e à sua teoria do comunismo herético em geral (no primeiro volume da mesma obra) retornaremos em outra ocasião.

188. "*In civil actions it is good to be as the many, in religious to be as the best*" [Nas ações civis é bom ser como a maioria, nas religiosas, como os melhores"], diz, por exemplo, Thomas Adams (*Works of the Puritan Divines*, p. 138). Isso soa de certa forma mais drástico do que pretende ser. Significa que a honestidade puritana é legalidade formalista, assim como a integridade que os povos de passado puritano gostam de reivindicar como uma virtude nacional é de alguma forma especificamente diferente da alemã *Ehrlichkeit*. Algumas boas observações sobre o tema, de um ponto de vista educacional, podem ser encontradas nos *Preuss. Jahrb.*, CXII (1903), p. 226. O formalismo da ética puritana é por sua vez a consequência natural de sua relação com a lei.

189. Algo é dito sobre isso no próximo ensaio.

190. Essa é a razão para a importância econômica das minorias ascéticas protestantes, mas não das católicas.

191. Que a diferença de base dogmática não era inconsistente com a adoção do mais importante interesse na comprovação deve ser explicado, em última análise, pelas peculiaridades históricas do cristianismo em geral, o que não poderá ser discutido aqui.

192. "*Since God hath gathered us to be a people*" [Desde que Deus nos reuniu para sermos um povo], diz Barclay, *op. cit.*, p. 357. Eu mesmo ouvi um sermão *quaker* no *Haverford College*, que dava grande ênfase à interpretação dos santos enquanto significando coisas separadas.

Capítulo V
O ascetismo e o espírito do capitalismo

A fim de compreender a conexão entre as ideias religiosas fundamentais do protestantismo ascético e as suas máximas para a conduta econômica do cotidiano, é necessário examinar com especial cuidado tais escritos, que evidentemente foram derivados da prática ministerial. Pois em um tempo em que o além significa tudo, quando a posição social do cristão dependia da sua admissão na comunhão, o clero, por meio do ministério, da disciplina eclesiástica e da pregação, exercia uma influência tal (como uma olhada rápida nas coletâneas de *consilia, casus conscientiae*, etc., nos mostra) que nós, homens modernos, somos totalmente incapazes de visualizar. Em tal período, as forças religiosas, que se expressam por tais meios, eram as influências decisivas na formação dos caracteres nacionais.

Para os propósitos deste capítulo, ainda que indubitavelmente não para todos os propósitos, podemos tratar o protestantismo ascético como um único todo. Entretanto, já que aquela parte do puritanismo inglês, a que havia derivado do calvinismo, dava a mais consistente base religiosa para a ideia da vocação, devemos, seguindo o nosso método prévio, alocar um dos seus representantes ao centro da discussão. Richard Baxter destaca-se sobre muitos outros escritores no que diz respeito à ética puritana, por conta de sua atitude eminentemente prática e realista, e, ao mesmo tempo, por conta do reconhecimento universal do seu trabalho, que passou por inúmeras novas edições e traduções. Ele era um presbiteriano e um apologista do sínodo de Westminster, mas, ao mesmo tempo, como muitos dos melhores espíritos de sua época, gradualmente cresceu afastado dos dogmas do puro calvinismo. No fundo, ele se opunha à usurpação de Cromwell, como faria com qualquer revolução. Ele não era favorável às seitas e ao entusiasmo fanático dos santos, mas era muito tolerante quanto às peculiaridades exteriores de seus oponentes, e objetivo com relação a eles. Buscou o seu campo de atuação, da forma mais especial, na promoção prática da vida moral por meio da Igreja. Na perseguição desse fim, como sendo um dos mais sucessivos ministros conhecidos na história, ele colocou os seus serviços à disposição do governo parlamentar, de Cromwell e do governo da restauração,[193] até que se retirou do ofício, sob o último, antes do dia de São Bartolomeu. O seu *Christian Directory* é o mais completo compêndio da ética puritana, e é continuamente ajustado às experiências práticas da sua própria atividade ministerial. Em comparação, faremos uso da obra de Spener, *Theologische Bedenken*, como representante do pietismo alemão, e a de Barclay, *Apology*, bem como dos *quakers*, e de alguns outros representantes da ética ascética,[194] os quais, contudo, por questões de espaço, serão limitados tanto quanto possível.[195]

Agora, ao lançar uma olhadela no *Saints Everlasting Rest*, de Baxter, ou no seu *Christian Directory*, ou obras similares de outros,[196] fica-se impressionado, num primeiro olhar, pela ênfase dada, na discussão da riqueza[197] e da sua aquisição, sobre os elementos ebionitas do Velho Testamento.[198] A riqueza, enquanto tal, é um grande perigo; as suas tentações nunca terminam, e a sua perseguição[199] não é apenas sem sentido se comparada com a importância dominante do Reino de Deus, mas se trata de algo moralmente suspeito. Aqui, o ascetismo parece ter-se tornado muito mais acentuadamente contra a aquisição de bens terrenos do que parecia ser em Calvino, que não via impedimento no fato de o clero possuir essa riqueza, mas via nisso uma expansão desejável do seu prestígio. Assim, era permitido que eles empregassem os seus meios de forma lucrativa. Exemplos de condenação pela perseguição de dinheiro e de bens podem ser encontrados, em inúmeros casos, nos escritos puritanos, e podem ser contrastados com a literatura ética da Baixa Idade Média, que era muito mais aberta quanto a esse ponto.

Ademais, essas dúvidas eram tomadas com a mais perfeita seriedade; é suficiente examiná-las um pouco mais de perto para compreender sua verdadeira significação ética e suas implicações. A verdadeira objeção moral se refere ao relaxamento na seguridade da possessão,[200] à fruição da riqueza com a consequência do ócio e das tentações da carne, acima de tudo na distração com relação à perseguição de uma vida correta. De fato, apenas porque as posses envolvem esse perigo, o do relaxamento, é que existem objeções quanto a elas. Pois o descanso eterno dos santos ocorre no outro mundo; e na Terra todo homem deve, para estar certo do seu estado de graça, "levar a cabo as obras Daquele que o enviou enquanto ainda é dia". Nem o lazer nem a diversão, mas apenas a atividade serve para aumentar a glória de Deus, de acordo com as definitivas manifestações da Sua vontade.[201]

O desperdício de tempo é, portanto, o primeiro e o mais mortal dos pecados. A duração da vida humana é infinitamente curta e preciosa para se assegurar a certeza da eleição de alguém. Perda de tempo com sociabilidade, com conversas alheias,[202] luxúria,[203] e mesmo dormir mais do que o necessário para a saúde,[204] de seis a, no máximo, oito horas, é digno de absoluta condenação moral.[205] Ainda não se postula, como Franklin, que tempo é dinheiro, mas a afirmação é verdadeira em um certo sentido espiritual. Ele é infinitamente valoroso, porque cada hora perdida é perdida enquanto trabalho para a glória de Deus.[206] Dessa forma, também a contemplação inativa é sem valor, ou mesmo diretamente repreensível, caso seja feita a expensas do trabalho diário de alguém.[207] Pois isso é menos do interesse de Deus do que a realização ativa da sua vontade em uma vocação profissional.[208] Além disso, os domingos são feitos para isso, e, de acordo com Baxter, são sempre aqueles que são diligentes em suas profissões que não possuem tempo para Deus quando a ocasião o demanda.[209]

De acordo com isso, a principal obra de Baxter é dominada pela pregação, frequentemente quase apaixonada e continuamente repetida, do trabalho duro e contínuo, seja mental ou físico.[210] Isso se deve a uma combinação de dois motivos.[211] O trabalho é, por um lado, uma técnica ascética aprovada, como sempre tem sido[212] na Igreja ocidental, em acentuado contraste não só com o Oriente mas com quase todas as regras monásticas de sempre, em todo o mundo.[213] É em especial a específica defesa contra todas aquelas tentações que o puritanismo uniu sob o nome de vida impura, cujo papel, para ele, não é pequeno. O ascetismo sexual do puritanismo difere apenas em grau, e não em seus fundamentos principais, daquele do monasticismo; e, por conta da concepção puritana de casamento, a sua influência prática possui maior amplitude de alcance do que a do último. Porque o intercurso sexual é permitido, mesmo dentro do casamento, somente como um meio desejado por Deus para aumentar a Sua glória, de acordo com o mandamento: "Sede fecundos e multiplicai-vos".[214] Juntamente com uma dieta vegetariana moderada e com banhos gelados, a mesma prescrição é dada para todas as tentações sexuais, do mesmo modo como é utilizada contra dúvidas religiosas no sentido da indignidade moral: "Trabalhe duro na sua profissão".[215] Mas a coisa mais importante foi que, e mesmo para além daquilo, o trabalho passou a ser considerado em si mesmo[216] a finalidade da vida, ordenado, como tal, por Deus. O "Aquele que não trabalha não deverá comer", de São Paulo, foi postulado incondicionalmente, para tudo.[217] Indisposição para trabalhar é um sintoma da falta de graça.[218]

Aqui, a diferença com relação ao ponto de vista medieval torna-se claramente evidente. Tomás de Aquino também havia dado uma interpretação para essa afirmação de São Paulo. Mas, para ele,[219] o trabalho era apenas necessário *naturali ratione* para a manutenção do indivíduo e da comunidade. Onde esse fim tivesse sido alcançado, o preceito deixava de possuir qualquer significado. Ademais, ele era mantido apenas para a espécie, e não para todo indivíduo. Ele não se aplica a qualquer um que possa viver de suas posses, sem trabalhar, e é claro que a contemplação, como uma forma espiritual de ação no Reino de Deus, tem primazia sobre o mandamento em seu sentido literal. Ademais, para a teologia popular da época, a mais elevada forma de produtividade monástica residia no aumento dos *Thesaurus ecclesiae*, por meio da oração e do canto.

Essas exceções para a conduta no trabalho naturalmente não são mais mantidas por Baxter, mas ele mantém da forma mais enfática que a riqueza não faz alguém isento do comando incondicional.[220] Mesmo os ricos não devem comer sem trabalhar, pois, ainda que eles não precisem trabalhar para atender suas próprias necessidades, existe um mandamento de Deus a que eles, assim como os pobres, devem obedecer.[221] Pois para todos, sem exceção, Deus preparou uma vocação, que ele poderia professar e na qual deveria trabalhar. E essa vocação não é, como era para o luterano,[222] um destino ao qual ele deveria submeter-se e com relação ao qual deveria fazer o melhor possível, mas é o mandamento de Deus, para o indivíduo trabalhar para a Sua glória divina. Essa diferença, aparentemente sutil, tinha amplas consequências psicológicas e se vinculou com um posterior desenvolvimento da interpretação providencial da ordem econômica, o que havia começado com os escolásticos.

O fenômeno da divisão do trabalho e das ocupações na sociedade tinha, dentre outros, sido interpretado por Tomás de Aquino, a quem podemos, de forma mais conveniente, nos referir como uma consequência direta do esquema divino das coisas. Mas os lugares atribuídos a cada homem no cosmos seguiam *ex causis naturalibus* e eram fortuitos (ou contingentes, na terminologia escolástica). A diferenciação dos homens em classes e ocupações, estabelecida ao longo de seu desenvolvimento histórico, se tornara para Lutero, como já vimos, um resultado direto da vontade divina. A perseverança do indivíduo no seu lugar, e dentro dos limites que Deus lhe havia designado, era um dever religioso.[223] Essa era a mais certa consequência, uma vez que as relações do luteranismo com o mundo são em geral incertas desde o começo, e assim permaneceram. Princípios éticos para a reforma do mundo não poderiam ser encontrados no corolário de ideias de Lutero; de fato, este nunca se libertou completamente da indiferença paulina. Por conseguinte, o mundo tinha de ser aceito tal como era, e isso por si só poderia se tornar um dever religioso.

Entretanto, na visão do puritano, o caráter providencial do papel dos interesses econômicos privados tomava uma forma de certa maneira diferente por conta de sua ênfase. De acordo com a tendência puritana a realizar interpretações pragmáticas, o propósito providencial da divisão do trabalho deve ser conhecido a partir de seus frutos. Sobre esse ponto, Baxter se expressa em termos que mais do que lembram a bem conhecida apoteose de Adam Smith acerca da divisão do trabalho.[224] A especialização das ocupações leva, uma vez que ela possibilita o desenvolvimento das habilidades, a uma melhora quantitativa e qualitativa da produção e, assim, serve ao bem comum, que é idêntico ao bem do maior número possível de pessoas. Até então, a motivação é puramente utilitária e, no entanto, está intimamente relacionada ao típico ponto de vista de boa parte das literaturas seculares do período.[225]

Entretanto, o elemento caracteristicamente puritano aparece quando Baxter leva a cabo sua discussão sobre o posicionamento segundo o qual "fora de uma profissão bem demarcada, o trabalho de um homem é apenas casual e irregular, e ele despende mais tempo no ócio do que no trabalho", e quando conclui da seguinte forma: "e ele [o trabalhador especializado] levará a cabo o seu trabalho em ordem, enquanto os outros se mantêm em constante confusão, com negócios a fazer não se sabe onde nem quando...[226] portanto, uma profissão certa é o melhor para todos". Trabalho irregular, que o trabalhador comum é frequentemente forçado a aceitar, é habitualmente não evitável, mas é sempre concebido como um estado de transição não bem recebido. A um homem sem uma profissão, dessa maneira, falta o caráter sistemático e metódico que é, como pudemos ver, demandado pelo ascetismo mundano.

A ética *quaker* também postulava que a vida de um homem em sua profissão é um exercício na virtude ascética, uma comprovação do seu estado de graça por meio de sua consciência, que é expressa no cuidado[227] e no método com o qual ele leva a cabo a sua profissão. O que Deus demanda não é o trabalho em si mesmo, mas o trabalho racional em uma profissão. No conceito puritano de profissão, a ênfase é sempre posta sobre esse caráter metódico do ascetismo mundano, e não, tal como em Lutero, sobre a aceitação da sorte que Deus designou ao homem de forma irremediável.[228]

Consequentemente, a questão sobre a possibilidade de alguém poder combinar várias profissões é respondida de forma afirmativa, se isso for útil para o bem comum ou para o bem próprio de alguém,[229] não sendo injurioso a outrem, e caso não leve à infidelidade em uma das profissões. Até mesmo uma mudança de profissão não é de forma alguma considerada repreensível, caso ela não seja feita de forma irrefletida e seja feita com o propósito de buscar uma profissão que agrade mais a Deus,[230] o que significa, em princípios gerais, uma mais útil.

É verdade que a utilidade de uma profissão, e, dessa forma, a sua benevolência aos olhos de Deus, é medida, antes de mais nada, em termos morais e, portanto, em termos da importância dos bens produzidos, na profissão, para a comunidade. No entanto, um critério adicional, e, acima de tudo, o mais importante na prática, é encontrado na lucratividade privada.[231] Pois se aquele Deus, cuja mão o puritano via em todas as eventualidades da vida, mostrava a um dos Seus eleitos uma chance de lucro, Ele devia fazer isso com algum propósito. Consequentemente, o cristão fiel devia seguir o chamado, tirando vantagem da oportunidade.[232] "Se Deus lhe mostra uma forma na qual você possa legalmente conseguir mais do que consegue de outra forma (sem dano à sua alma ou à de qualquer outro), caso você recuse isso, e escolha a forma de menor ganho, você viola um dos fins da sua profissão, e se recusa a ser o servo de Deus, e a aceitar as Suas dádivas e a utilizá-las para Ele quando Ele o exigir; você pode trabalhar para ser rico para Deus, mas não para a carne e para o pecado".[233]

A riqueza só é, portanto, ruim, do ponto de vista ético, conforme seja uma tentação ao ócio e à fruição pecaminosa da vida, e a sua aquisição somente é ruim quando é realizada como o último propósito, o de uma vida folgada e sem cuidados. Entretanto, enquanto realização de um dever em uma profissão, esta não é apenas moralmente permitida mas é, na verdade, ordenada.[234] A parábola do servo que era rejeitado porque não aumentava as capacidades que lhe eram confiadas parece ser bem explícita.[235] Desejar ser pobre era, e isso era frequentemente argumentado, semelhante a desejar não ser saudável;[236] é censurável como uma glorificação do trabalho e aviltante para a glória de Deus. Especialmente a mendicância, da parte de alguém apto a trabalhar, não é apenas o pecado da preguiça mas uma violação do dever do amor fraterno, que estava de acordo com as próprias palavras dos apóstolos.[237]

A ênfase sobre a importância ascética de uma profissão fixa provinha de uma justificação ética da moderna e especializada divisão do trabalho. De forma semelhante, a interpretação providencial do fazer lucro justificava as atividades do homem de negócios.[238] A indulgência superior do *seigneur* [senhor] e a ostentação dos *nouveaux riches* [novos ricos] são igualmente detestáveis para o ascetismo. Por outro lado, entretanto, possui a maior apreciação ética do *homem empreendedor* sóbrio de classe média:239 "Deus abençoa o seu negócio" era uma referência usual acerca daqueles bons homens[240] que sucessivamente seguiram os conselhos divinos. Todo o poder do Deus do Velho Testamento, que recompensa o Seu povo pela sua obediência nesta vida,[241] necessariamente exercia uma influência semelhante sobre o puritano que, seguindo o aviso de Baxter, comparava o seu próprio estado de graça com aquele dos heróis da *Bíblia*,[242] e que no processo interpretava os ensinamentos das Escrituras como artigos de um livro de leis.

Notadamente, as palavras do Velho Testamento não são totalmente livres de ambiguidades. Vimos que Lutero primeiramente utilizou o conceito de vocação, num sentido secular, ao traduzir uma passagem do Eclesiástico. No entanto, o livro do Eclesiástico pertence, como toda a atmosfera expressa nele, àquelas partes do Velho Testamento ampliado, com uma distintiva tendência tradicionalista, a despeito das influências helenistas. É característico que até o presente dia esse livro pareça desfrutar de uma especial benevolência entre os camponeses luteranos alemães,[243] da mesma forma como a influência luterana em amplos setores do pietismo alemão tem sido expressa por uma preferência pelo Eclesiástico.[244]

Os puritanos repudiaram os apócrifos como sendo não inspirados, em consonância com a sua acentuada distinção entre as coisas divinas e as coisas da carne.[245] No entanto, dentre os livros canônicos, o de Jó era o que tinha mais influência. Por um lado, esse livro continha uma concepção grandiosa da absoluta soberania da majestade de Deus, além de toda compreensão humana, e que estava intimamente relacionada àquela do calvinismo. Com isso, por outro lado, ele combinou a certeza que, ainda que incidental para Calvino, veio a ser de grande importância para o puritanismo, a de que Deus iria abençoar os Seus mesmo nesta vida — e, no Livro de Jó, somente nesta — e também no sentido material.[246] O quietismo oriental, que aparece em vários dos melhores versos dos Salmos e dos Provérbios, era deixado de lado, da mesma forma como fez Baxter com a coloração tradicionalista da passagem na 1ª Epístola aos Coríntios, que é tão importante para a ideia da vocação profissional.

Entretanto, toda a ênfase era colocada naquelas partes do Velho Testamento que enalteciam a legalidade formal como um sinal da conduta que agradava a Deus. Eles mantinham a teoria de que a Lei mosaica somente tinha perdido sua validade por intermédio de Cristo, visto que ela continha preceitos cerimoniais ou puramente históricos aplicáveis apenas ao povo judeu, mas que, de outra forma, ela tinha sido sempre válida como uma expressão da lei natural, e deve, consequentemente, ser mantida.[247] Isso tornou possível, por um lado, eliminar elementos que não podiam ser conciliados com a vida moderna. Mas a moralidade do Velho Testamento, por meio das inúmeras referências relacionadas, ainda era apta a dar um poderoso ímpeto àquele espírito da autorrigidez e da sóbria legalidade que é tão característico do ascetismo mundano dessa forma de protestantismo.[248]

Portanto, quando autores, como era o caso de vários contemporâneos, assim como de escritores posteriores, caracterizam a tendência ética básica do puritanismo, especialmente na Inglaterra, como "hebraísmo inglês",[249] eles não estão, se compreendido corretamente, errados. É necessário, contudo, não pensar no judaísmo palestino do tempo do surgimento das Escrituras, mas no judaísmo tal como ele se tornou sob a influência de muitos séculos de uma educação formalista, legalista e talmúdica. Ainda assim, deve-se ser muito cuidadoso ao formular paralelos. A tendência geral do judaísmo tardio perante a ingênua aceitação da vida enquanto tal era radicalmente distinta das características especiais do puritanismo. Estas estavam, contudo, muito distantes — e isso não pode passar despercebido — da ética econômica do judaísmo medieval e moderno, nos traços que determinaram a posição de ambos no desenvolvimento do *ethos* capitalista. Os judeus se mantiveram do lado do capitalismo aventureiro e orientado política e especulativamente; o seu *ethos* era, em uma palavra, aquele do capitalismo pária. Mas o puritanismo carregava o *ethos* da organização racional do capital e do trabalho. Ele tomou da ética judaica apenas aquilo que foi adaptado para essa finalidade.

Analisar os efeitos sobre o caráter dos povos, por conta da penetração das normas do Velho Testamento na vida — uma tarefa tentadora que, contudo, não foi ainda satisfatoriamente realizada mesmo para o judaísmo[250] —, seria impossível dentro dos limites deste esboço. Em acréscimo às relações que já foram pontuadas, é importante para a atitude interior geral dos puritanos, acima de tudo, que a crença de ser o povo escolhido por Deus se tornou para eles um grande renascimento.[251] Mesmo o amável Baxter agradeceu a Deus por ter nascido na Inglaterra, e, assim, na verdadeira Igreja, e em nenhum outro lugar. Essa gratidão pela perfeição de alguém, devido à graça de Deus, penetrou na atitude do puritano de classe média perante a vida[252] e fez sua parte no desenvolvimento daquele caráter formalista, rígido e correto que era peculiar aos homens daquela época heroica do capitalismo.

Deixe-nos agora tentar esclarecer os pontos nos quais a ideia puritana da vocação profissional e a recompensa que ela colocou na conduta ascética influenciaram diretamente o desenvolvimento do modo de vida capitalista. Como vimos, esse ascetismo direcionou todas as suas forças contra uma coisa: a fruição espontânea da vida e tudo o que isso tinha a oferecer. Isto é, talvez, exposto da forma mais clara na luta acerca do *Book of Sports*,[253] o que James I e Charles I fizeram lei expressamente como um meio de contrapor-se ao puritanismo, e que o segundo ordenou que fosse lido por todos os pregadores. A oposição fanática dos puritanos às ordenações do rei, que permitiam por lei certo entretenimento popular aos domingos, em horas fora da Igreja, não era apenas explicado pela perturbação do descanso sabático mas também pelo ressentimento contra o desvio intencional da vida ordenada dos santos que ela causava. E, de sua parte, as ameaças do rei, de severa punição para qualquer ataque à legalidade daqueles esportes, eram motivadas com o propósito de quebrar a tendência ascética antiautoritária do puritanismo, que era tão perigosa para o Estado. As forças feudais e monárquicas protegiam os buscadores de prazer contra a moralidade da ascendente classe média e contra os conventículos ascéticos antiautoritários, da mesma forma como hoje a sociedade capitalista procura proteger aqueles que buscam trabalhar contra a moralidade de classe do proletariado e dos sindicatos antiautoritários.

Contra isso, os puritanos mantiveram a sua característica decisiva, o princípio da conduta ascética. Pois, de outro modo, a aversão puritana aos esportes, mesmo para os *quakers*, não era de forma alguma simplesmente uma coisa de princípio. Os esportes eram aceitos caso servissem para um propósito racional, o da diversão necessária para a eficiência física. No entanto, enquanto meio para a espontânea expressão dos impulsos indisciplinados, eles eram colocados sob suspeita; e, visto que eram colocados como puro meio de divertimento, ou de um orgulho despertado, de instintos crus ou de jogos irracionais de instinto, eram, obviamente, condenados. A fruição impulsiva da vida, que levava para fora tanto do trabalho em uma profissão quanto da religião, era, enquanto tal, um inimigo do ascetismo racional, seja na forma dos esportes senhoriais, no divertimento no salão de dança ou na casa pública do homem comum.[254]

A sua atitude era desconfiada e mesmo hostil aos aspectos da cultura que não possuíam nenhum valor religioso imediato. Não é verdade, contudo, que os ideais do puritanismo implicassem um solene e estreito desprezo pela cultura. Exatamente o contrário é o caso, ao menos para a ciência, com a exceção do ódio aos escolásticos. Ademais, os grandes homens do movimento puritano estavam profundamente mergulhados na cultura do Renascimento. Os sermões dos divinos presbiterianos são repletos de alusões aos clássicos,[255] e mesmo os radicais, ainda que tenham objeções, não se abstinham de mostrar esse tipo de aprendizado nas polêmicas teológicas. Talvez nunca tenha havido um país tão permeado de graduados quanto a Nova Inglaterra na primeira geração de sua existência. A sátira dos seus oponentes, tal como, por exemplo, o *Hudibras*, de Butler, também ataca, antes de mais nada, o pedantismo e a dialética amplamente treinada dos puritanos. Isso é, em parte, devido à valorização religiosa do conhecimento, que decorria logicamente da sua atitude em relação ao católico *fides implicita*.

Mas a situação é muito diferente quando alguém olha para uma literatura não científica,[256] e especialmente para as belas-artes. Aqui, o ascetismo desceu como uma geada sobre a vida da "radiante Inglaterra de outrora". Não apenas o divertimento mundano sentiu o seu efeito. O feroz ódio do puritano por tudo o que tinha traços de superstição, de todas as sobrevivências de salvação mágica ou sacramental, aplicando-se tanto para as festividades de Natal quanto para a árvore de maio,[257] e para toda arte espontânea. Que houvesse espaço na Holanda para uma grande arte, que era com frequência cruamente realista,[258] prova apenas o quão distante estava a disciplina moral autoritária daquele país apta a se contrapor completamente à influência da corte e dos regentes (uma classe de *rentiers*), e também à fruição na vida, por parte da pequena burguesia, depois de uma curta supremacia da teocracia calvinista ter-se transformado em uma moderada Igreja nacional; com isso, o calvinismo havia perceptivelmente perdido o seu poder de influência ascética.[259]

O teatro era desagradável para os puritanos,[260] e, com a estrita exclusão do erótico e da nudez do campo de tolerância, uma visão radical, seja da literatura ou da arte, não podia existir. As concepções de conversas inúteis, de coisas supérfluas[261] e de vã ostentação, todas designações de uma atitude irracional sem finalidade objetiva, e portanto não ascética, e, especialmente, não servindo para a glória de Deus, mas do homem, estavam sempre à mão para servir decisivamente tanto em favor da sóbria utilidade quanto contra qualquer tipo de tendência artística. Isso era especialmente verdadeiro no caso de se adornar uma pessoa, por exemplo, no vestuário.[262] Aquela poderosa tendência perante a uniformidade da vida, que hoje ajuda imensamente o interesse capitalista na padronização da produção,[263] já tinha seus fundamentos ideais no repúdio a toda idolatria da carne.[264]

Notadamente, não podemos esquecer que o puritanismo incluía um mundo de contradições, e que o instintivo sentido de grandeza eterna na arte era certamente mais forte entre os seus líderes do que na atmosfera dos cavaleiros.[265] Ademais, um gênio único como Rembrandt, não importando quão pouco sua conduta possa ter sido aceitável para Deus, aos olhos dos puritanos, era fortemente influenciado, no caráter de sua obra, pelo desenvolvimento do meio religioso no qual estava.[266] Mas isso não altera o quadro geral como um todo. Conforme o desenvolvimento da tradição puritana pudesse, e em parte ele o fez, levar a uma poderosa espiritualização da personalidade, ele era decididamente um benefício para a literatura. Entretanto, a maior parte desse benefício só se acumulou para as gerações posteriores.

Ainda que não possamos entrar na questão da influência do puritanismo em todas essas direções, devemos chamar atenção para o fato de que a tolerância à satisfação em bens culturais, que contribuía à fruição puramente estética ou atlética, certamente sempre foi contra uma limitação característica: ela não devia custar nada. O homem é apenas o administrador de bens que vêm a ele pela graça de Deus. Ele deve, como o servo da parábola, dar conta de cada centavo que lhe foi confiado,[267] e é no mínimo perigoso despender qualquer quantia para um propósito que não serve à glória de Deus, mas apenas à própria fruição.[268] Que pessoa, que mantenha os olhos abertos, não conheceu representantes desse ponto de vista mesmo no presente?[269] A ideia do dever de um homem quanto às suas posses, ao qual ele subordina a si próprio como um servo obediente, ou mesmo como uma máquina aquisitiva, é carregada como um peso sobre sua vida. Quanto maiores as posses, caso a atitude ascética perante a vida se mantenha, maior a perspectiva de responsabilidade em relação a elas, para mantê-las intactas para a glória de Deus, e aumentando-as por meio de um esforço incansável. A origem desse tipo de vida também remete a certas raízes, como muitos aspectos do espírito do capitalismo, na Idade Média.[270] Entretanto, foi na ética do protestantismo que ela primeiro encontrou um fundamento ético consistente. A sua significação para o desenvolvimento do capitalismo é óbvia.[271]

Esse ascetismo protestante mundano, como podemos recapitular neste ponto, agiu poderosamente contra a fruição espontânea das posses; restringiu o consumo, especialmente de luxos. Por outro lado, tinha o efeito psicológico de liberar a aquisição de bens das inibições da ética tradicionalista. Ele rompeu as limitações do impulso à aquisição no sentido de que não apenas o tornou legítimo como também (no sentido discutido) algo desejado por Deus. A campanha contra as tentações da carne e a dependência em coisas externas não era, pois, uma luta contra a aquisição racional, mas contra o uso irracional da riqueza, como expressamente diz, além dos puritanos, o grande apologista *quaker*, Barclay.

Mas esse uso irracional era exemplificado nas estranhas formas de luxo que o seu código condenava como sendo idolatria da carne,[272] não importando o quão natural elas tivessem parecido à mente feudal. Por outro lado, eles aprovaram o uso racional e utilitário da riqueza, que era desejada por Deus, para as necessidades do indivíduo e da comunidade. Eles não desejavam impor a mortificação[273] ao homem de riqueza, mas a utilização dos seus meios para coisas necessárias e práticas. A ideia de conforto limita, de forma característica, a grandeza de despesas eticamente permitidas. Naturalmente, não é acidental que o desenvolvimento de um modo de vida consistente com aquela ideia pode ser observado o mais cedo e da forma mais clara possível entre os mais consistentes representantes dessa complexa atitude perante a vida. Contra o brilho e a magnificência feudal, que, assentando-se sobre uma base econômica instável, prefere uma sórdida elegância a uma sóbria simplicidade, colocam o conforto sólido e limpo da casa de classe média como um ideal.[274]

Do ponto de vista da produção de riqueza privada, o ascetismo condenou tanto a desonestidade quanto a avareza impulsiva. O que era condenado como cobiça, mamonismo, etc., era a perseguição das riquezas como um fim em si mesmo. Pois a riqueza em si mesma era uma tentação. Entretanto, aqui o ascetismo era o poder "que sempre persegue o bem, mas sempre cria o mal"; o que era mal, nesse sentido, eram as posses e as suas tentações. Porque, em conformidade com o Velho Testamento e em analogia com a valorização ética das boas obras, o ascetismo olhava a perseguição da riqueza como um fim em si mesmo, como algo altamente repreensível; entretanto, a realização disso, como o fruto do trabalho em uma vocação profissional, era um sinal da bênção de Deus. E ainda mais importante: a valorização religiosa do trabalho sistemático, contínuo e incansável em uma profissão mundana, como o mais elevado meio para o ascetismo, e, ao mesmo tempo, o mais certo e a mais evidente comprovação do renascimento e da fé genuína, devem ter sido a mais poderosa alavanca para a expansão daquela atitude perante a vida, a que chamamos espírito do capitalismo.[275]

Quando a limitação do consumo é combinada com essa liberação da atividade aquisitiva, o resultado prático inevitável é óbvio: acumulação de capital por meio da compulsão ascética de poupar.[276] As restrições que foram impostas sobre a atividade de consumo de riqueza naturalmente serviram para incrementar esse aspecto, tornando possível o investimento produtivo de capital. O quão intensa essa influência era não é, infelizmente, suscetível de exata demonstração estatística. Na Nova Inglaterra, a conexão é tão evidente que não escapa aos olhos de um historiador tão perspicaz quanto Doyle.[277] Mas também na Holanda, que foi realmente dominada pelo estrito calvinismo apenas por sete anos, a maior simplicidade da vida dentro dos mais sérios círculos religiosos, em combinação com a sua grande riqueza, levou a uma excessiva propensão à acumulação.[278]

Ademais, que a tendência que existia por toda parte e em todos os tempos, sendo muito intensa na Alemanha atual, para que as fortunas da classe média sejam absorvidas para dentro da nobreza, fosse necessariamente marcada pela antipatia puritana em relação ao modo de vida feudal é evidente. Os escritores do mercantilismo inglês do século XVII atribuíam a superioridade do capital holandês, em relação ao inglês, à circunstância de que a recém-adquirida riqueza lá não buscava regularmente investimento em terra. Também, já que não se trata de uma simples questão de compra de terra, ele não buscava transferir para si mesmo os hábitos de vida feudais, o que tinha como consequência a retirada da possibilidade de investimentos capitalistas.[279] A alta estima pela agricultura como um ramo peculiarmente importante de atividade, também especialmente em congruência com a piedade, que os puritanos compartilhavam, não se aplicava (por exemplo, em Baxter) ao grande proprietário de terras, mas ao soldado de cavalaria e o camponês, e, no século XVIII, não ao fidalgo rural, mas ao cultivador racional.[280] Através de toda a sociedade inglesa do período desde o século XVII, se realiza o conflito entre a fidalguia rural, os representantes da "radiante Inglaterra de outrora", e os círculos puritanos de influência social de amplitudes variadas.[281] Ambos os elementos, aquele da alegria de viver ingênua e o do autocontrole reservado, e estritamente controlado, e a conduta ética convencional são ainda hoje combinados para formar o caráter nacional inglês.[282] De maneira similar, a primitiva história das colônias norte-americanas é dominada pelo acentuado contraste existente entre, por um lado, os aventureiros, que queriam estabelecer *plantations* com o trabalho de servos, e viver como senhores feudais, e, por outro, da perspectiva especificamente de classe média dos puritanos.[283]

À medida que a perspectiva puritana se estendeu, sob todas as circunstâncias — e isso é, notadamente, muito mais importante do que o mero encorajamento da acumulação de capital —, ela favorecia o desenvolvimento de uma vida racional econômica burguesa; trata-se da mais importante e, acima de tudo, da mais consistente influência no seu desenvolvimento. Ela estava no berço do homem econômico moderno.

Para ser claro, esses ideais puritanos tendiam a ceder quando sob a excessiva pressão das tentações da riqueza, conforme os próprios puritanos sabiam muito bem. Com grande regularidade, encontramos os mais genuínos adeptos do puritanismo entre as classes que estavam ascendendo das classes inferiores,[284] os pequeno-burgueses e camponeses, enquanto os *beati possidentes*, mesmo entre os *quakers*, são frequentemente encontrados tendendo a repudiar os velhos ideais.[285] Tratava-se do mesmo destino que frequentemente se abateu sobre o antecessor do ascetismo mundano, o ascetismo monástico da Idade Média. No último caso, quando a atividade econômica racional tinha trabalhado todos os seus efeitos, em sua plenitude, por meio da estrita regulação da conduta e da limitação do consumo, ou a riqueza acumulada sucumbia diretamente à nobreza, como no tempo anterior à Reforma, ou a disciplina monástica sofria a ameaça de ser quebrada, e uma das inúmeras reformas se tornava necessária.

De fato, toda a história do monasticismo é, em certo sentido, a história de contínuas lutas com o problema da influência da riqueza, que levava à secularização. O mesmo é verdade, em grande escala, em relação ao ascetismo mundano do puritanismo. O grande reflorescimento do metodismo, que precedeu a expansão da indústria inglesa no fim do século XVIII, pode muito bem ser comparado com tais reformas monásticas. Podemos, dessa forma, citar aqui uma passagem[286] do próprio John Wesley, a qual pode servir como mote para tudo o que foi dito acima. Pois ela mostra que os líderes desses movimentos ascéticos compreenderam perfeitamente bem a relação aparentemente paradoxal que temos aqui analisado, e no mesmo sentido que nós temos dado.[287] Ele escreve:

> Eu temo, em toda parte onde os ricos se multiplicaram, que a essência da religião declinará na mesma proporção. Consequentemente, não consigo ver como seja possível, na natureza das coisas, qualquer renascimento da verdadeira religião em uma longa continuidade. Pois a religião deve necessariamente produzir tanto a indústria quanto a frugalidade, e elas não podem senão produzir ricos. Entretanto, conforme os ricos aumentem, assim o farão a vaidade, o ódio e o amor ao mundo em todas as esferas. Como então é possível que o metodismo, que é uma religião do coração, ainda que ele floresça agora como uma árvore verde, possa continuar nesse estado? Pois os metodistas em toda parte crescem diligentes e frugais; consequentemente eles aumentam seus bens. Dessa forma, aumentam proporcionalmente em vaidade, ódio, e no desejo da carne, no desejo dos olhos e na vaidade da vida. Então, ainda que a forma da religião se mantenha, o espírito vai-se desvanecendo aos poucos. Não há forma de prevenir isso — essa contínua decadência da religião pura? Não devemos prevenir as pessoas de serem diligentes e frugais; *devemos exortar todos os cristãos a ganhar tudo o que possam, e a poupar tudo quanto possam; que é, com efeito, aumentar a riqueza.*[288]

Disso, segue o aviso de que aqueles que ganharem tudo quanto puderem e pouparem tudo o que puderem deveriam também dar tudo quanto puderem, e dessa forma eles cresceriam na graça e guardariam um tesouro no paraíso. É claro que Wesley aqui expressa, mesmo em detalhes, justamente aquilo que nós estávamos tentando pontuar.[289]

Tal como Wesley aqui diz, o pleno efeito econômico daqueles grandes movimentos religiosos, cuja significação para o desenvolvimento econômico se assenta em toda a influência da sua educação, geralmente vinha somente depois que o auge daquele entusiasmo puramente religioso havia passado. Então, a intensidade da busca pelo reino de Deus começou gradualmente a passar por cima da sóbria virtude econômica; as raízes religiosas morreram lentamente, abrindo o caminho ao utilitarismo mundano. Daí, tal como coloca Dowden, da mesma forma como em *Robinson Crusoe*, o homem econômico isolado, que levava a cabo atividades missionárias,[290] tomou o lugar da isolada busca espiritual pelo Reino do Céu, do peregrino de Bunyan, correndo pelo mercado das vaidades.

Quando, mais tarde, o princípio de "se fazer o melhor de ambos os mundos" tornou-se dominante no final, tal como Dowden observou, e uma boa consciência simplesmente tornou-se um dos meios de se desfrutar de uma confortável vida burguesa, como é bem expresso no provérbio alemão sobre o travesseiro vazio. O que a grande época religiosa do século XVII legou ao seu sucessor utilitário foi, contudo, principalmente uma incrivelmente boa, nós poderíamos dizer até farisaicamente boa, consciência da aquisição de dinheiro, visto que tomou lugar legalmente. Todo traço do *deplacere vix potest* havia desaparecido.[291]

Uma ética econômica especificamente burguesa se havia edificado. Com a consciência de permanecer na plenitude da graça de Deus e sendo visivelmente abençoado por Ele, o homem de negócios burguês, permanecendo dentro dos limites da retidão formal, sua conduta moral sendo impecável e o uso que fizesse de suas riquezas não sendo objetável, poderia seguir seus interesses de lucro, conforme sentisse estar cumprindo um dever ao fazê-lo. O poder do ascetismo religioso o provia, adicionalmente, com trabalhadores sóbrios, conscientes e industriosos de forma incomum, que se agarram ao seu trabalho enquanto um propósito de vida desejado por Deus.[292]

Finalmente, o poder do ascetismo religioso deu ao homem a confortante segurança de que a distribuição desigual dos bens deste mundo era uma especial distribuição da Divina Providência, que, nessas diferenças, assim como na graça particular, perseguia fins secretos, não conhecidos pelos homens.[293] O próprio Calvino havia feito o muito citado pronunciamento de que as pessoas, ou seja, a massa de trabalhadores e artesãos, só se mantinham obedientes a Deus quando eram pobres.[294] Na Holanda (Pieter de la Court e outros), que havia sido secularizada, levando ao efeito de que a massa dos homens somente trabalhava quando a força da necessidade os impelia. Essa formulação é uma ideia central da economia capitalista que mais tarde entrou nas teorias vigentes, acerca da produtividade de salários baixos. Aqui também, com a morte das raízes religiosas, a interpretação utilitária se introduziu de maneira furtiva na linha de desenvolvimento que temos frequentemente observado.

A ética medieval não apenas tolerava a mendicância como ainda a glorificava por meio das ordens mendicantes. Mesmo mendigos seculares, uma vez que davam às pessoas de melhor condição a oportunidade para boas obras por meio da doação de esmolas, eram algumas vezes considerados como um "estado" e tratados como tal. Mesmo a ética social anglicana dos Stuart era muito próxima dessa atitude. Ela permaneceu para o ascetismo puritano para tomar parte na severa legislação inglesa sobre os pobres, que mudou fundamentalmente a situação. E ela podia fazer isso porque as seitas protestantes e as comunidades estritamente puritanas de fato não conheciam nenhuma mendicância em seu meio.[295]

Já o ponto de vista do lado dos trabalhadores era outro. O ramo pietista de Zinzendorf, por exemplo, glorificava o trabalhador leal que não buscava a aquisição, mas que vivia de acordo com o modelo apostólico e que era, dessa maneira, dotado do *charisma* dos discípulos.[296] Ideias similares tinham originalmente prevalecido entre os anabatistas em uma forma ainda mais radical.

Agora, naturalmente, toda a literatura ascética de quase todas as denominações está saturada com a ideia de que o trabalho leal, ainda que mal remunerado, da parte daqueles cuja vida não oferece outras oportunidades, é altamente aprazível a Deus. A esse respeito, o ascetismo protestante em si mesmo não adicionou nada de novo. Entretanto, não apenas se aprofundou essa ideia de forma intensa como também criou a força que por si só era decisiva para a sua efetividade: sua sanção psicológica, por meio da concepção desse trabalho como uma vocação, e como o melhor, e frequentemente o único, em última instância, meio de se atingir a certeza da graça.[297] E, por outro lado, isso legalizava a exploração dessa específica boa vontade de trabalhar, visto que ela também interpretava a atividade de negócios do empregador como uma vocação.[298] É obvio o quão intensamente a busca exclusiva pelo reino de Deus unicamente pelo cumprimento do dever na vocação profissional, e o estrito ascetismo que a disciplina da

Igreja naturalmente impunha, levavam a afetar a produtividade do trabalho no sentido capitalista da palavra. O tratamento do trabalho enquanto vocação tornou-se tão característico do trabalhador moderno quanto a correspondente atitude perante a aquisição do homem de negócios. E era a percepção dessa situação, nova no seu tempo, que permitiu a um homem tão capaz quanto Sir William Petty atribuir o poder econômico da Holanda no século XVII ao fato de que havia um número muito elevado de dissidentes naquele país (calvinistas e anabatistas) que "são em sua maioria homens pensantes e sóbrios, e que acreditam que o trabalho e a indústria são o seu dever perante Deus".[299]

O calvinismo se opôs à organização social "orgânica" na forma fiscal-monopolista assumida no anglicanismo sob os Stuart, e especialmente nas concepções de Laud, essa aliança da Igreja e do Estado com os monopolistas, sobre a base de um fundamento ético cristão-social. Os seus líderes estavam universalmente entre os mais apaixonados oponentes desse tipo de capitalismo privilegiado politicamente no comércio, colonial e de subcontratadores. Contra isso, eles alocavam as razões individuais da aquisição racional e legal, feita em virtude das habilidades e da iniciativa do indivíduo. E, enquanto as indústrias monopolistas politicamente privilegiadas na Inglaterra desapareceram todas em pouco tempo, essa atitude teve um amplo e decisivo papel no desenvolvimento das indústrias, que cresceram a despeito de e contra a autoridade do Estado.[300] Os puritanos (Prynne, Parker) repudiaram toda relação com os "cortesãos e projetistas" capitalistas de grande escala como sendo uma classe eticamente suspeita. Por outro lado, eles assumiram o orgulho da moralidade dos negócios de sua própria classe média superior, o que formava a verdadeira razão para as perseguições a que eles estavam sujeitos, da parte daqueles círculos. Defoe propôs vencer a batalha contra a dissidência por meio do boicote ao crédito de bancos e com a retirada de depósitos bancários. A diferença dos dois tipos de atitude capitalista foi, em larga medida, de mãos dadas com as diferenças religiosas. Os oponentes dos não conformistas, mesmo no século XVIII, frequentemente os ridicularizavam por personificarem o espírito dos merceeiros, e por terem arruinado os ideais da velha Inglaterra. Aqui também se encontra a diferença entre a ética econômica puritana e a judaica; e contemporâneos (Prynne) sabiam bem que a primeira, e não a última, era a ética burguesa capitalista.[301]

Um dos elementos fundamentais do espírito do moderno capitalismo, e não somente dele mas de toda a cultura moderna: a conduta racional baseada na ideia da vocação nasceu — que é o que essa discussão buscava demonstrar — do espírito do ascetismo cristão. Só é preciso reler a passagem de Franklin, citada no início deste ensaio, a fim de ver que os elementos essenciais da atitude que era então chamada espírito do capitalismo são os mesmos que nós mostramos como sendo o conteúdo do ascetismo mundano puritano,[302] apenas sem a base religiosa, que ao tempo de Franklin já havia morrido. A ideia de que o moderno trabalho possui um caráter ascético obviamente não é nova. A limitação ao trabalho especializado, com a renúncia da universalidade faustiniana do homem que ela envolve, é uma condição de qualquer trabalho de valor no mundo moderno; dessa forma, ação e renúncia inevitavelmente condicionam hoje um ao outro. Esse trato fundamentalmente ascético da vida de classe média, caso busque ser um modo de vida pleno e não uma simples abstinência de algo, era o que Goethe buscava ensinar, no auge de sua sabedoria, na *Wanderjähren*, a qual, no final, ele deu à vida do seu *Fausto*.[303] Para ele, a realização significava uma renúncia, um afastamento de uma época de plenitude e beleza da humanidade, que não pode mais ser repetida no decorrer do nosso desenvolvimento cultural, assim como não pode repetir-se o auge da cultura ateniense da Antiguidade.

O puritano desejava trabalhar em uma vocação; nós somos forçados a fazê-lo. Pois quando o ascetismo foi levado para fora das células monásticas, para dentro da vida cotidiana, e começou a dominar a moralidade mundana, ele fez sua parte na construção de um tremendo cosmos da moderna ordem econômica. Essa ordem está agora sujeita às condições técnicas e econômicas da produção com máquinas, que hoje determina a vida de todos os indivíduos que são nascidos no interior desse mecanismo, e não apenas aqueles diretamente preocupados com a aquisição econômica, com uma força irresistível. Talvez ele assim lhes determinará até que a última tonelada de carvão fóssil seja queimada. Na visão de Baxter, o cuidado com bens externos deveria somente assentar-se sobre os ombros do "santo como uma manta leve, que pode ser jogada de lado a qualquer momento".[304] Mas o destino decretou que o manto deveria tornar-se uma jaula de ferro.

Uma vez que o ascetismo buscou remodelar o mundo e trabalhar os seus ideais no mundo, os bens materiais ganharam um incremento e, finalmente, um poder inexorável sobre a vida dos homens, como em nenhum período anterior na História. Hoje, o espírito do ascetismo religioso — cuja finalidade, quem sabe? — escapou da jaula. No entanto, o capitalismo vitorioso, já que se assenta sobre fundamentos mecânicos, não mais precisa do seu suporte. O rosado rubor do seu sorridente herdeiro, o Iluminismo, parece também estar irremediavelmente fadado a desaparecer, e a ideia do dever na vocação profissional ronda a nossa vida como o fantasma das crenças religiosas. Onde o cumprimento da vocação não pode ser diretamente relacionado aos mais elevados valores espirituais e culturais, ou quando, por outro lado, ele necessita não ser sentido como uma simples compulsão econômica, o indivíduo, em geral, abandona absolutamente a tentativa de justificá-lo. No campo do seu mais elevado desenvolvimento, nos Estados Unidos, a perseguição da riqueza, esvaziada de seu significado religioso e ético, tende a ser associada com paixões puramente mundanas, que frequentemente, de fato, dão-lhe caráter de esporte.[305]

Ninguém sabe quem viverá nessa jaula no futuro, ou se, ao final desse tremendo desenvolvimento, novos profetas inteiramente diferentes vão surgir, ou se haverá um grande renascimento das velhas ideias e ideais, ou se, caso nenhum dos dois ocorra, a petrificação mecanizada será embelezada com uma espécie de autoimportância convulsiva. Pois, ao final do último estágio desse desenvolvimento cultural, poderá ser justamente dito: "especialistas sem espírito, sensualistas sem coração; essa nulidade imagina ter alcançado um nível de civilização nunca antes alcançado".

Mas isso nos traz ao mundo dos julgamentos de valor e de fé, com os quais essa discussão puramente histórica não precisa ser sobrecarregada. A próxima tarefa seria antes mostrar a significação do racionalismo ascético, que apenas foi tocada no esboço acima escrito, para o conteúdo da ética prática social, portanto para os tipos de organização e para as funções dos grupos sociais, do conventículo ao Estado. Então, as suas relações com o humanismo racionalista,[306] os seus ideais de vida e sua influência cultural, posteriormente ao desenvolvimento do empiricismo filosófico e científico, o desenvolvimento técnico e dos ideais espirituais seriam analisados. Então, o seu desenvolvimento histórico, desde o começo medieval do ascetismo mundano até sua dissolução em puro utilitarismo, seria traçado através de todas as áreas da religião ascética. Só então poderia a influência cultural quantitativa do ascetismo protestante, em sua relação com os outros elementos plásticos da cultura moderna, ser estimada.

Aqui, nós tentamos apenas esboçar o fato e a direção da influência dos seus motivos a um único, ainda que muito importante, ponto. Entretanto, seria, adicionalmente, necessário investigar como o ascetismo protestante era por sua vez influenciado, em seu desenvolvimento e em seu caráter, pela totalidade das condições sociais, especialmente econômicas.[307] O homem moderno é, em geral, mesmo com a melhor das vontades, inapto a dar a ideias religiosas uma significação que elas mereçam para a cultura e o caráter nacional. No entanto, não é meu objetivo, obviamente, substituir um materialismo unilateral por uma igualmente unilateral interpretação de causa espiritualista da cultura e da História. Cada um é igualmente possível,[308] entretanto cada um, caso não sirva apenas como preparação mas como a conclusão da investigação, serve igualmente pouco ao interesse da verdade histórica.[309]

Notas

193. Ver o excelente esboço do seu caráter em Dowden, *op. cit.* Uma introdução aceitável à teologia de Baxter, depois de ele ter abandonado uma estrita crença no duplo decreto, é dada na introdução aos vários trechos das suas obras impressas em *Works of the Puritan Divines* (por Jenkyn). A sua tentativa para combinar a redenção universal e a eleição pessoal não satisfaz ninguém. Para nós é importante somente que ele mesmo manteve então a eleição pessoal, ou seja, o mais importante ponto para a ética na doutrina da predestinação. Por outro lado, o enfraquecimento da visão forense da redenção é importante, como algo sugestivo de batismo.

194. Folhetos e sermões realizados por Thomas Adams, John Howe, Matthew Henry, J. Janeway, Stuart Charnock, Baxter, Bunyan, têm sido coletados nos dez volumes do *Works of the Puritan Divines* (Londres, 1845-1848), ainda que a escolha seja frequentemente arbitrária. Edições dos trabalhos de Bailey, Sedgwick, e Hoombeek já tiveram a referência feita.

195. Podíamos muito bem ter incluído Voet e os outros representantes continentais do ascetismo mundano. A visão de Brentano de que o conjunto do desenvolvimento era puramente anglo-saxão é claramente equivocada. A minha escolha é motivada principalmente (ainda que não exclusivamente) pelo desejo de apresentar o movimento ascético, tanto quanto possível, na segunda metade do século XVII, imediatamente antes da transformação em utilitarismo. Tem sido, infelizmente, impossível, dentro dos limites deste esboço, entrar na fascinante tarefa de apresentar as características do protestantismo ascético por meio da literatura biográfica; os *quakers* seriam, nessa relação, particularmente importantes, visto que eles são pouco conhecidos na Alemanha.

196. Pois alguém pode muito bem tomar os escritos de Gisbert Voet, os procedimentos dos sínodos huguenotes, ou a literatura anabatista holandesa. Sombart e Brentano têm, infelizmente, considerado apenas as partes ebionitas de Baxter para me confrontar com o indubitável plano de fundo capitalista de sua doutrina, contra o que eu atentei de forma enfática. Mas (1) deve-se conhecer profundamente toda essa literatura a fim de usá-la corretamente e (2) não observar com desatenção o fato de que eu tenho tentado mostrar, a despeito de suas doutrinas antimamonistas, que o espírito dessa religião ascética, não obstante, assim como nas comunidades monásticas, deram nascimento ao racionalismo econômico porque ele colocou um prêmio no que lhe era mais importante: os motivos fundamentalmente ascéticos. Somente esse fato está sob discussão, e é ele o ponto de todo este ensaio.

197. De forma similar em Calvino, que certamente não era um adorador da riqueza burguesa (ver os ataques diretos a Veneza e Antuérpia em *Jes. Opp.*, III, 140a, 308a).

198. *Saints' Everlasting Rest*, capítulos, X, XII. Compare Bailey (*Praxis Pietatis*, p. 182) ou Matthew Henry (*The Worth of the Soul, Works of the Puritan Divines*, p. 319). "*Those that* *are eager in pursuit of worldly wealth despise their Soul, not only because the Soul is neglected and the body preferred before it, but because it is employed in these pursuits*" ["Aqueles que são ávidos na perseguição de riquezas mundanas, a despeito de sua alma, não somente porque a alma é negligenciada e o corpo preferido ante ela, mas porque esta é empregada nessa busca"] (Salmo 127, 2). Na mesma página, contudo, encontra-se a observação a ser citada abaixo, acerca da pecaminosidade de todo desperdício de tempo, especialmente em recreações. É de forma semelhante em quase toda a literatura religiosa do puritanismo inglês-holandês. Ver, por exemplo, a filípica de Hoombeek (*op. cit.*, L, X, capítulos 18 e 19) contra a *avaritia*. Esse escritor também é afetado pelas influências sentimentais pietistas. Ver o elogio de *tranquillitas animi*, que é muito mais aprazível a Deus do que a *sollicitudo* deste mundo. Também Bailey, referindo-se à bem conhecida passagem das Escrituras, é da opinião de que "Um homem rico não é facilmente salvo" (*op. cit.*, p. 182). Os catecismos metodistas também advertem contra o "acúmulo de tesouro neste mundo". Para o pietismo isso é claramente óbvio, do mesmo modo como para os *quakers*. Compare Barclay (*op. cit.*, p. 517), "e, portanto, há que se prevenir de tais tentações assim como prevenir-se de utilizar a sua profissão como um mecanismo de enriquecimento".

199. Pois não apenas a riqueza por si só mas também sua perseguição impulsiva (ou daquilo que se passa enquanto tal) era condenada com semelhante severidade. Nos Países Baixos, o sínodo do sul da Holanda de 1574 declarou, em resposta a uma questão sobre se os emprestadores de dinheiro não deveriam ser admitidos na comunhão, ainda que os negócios fossem permitidos por lei; e o sínodo provincial de Deventer, de 1598 (art. 24), estendeu isso aos empregados de emprestadores de dinheiro. O sínodo de Gorichem, em 1606, prescreveu condições severas e humilhantes sob as quais as esposas de usurários deveriam ser admitidas, e a questão, sobre se os lombardos deveriam ser admitidos à comunhão, era discutida ainda em 1644 e 1657 (isso contra Brentano, que cita os seus próprios antecessores católicos, embora comerciantes estrangeiros e banqueiros tenham existido em todo o mundo europeu e asiático por milhares de anos). Gisbert Voet (*Disp. Theol.*, IV, 1667, *De usuris*, p. 665) ainda queria excluir os "trapezitas" (lombardos, piemonteses). O mesmo era verdadeiro quanto aos sínodos huguenotes. Esse tipo, da classe capitalista, não era o típico representante da filosofia ou do tipo de conduta com a qual nós estamos preocupados. Eles também não são novos se comparados com a Antiguidade ou com a Idade Média.

200. Desenvolvido em detalhes no décimo capítulo de *Saints' Everlasting Rest*. Aquele que buscar descansar no conforto das posses que Deus concede será castigado por Deus já nesta vida. Uma fruição, pela autossatisfação, da riqueza já adquirida é quase sempre o sintoma da degradação moral. Caso nós tivermos tudo o que pudermos neste mundo, terá sido isto tudo o que esperávamos? A completa satisfação dos desejos não pode ser alcançada na terra porque Deus decretou que ela não deveria sê-lo.

201. *Christian Directory*, I, p. 375-376 ss. "*It is for action that God maintaineth us and our activities; work is the moral as well as the natural end of power. (...) It is action that God is most served and honoured by (...) The public welfare or the good of the many is to be valued above our own.*" ["É para a ação que Deus mantém a nós e as nossas atividades; o trabalho é moral, do mesmo modo como é o fim natural do poder. (...) É com a ação que Deus é mais servido e honrado (...) o bem comum ou o bem da maioria tem de ser considerado acima do nosso próprio."] Aqui está o ponto de conexão da transição da vontade de Deus para o ponto de vista puramente utilitarista da teoria liberal posterior. Sobre as fontes religiosas do utilitarismo, ver abaixo no texto e anteriormente, no capítulo IV.

202. O mandamento do silêncio tem sido, começando pela ameaça bíblica de punição para cada palavra inútil, especialmente desde os monges de Cluny, um meio de educação ascética predileto para o autocontrole. Baxter também fala em detalhes da pecaminosidade de palavras desnecessárias. O seu lugar no seu caráter foi pontuado por Sanford, *op. cit.*, p. 90 ss.

O que os contemporâneos sentiram como a profunda melancolia e morosidade dos puritanos era o resultado da quebra da espontaneidade do *status naturalis*, e a condenação do discurso impensado estava a serviço dessa finalidade. Quando Washington Irving (*Bracebridge Hall*, capítulo XXX) busca a razão para isso, em parte no espírito calculista do capitalismo e em parte no efeito da liberdade política, a qual promove um senso de responsabilidade, pode-se observar que isso não se aplica aos povos latinos. Para a Inglaterra a situação provavelmente era que: (1) o puritanismo permitiu que seus adeptos criassem instituições livres e, ainda, que elas se tornassem um poder mundano; e (2) isso transformou aquele espírito calculista (que Sombart chama *Rechenhaftigkeit*), que é, em verdade, essencial ao capitalismo, de um mero meio para a economia em um princípio geral da conduta geral.

203. *Op. cit.*, I, p. 111.

204. *Op. cit.*, I, p. 383 ss.

205. De forma semelhante sobre a preciosidade do tempo, ver Barclay, *op. cit.*, p. 14.

206. Baxter, *op. cit.*, I, p. 79. "*Keep up a high esteem of time and be every day more careful that you lose none of your time, than you are that you lose none of your gold and silver. And if vain recreation, dressings, feastings, idle talk, unprofitable company, or sleep be any of them temptations to rob you of any of your time, accordingly heighten your watchfulness.*" ["Mantenha uma alta estima pelo tempo e seja todo dia mais cuidadoso quanto a não perder nada do seu tempo, mais do que o quanto você é no que se refere à perda do seu ouro e prata. E caso a vã recreação, o bem-vestir, festas, conversa fiada e companhias não lucrativas, ou dormir, for uma das tentações para roubar o seu tempo, intensifique proporcionalmente a sua vigilância."] "*Those that are prodigal of their time despise their own souls*" ["Aqueles que são pródigos quanto a seu tempo desprezam sua própria alma"], diz Matthew Henry (*Worth of the Soul, Works of the Puritan Divines*, p. 315). Aqui também o ascetismo protestante segue uma trilha já bem experimentada. Estamos acostumados a pensar que é característico do homem moderno que ele não possua tempo, e, por exemplo, como Goethe no *Wanderjahren*, a medir o grau do desenvolvimento capitalista pelo fato de que os relógios tocam a cada quarto de hora. Assim também Sombart em seu *Kapitalismus*. Nós não devemos, contudo, esquecer que as primeiras pessoas a viver (na Idade Média) com medição cuidadosa do tempo foram os monges, e que os sinos da Igreja tinham por finalidade principalmente satisfazer as suas necessidades.

207. Compare a discussão de Baxter acerca da profissão, *op. cit.*, I, p. 108 ss. Especialmente a seguinte passagem: "*Question: But may I not cast off the world that I may only think of my salvation? Answer: You may cast off all such excess of worldly cares or business as unnecessarily hinder you in spiritual things. But you may not cast off all bodily employment and mental labour in which you* *may serve the common good. Everyone as a member of Church or Commonwealth must employ their parts to the utmost for the good of the Church and the Commonwealth. To neglect this and say: I will pray and meditate, is as if your servant should refuse his greatest work and tie himself to some lesser, easier part. And God hath commanded you some way or other to labour for your daily bread and not to live as drones of the sweat of others only.*" ["Pergunta: Mas posso eu abandonar o mundo e só pensar em minha salvação? Resposta: Você pode abandonar todos os excessos das preocupações mundanas ou de negócios que o atrapalham de forma desnecessária em questões espirituais. O que não pode é desprezar toda atividade física e trabalho mental com o qual você pode servir ao bem comum. Cada um como um membro da Igreja ou de uma Comunidade deve empregar as suas partes ao máximo para o bem da Igreja e da Comunidade. Negligenciar isso e dizer: eu vou orar e meditar, seria como se o seu servo se recusasse à sua maior obra e se dispusesse a si mesmo a uma inferior, mais fácil. E Deus lhe ordenou de uma forma ou outra que trabalhasse pelo seu pão diário e não vivesse como um zangão, vivendo apenas do suor dos outros."] O mandamento de Deus a Adão, "com o suor do teu rosto", e a declaração de Paulo, "Aquele que não trabalha não deverá comer", são também citados. Tem sempre sido conhecido dos *quakers* que mesmo aquele que vive bem entre eles fazia seus filhos aprenderem uma profissão, por razões éticas e não, tal como Alberti sugere, utilitárias.

208. Aqui estão pontos em que o pietismo, por conta de seu caráter emocional, toma uma visão diferente. Spener, embora enfatize de modo caracteristicamente luterano que o trabalho em uma vocação é adorado por Deus (*Theologische Bedenken*, III, p. 445), afirma, não obstante, que a agitação dos negócios distrai de Deus, uma característica extremamente diversa do puritanismo.

209. I, *op. cit.*, p. 242 . "*It's they that are lazy in their callings that can find no time for holy duties.*" ["São eles, que são preguiçosos em suas profissões, que não conseguem encontrar tempo para os deveres sagrados."] Dessa forma, a ideia de que as cidades, as sedes da classe média, com as suas atividades racionais de negócios, são a sede da virtude ascética. Portanto, diz Baxter de seus tecelões de Kidderminster: "*And their constant converse and traffic with London doth much to promote civility and piety among tradesmen...*" ["E a sua constante conversa e tráfego com Londres fazia muito para promover a civilidade e a piedade entre os homens de negócios..."], em sua autobiografia (*Works of the Puritan Divines*, p. 38). Que a proximidade da capital deveria promover a virtude seria algo surpreendente para os modernos eclesiásticos, ao menos na Alemanha. Entretanto, o pietismo também se inclinou para visões semelhantes. Portanto, Spener, falando de um jovem colega, escreve: "*At least it appears that among the great multitudes in the cities, though the majority is quite depraved, there are nevertheless a number of good people who can accomplish much, while in villages often hardly anything good can be found in a whole community*" ["Ao menos parece que entre as grandes multidões nas cidades, apesar de a maioria ser claramente depravada, existe, contudo, um número de boas pessoas que conseguem realizar muito, enquanto nos vilarejos frequentemente nada de bom pode ser encontrado em toda uma comunidade"] (*Theologische Bedenken*, I, 66, p. 303). Em outras palavras, o camponês é menos suscetível a uma conduta racional ascética. A sua glorificação ética é muito nova. Nós não podemos aqui entrar na significação disso e de posicionamentos semelhantes para a questão da relação do ascetismo com as classes sociais.

210. Tome, por exemplo, as seguintes passagens (*op. cit.*, p. 336 ss.): "*Be wholly taken up in diligent business of your lawful* *callings when you are not exercised in the more immediate service of God*" ["Dedica-te com plenitude ao exercício das tuas profissões legítimas quando não estiveres ocupado no mais imediato serviço a Deus"]. "*Labour hard in your callings.*" ["Trabalha duro nas tuas profissões."] "*See that you have a calling which will find, your employment for all the time which God's immediate service spareth.*" ["Cuida para que tenhas uma profissão que empregue todo o teu tempo não despendido no serviço imediato de Deus."]

211. Que essa peculiar valorização ética do trabalho e de sua dignidade não era originalmente uma ideia cristã, e muito menos peculiar ao cristianismo, tem sido, recentemente, intensamente enfatizado por Harnack (*Mitt, des Ev.-Soz. Kongr.*, Série 14, 1905, nos. 3, 4, p. 48).

212. De forma semelhante, no pietismo (Spener, *op. cit.*, III, p. 429-430 ss.). A versão caracteristicamente pietista é de que a lealdade a uma profissão que nos é imposta como castigo pelo pecado original serve para aniquilar a vontade própria. O trabalho em uma profissão é, enquanto um serviço de amor ao próximo, um dever de gratidão pela glória de Deus (trata-se de uma ideia luterana) e, dessa forma, não é aprazível a Deus que ele seja executado de forma relutante (*op. cit.*, III, p. 272). O cristão deveria, portanto, "*prove himself as industrious in his labour as a worldly man*" ["provar-se tão industrioso em seu trabalho quanto um homem mundano"] (III, p. 278). Isso é, obviamente, muito menos drástico do que a versão puritana.

213. A significação dessa importante diferença, que se tem tornado evidente desde a Regra de São Bento, somente pode ser mostrada por uma investigação mais ampla.

214. "*A sober procreation of children*" ["Uma sóbria procriação de filhos"], esse é o propósito, de acordo com Baxter. De maneira semelhante em Spener, mas ao mesmo tempo com concessões à mais grosseira atitude luterana, a qual faz da interdição à imoralidade (que é, de outra forma, inevitável) um objetivo secundário. A concupiscência, enquanto realização de um intercurso sexual, é pecaminosa mesmo dentro do casamento. Por exemplo, na visão de Spener ela é o resultado de uma decadência, que transformou um processo tão natural e divinamente ordenado em algo inevitavelmente acompanhado por sensações pecaminosas, o que é, dessa maneira, algo para se ter vergonha. Também na opinião de vários grupos pietistas a mais elevada forma de casamento cristão é aquela com a preservação da virgindade, e a segunda mais elevada aquela na qual o intercurso sexual somente é realizado para a procriação de filhos, e assim por diante, até aqueles que são contraídos por motivos puramente eróticos ou externos e que são, de um ponto de vista ético, considerados concubinato. Dentro desses "níveis inferiores", um casamento realizado por razões puramente econômicas é preferível (pois, afinal de contas, ele é inspirado por motivos racionais) a um com fundamentos eróticos. Podemos aqui negligenciar a teoria e a prática de Herrnhut quanto ao casamento. A filosofia racionalista (Christian Wolff) adotou a teoria ascética na forma em que aquilo que é designado como um meio para um fim, a concupiscência e a sua satisfação, não deveria ser feito um fim em si mesmo.

A transição para um utilitarismo de orientação puramente higienista já havia tomado lugar em Franklin, que tomou de forma aproximada o ponto de vista ético dos médicos modernos, que entendem por castidade a restrição do intercurso sexual à grandeza desejável para a saúde, e que têm, como é bem conhecido, feito mesmo considerações teóricas sobre como isso podia ser realizado. O racionalista sexual puritano e o racionalista sexual higienista geralmente tomaram caminhos bem distintos, aqui, entretanto, eles se entendem perfeitamente. Em uma palestra, um zeloso adepto da "prostituição higiênica" — a palestra tratava da questão da regulamentação de bordéis e das prostitutas — defendeu a legitimidade moral de intercursos extraconjugais (os quais eram vistos como higienicamente úteis), referindo-se à sua justificação poética no caso de *Fausto* e de *Margaret*. Para tratar *Gretchen* como uma prostituta e para falhar na distinção entre o forte domínio das paixões humanas e as relações sexuais por motivos de higiene, ambas as coisas são profundamente entrelaçadas com o ponto de vista puritano. Similar é, por exemplo, a visão típica do especialista, ocasionalmente compartilhada por médicos distintos, de que uma questão que se estende tão profundamente nos mais sutis problemas da personalidade e da cultura, como a abstinência sexual, deveria ser tratado exclusivamente no campo dos médicos (enquanto especialistas). Para o puritano, o especialista era o teórico moralista, e agora ele é o homem médico; mas a reivindicação pela competência para se dispor de questões que nos parecem limitadas é, com significações diferentes, obviamente, o mesmo em ambos os casos.

Entretanto, mesmo com todas as suas pudicícias, o poderoso idealismo da atitude puritana pode mostrar realizações positivas, mesmo do ponto de vista da conservação da raça em um sentido puramente higienista, enquanto a higiene sexual moderna, por conta do apelo à "falta de preconceito" que ela é forçada a fazer, corre o risco de destruir a base do seu sucesso. Como, com a interpretação racionalista das relações sexuais entre os povos influenciados pelo calvinismo, um certo refinamento e uma penetração ética e espiritual nos relacionamentos conjugais, com um florescimento do cavalheirismo matrimonial, havia crescido, em contraste com o patriarcalismo sentimentalista (*Brodem*), que é típico da Alemanha mesmo dentro dos círculos da intelectualidade aristocrática, devem necessariamente permanecer fora da nossa discussão. As influências anabatistas tiveram seu papel na emancipação da mulher; a proteção de sua liberdade de consciência e a expansão da ideia do sacerdócio universal para ela foram também aqui as primeiras brechas abertas no patriarcalismo.

215. Isso recorre frequentemente em Baxter. A base bíblica regularmente é ou as passagens nos Provérbios, que já conhecemos de Franklin (22, 29), ou aquelas do elogio do trabalho (31, 16). Cf. Baxter, *op. cit.*, I, p. 377, 382 ss., etc.

216. Mesmo Zinzendorf diz a certo momento: "A gente não trabalha somente para viver mas vive para trabalhar e, se não existe mais trabalho a fazer, ou vai sofrer ou dormir". (Plitt, *op. cit.*, I, p. 428).

217. Também um símbolo dos mórmons fecha (após citações) com as palavras: "Mas um homem preguiçoso ou indolente não pode ser um cristão e ser salvo. Ele está destinado a ser abatido e jogado para fora da colmeia". Entretanto, nesse caso, foi em primeiro lugar a grandiosa disciplina, no meio do caminho entre o monastério e a fábrica, que colocou o indivíduo perante o dilema do trabalho ou da aniquilação e, obviamente em conexão com o entusiasmo religioso e somente possível por meio dele, trouxe à tona as impressionantes realizações econômicas dessa seita.

218. Consequentemente (*op. cit.*, I, p. 380), os seus sintomas são cuidadosamente analisados. A preguiça e a vadiagem são de tal modo pecados mortais porque possuem um caráter cumulativo. Eles chegam a ser considerados por Baxter como "destruidores da graça" (*op. cit.*, I, p. 279-280 ss.). Isto é, eles são antíteses da vida metódica.

219. Ver acima, cap. 3, nota 62.

220. Baxter, *op. cit.*, I, p. 108 ss. São especialmente impactantes as seguintes passagens: "*Question: But will not wealth excuse us? Answer: It may excuse you from some sordid sort of work by making you more serviceable to another, but you are no more excused from service of work... than the poorest man.*" ["Pergunta: não irá a riqueza nos isentar? Resposta: Ela pode isentá-lo de um tipo de trabalho muito sórdido ao fazê-lo mais útil em outros, mas você não pode estar mais isento do serviço de trabalho... do que o mais pobre homem"] E também, p. 376: "*Though they [the rich] have no outward want to urge them, they have as great a necessity to obey God (...), God hath strictly commanded it [labour] to all*" ["Ainda que eles [os ricos] não possuam estranhos desejos para saciar, eles possuem uma grande necessidade de obedecer a Deus (...), Deus ordenou de forma estrita isso [trabalhar] a todos"], capítulo 4, nota 47.

221. De maneira similar, Spener (*op. cit.*, III, p. 338, 425 ss.), que por essa razão se opõe à tendência à aposentadoria muito prematura, como sendo algo moralmente questionável, e, na refutação da objeção ao ganho de juros, segundo a qual o ganho de juros leva à preguiça, enfatiza que qualquer um em condição de viver com base em juros seria obrigado a trabalhar, por mandamento de Deus.

222. Incluindo o pietismo. Toda vez que surge uma questão de mudança de profissão, Spener assume a atitude de que depois de se ter entrado em uma profissão, nela se manter e a ela aquiescer se transforma em uma questão de dever de obediência à Providência.

223. A tremenda força, dominando o conjunto da conduta, com a qual o ensinamento religioso indiano sanciona o tradicionalismo econômico, em termos de chances de um renascimento favorável, mostrei nos ensaios contidos no *Wirtschaftsethik der Weltreligionen* ["Ética econômica das religiões mundiais"]. Trata-se de um excelente exemplo para, por meio do qual, mostrar a diferença entre as teorias meramente éticas e a criação de sanções psicológicas com um pano de fundo religioso, para certos tipos de conduta. Os piedosos hindus podiam avançar na escala de transmigração apenas pelo tradicional cumprimento dos deveres da casta de nascimento. Tratava-se da mais reforçada base concebível para o tradicionalismo. De fato, a ética indiana é a esse respeito a antítese mais plenamente consistente da puritana, como em outro aspecto (tradicionalismo da estrutura de casta) ela é oposta à hebraica.

224. Baxter, *op. cit.*, I, p. 377.

225. Entretanto, isso não significa que o ponto de vista puritano fosse historicamente derivado do último. Ao contrário, ele era uma expressão da genuína ideia calvinista de que a ordem do mundo serve à glória de Deus. A virada utilitarista, para a qual o cosmos econômico deveria servir ao bem da maioria, ao bem comum, etc., era uma consequência da ideia de que qualquer outra interpretação disso levaria à idolatria aristocrática da carne, ou, ao menos, não servia à glória de Deus, mas apenas a fins culturais mundanos. No entanto, a vontade de Deus, conforme se expressa no arranjo proposital do cosmos econômico, pode, desde que os fins seculares estejam em questão, acima de tudo, somente se materializar no bem da comunidade, na utilidade impessoal. O utilitarismo é, portanto, tal como já foi pontuado, o resultado do caráter impessoal do amor ao próximo e do repúdio a toda glorificação deste mundo, pela exclusividade do puritano *in majorem Dei gloriam*.

O quão plenamente essa ideia, de que toda idolatria é inconsistente com a glória de Deus, e, por conseguinte, incondicionalmente ruim, dominou o protestantismo ascético é claramente mostrado pelas dúvidas e hesitações que custou mesmo a Spener, que certamente não estava "infectado" pela democracia, para manter que o uso de títulos era *adiaphoron* [indiferente] contra inúmeras objeções. Ele finalmente confortou a si mesmo com a reflexão de que mesmo na *Bíblia* ao *praetor festus* havia sido dado o título de *krátistos* [o potentíssimo] pelos apóstolos. O aspecto político da questão não será levantado na nossa relação.

226. "*The inconstant man is a stranger in his own house*" ["O homem inconstante é um estranho em sua própria casa"], diz Thomas Adams (*Works of the Puritan Divines*, p. 77).

227. Sobre isso, ver, em especial, as observações de George Fox em *Friends' Library* (Ed. W. & T. Evans, Filadélfia, 1837), I, p. 130.

228. Acima de tudo, essa espécie de ética religiosa não pode ser considerada como um reflexo de condições econômicas. A especialização das ocupações tinha-se aprofundado antes na Itália medieval do que na Inglaterra desse mesmo período.

229. Pois, tal como é frequentemente pontuado na literatura puritana, Deus jamais ordenou que se "amasse mais ao próximo do que a si mesmo", mas apenas como a si mesmo.

Consequentemente, a autoconsideração é um dever. Por exemplo, um homem que possa fazer bom uso de suas posses, para a maior glória de Deus, do que o próximo, não é obrigado pelo dever de amor ao próximo a partilhá-las com ele.

230. Spener também é próximo desse ponto de vista. Entretanto, desde a questão da transferência de ocupações comerciais (consideradas especialmente perigosas à virtude) até a teologia, ele permanece hesitante e, no geral, oposto a isso (*op. cit.*, III, p. 435, 443 ss.; I, p. 524). A frequente resposta a essa questão (da permissibilidade de mudança de uma profissão), como mostra a opinião naturalmente tendenciosa de Spener, incidentalmente expõe o quão eminentemente práticas são as diferentes formas de se interpretar I Coríntios, capítulo VII.

231. Tais ideias não podem ser encontradas ao menos nos escritos dos líderes do pietismo continental. A atitude de Spener vacila entre argumentos luteranos (aquele da satisfação de necessidades) e mercantilistas, quando da utilidade da prosperidade do comércio, etc. (*op. cit.*, III, p. 330, 332 ss.; I, p. 418: "O cultivo de tabaco traz dinheiro ao país e é portanto útil, e dessa forma não pecaminoso". Compare também III, p. 426-7, 429, 434 ss.). No entanto, ele não deixa de pontuar que, tal como mostram os exemplos dos *quakers* e dos menonitas, é possível obter lucros e ainda permanecer piedoso; de fato, mesmo lucros especialmente elevados, tal como já pontuamos anteriormente, podem ser resultado direto de uma retidão devota (*op. cit.*, p. 435).

232. Essas visões de Baxter não são reflexo do desenvolvimento econômico no qual ele viveu. Ao contrário, a sua autobiografia mostra que o sucesso do seu trabalho missionário caseiro era em parte devido ao fato de que os homens de negócios de

Kidderminster não eram ricos, mas apenas ganhavam alimentos e vestuário, e que os mestres artesãos tinham de viver *from the hand to mouth* ["da mão para a boca"], da mesma forma que os seus empregados. "*It is the poor who receive the glad tidings of the Gospel.*" ["É o pobre quem recebe as boas novas do Evangelho."] *Essas são as observações de Thomas Adams acerca da perseguição de ganhos: "He [the knowing man] knows* (...) *that money may make a man richer, not better, and thereupon chooseth rather to sleep with a good conscience than a full purse* (...) *therefore desires no more wealth than an honest man may bear away*" {"Ele [o homem de conhecimento] sabe (...) que o dinheiro pode fazer um homem mais rico, e não melhor, e dessa forma prefere dormir com boa consciência do que com o bolso cheio (...) dessa forma, ele deseja não mais riqueza do que um homem honesto pode aguentar"} (*Works of the Puritan Divines*, LI). No entanto, ele quer aquele tanto, e isso significa que tudo o que é ganho de maneira formalmente honesta é legitimado.

233. Dessa forma Baxter, *op. cit.*, I, capítulo 10, tit. 1, dist. 9 (parágrafo 24); vol. I, p. 378, col. 2.

No Livro dos Provérbios, Pr. 23, 4: "Não trabalhes para ficar rico" significa somente "riquezas para nossos propósitos carnais não devem ser almejadas como fim último". Posses na forma de uso feudal-senhorial é que são odiosas (cf. a observação, *op. cit.*, I, p. 380, sobre a "*debauched part of the gentry*" ["a parte depravada da pequena nobreza"]), e não a posse em si mesma. Milton, no primeiro *Defensio pro populo Anglicano*, postulou a bem conhecida teoria de que apenas a classe média pode manter a virtude. Essa classe média aqui significa a burguesia, conforme contraposta à aristocracia, o que é mostrado no posicionamento de que tanto a luxúria quanto a necessidade não são favoráveis à virtude.

234. Isso é o mais importante. Podemos novamente adicionar a observação geral: nós naturalmente não estamos aqui muito preocupados com quais conceitos os teólogos moralistas se desenvolveram em suas teorias éticas, mas, antes, com qual era a moralidade efetiva na vida dos crentes — isto é, como o pano de fundo religioso das éticas econômicas afetou a prática. Na literatura casuística do catolicismo, especialmente a jesuíta, pode-se ocasionalmente ler discussões que — por exemplo, sobre a justificação do lucro, na qual nós não entraremos — soa como aquelas de muitos casuístas protestantes, ou mesmo parece ir ainda mais longe quanto à permissão ou tolerância de coisas. Os puritanos, desde então, frequentemente têm sido reprovados com o argumento de que sua ética estava no mínimo em igualdade com aquela dos jesuítas. Do mesmo modo como os calvinistas frequentemente citam moralistas católicos, e não apenas Tomás de Aquino, Bernardo de Claraval e Bonaventura mas também autores contemporâneos, os casuístas católicos também tomaram conhecimento das éticas heréticas. Não podemos discutir tudo isso aqui.

Entretanto, à parte o fato decisivo da sanção religiosa da vida ascética do homem comum, há uma diferença fundamental, mesmo na teoria, de que essas ideias latitudinárias dentro do catolicismo eram o produto de uma teoria ética peculiarmente laxista, não sancionada pela autoridade da Igreja, da qual se afastavam seus mais sérios e estritos discípulos. Por outro lado, a ideia protestante da vocação, com efeito, colocou o mais importante entusiasmo para o ascetismo a serviço da aquisição capitalista. O que em um caso pode, sob certas circunstâncias, ser permitido, aparecia no outro como um bem moral positivo. As diferenças fundamentais das duas éticas, muito importantes na prática, finalmente se cristalizaram, mesmo para os tempos modernos, pela controvérsia jansenista e pela bula papal *Unigenitus*.

235. "*You may labour in that manner as tendeth most to your success and lawful gain. You are bound to improve all your talents.*" ["Você pode trabalhar daquela maneira que tende o máximo possível ao seu sucesso e ganho legítimo."] Daí segue a passagem citada acima no texto. Um paralelo direto entre a perseguição da riqueza no Reino do Céu e da perseguição do sucesso em uma vocação terrena é encontrada em Janeway, *Heaven upon Earth* (em *Works of the Puritan Divines*, p. 275).

236. Mesmo na Confissão luterana, do duque Christopher de Württemberg, que foi submetida ao Conscílio de Trento, é feita objeção contra o voto de pobreza. Aquele que é pobre por sua posição social deveria suportar isso, entretanto, jurar assim permanecer seria semelhante a jurar permanecer doente ou a manter-se com má reputação.

237. Dessa forma, em Baxter e também na Confissão do duque Christopher. Ademais, compare passagens como "(...) *the vagrant rogues whose lives are nothing but an exorbitant course: the main begging*" ["os vagabundos malandros cuja vida não é mais do que um exorbitante percurso: a ampla mendicância"], etc. (Thomas Adams, *Works of the Puritan Divines*, p. 259). Mesmo Calvino havia proibido de forma estrita a mendicância, e os sínodos holandeses fizeram campanha contra as licenças para mendigar. Durante a época dos Stuart, especialmente no regime de Laud, sob Charles I, que havia sistematicamente desenvolvido o princípio de assistência pública aos pobres e de provisão de trabalho para os desempregados, o grito de guerra dos puritanos foi "*Giving alms is no charity*" ["dar esmola não é caridade"] (título da posterior obra, bem conhecida, de Defoe). Com o fim do século XVII, começou o repugnante sistema das *workhouses* para os desempregados (compare Leonard, *Early*

History of English Poor Relief, Cambridge, 1900, e H. Levy, *Die Grundlagen des ökonomischen Liberalismus in der Geschichte der englischen Volkswirtschaft*, Jena, 1912, p. 69 ss.).

238. O presidente da União Batista da Grã-Bretanha e da Irlanda, G. White, disse enfaticamente em seu discurso inaugural, perante a assembleia de Londres, em 1903 (*Baptist Handbook*, 1904, p. 104): "*The best men on the roll of our Puritan Churches were men of affairs, who believed that religion should permeate the whole of life.*" ["Os melhores homens no campo das Igrejas puritanas foram os homens de negócios, que acreditavam que a religião devia permear o conjunto da vida"].

239. Aqui também jaz a diferença característica de todo ponto de vista feudal. Para o último, apenas o descendente do *parvenu* (político ou social) poderia colher os frutos do seu sucesso em uma posição reconhecida (caracteristicamente expressa na palavra espanhola *hidalgo = hijo = filius de aliquo*, em que *aliquo* significa uma propriedade herdada). Não obstante o quão rápido essas diferenças estão hoje desvanecendo na rápida mudança e europeização do caráter nacional americano, ainda assim a atitude burguesa precisamente oposta, que glorifica o sucesso nos negócios e os ganhos como sintoma de capacidades mentais, mas que não tem respeito pela mera riqueza herdada, é ainda algumas vezes representada aqui. Por outro lado, na Europa (como uma vez observou James Bryce), com efeito, quase toda honra social é agora comprável com dinheiro, conforme o comprador não tenha ele mesmo ficado atrás do balcão, e leve a cabo a necessária metamorfose da sua propriedade (formação de *trusts*, etc.) Contra a aristocracia de sangue, ver, por exemplo, Thomas Adams, *Works of the Puritan Divines*, p. 216.

240. Isso já era, por exemplo, verdade para o fundador da seita dos familistas, Hendrik Nicklaes, que era um mercante (Barclay, *Inner Life of the Religious Societies of the Commonwealth*, p. 34).

241. Isso é, por exemplo, definitivamente verdade para Hoornbeek, que desde Mt 5, 5 e 1 Tim 4, 8, também faz promessas puramente mundanas para os santos (*op. cit.*, I, p. 193). Tudo é a obra da Providência de Deus, mas em particular Ele toma conta dos Seus. *Op. cit.*, p. 192: "*Super alios autem summa cura et modis singularissimis versatur Dei Providentia circa fideles*". Daí segue uma discussão sobre como um golpe de sorte não advém da *communis Providentia*, mas daquele cuidado especial. Bailey também (*op. cit.*, p. 191) explica o sucesso em atividades mundanas por referência à Providência. Que a prosperidade é frequentemente a recompensa de uma boa vida é uma expressão comum nos escritos dos *quakers* (por exemplo, ver uma tal expressão ainda em 1848, em *Selection from the Christian Advices*, publicada pelo *General Meeting of the Society of Friends*, Londres, sexta edição, 1851, p. 209). Deveremos retornar à relação com a ética *quaker*.

242. A análise de Thomas Adams sobre a disputa de Jacó e Esaú pode servir como exemplo dessa atenção aos patriarcas, que é igualmente característica da visão de vida dos puritanos (*Works of the Puritan Divines*, p. 235): "*His [Esau's] folly may be argued from the base estimation of the birthright [the passage is also important for the development of the idea of the birthright, of which more later] that he would so lightly pass from it and on so easy condition as a pottage*" {"A sua [de Esaú] baixa autoestima pode ser explicada pela baixa estima dada ao direito de nascimento [a passagem é também importante para o desenvolvimento da ideia do direito de primogenitura, do qual trataremos mais tarde] que ele preferiu tão levinianamente passar por ela, e com uma condição tão fácil como uma sopa"}. Mas então foi pérfido, não reconheceu a venda, sob a acusação de ter sido enganado. Ele é, em outras palavras, "um caçador astuto, um homem do campo"; um homem de vida irracional e bárbara; enquanto Jacó, "um homem simples, que habitava tendas", representa o "homem da graça".

O sentido de uma relação interior com o judaísmo, que é expressa mesmo na bem conhecida obra de Roosevelt, Köhler (*op. cit.*), se encontrou difundido entre os peões na Holanda. Entretanto, por outro lado, o puritanismo era plenamente consciente de suas diferenças com a ética hebraica nas questões práticas, como mostra claramente o ataque de Prynne aos judeus (acerca das propostas de Cromwell para a tolerância).

243. *Zur bäuerlichen Glaubens — und Sittenlehre. Von einem thüringischen Landpfarrer*, segunda edição, Gotha, 1890, p. 16. Os camponeses que são aqui descritos são produtos característicos da Igreja luterana. Frequentemente eu escrevi na margem quando o excelente autor falou de religião camponesa em geral.

244. Compare, por exemplo, a passagem em Ritschl, *Pietismus* II, p. 158. Spener também baseia as suas objeções quanto à mudança de profissão e à perseguição de ganhos em parte em passagens do Eclesiástico. *Theologische Bedenken*, III, p. 426.

245. É verdade que Bailey, contudo, recomenda a sua leitura, e faz referência aos apócrifos aqui e ali, ainda que, naturalmente, não com frequência. Eu agora não consigo lembrar-me de nenhuma ao Eclesiástico (apesar de possivelmente existir).

246. Onde um estranho sucesso chega a pessoas evidentemente condenadas, os calvinistas (como por exemplo Hoornbeek) confortam a si próprios com a reflexão, seguindo a teoria da inflexibilidade, de que Deus lhes permite isso a fim de endurecê-los e de fazer a sua maldição mais certa.

247. Não podemos ir mais a fundo nesse ponto, nessa relação. Estamos interessados apenas no caráter formalista da retidão puritana. Acerca da significação da ética do Velho Testamento para a *lex naturae*, há bastante coisa no *Soziallehren* de Troeltsch.

248. O caráter obrigatório das normas das Escrituras se mostra para Baxter (*Christian Directory*, III, p. 173 ss.), uma vez que elas são: (1) apenas uma cópia das leis da natureza, ou (2) carregam o "*express character of universality and perpetuity*" ["expresso caráter de universalidade e perpetuidade"].

249. Por exemplo, Dowden (com referência a Bunyan), *op. cit.*, p. 39.

250. Há mais sobre esse ponto nos ensaios sobre a *Wirtschaftsethik der Weltreligionen* ["Ética econômica das religiões mundiais"]. A enorme influência que, por exemplo, o segundo mandamento ("Não farás imagens...") havia tido sobre o desenvolvimento do caráter judeu, da sua racionalidade e aversão à cultura do sensitivo, não pode ser analisada aqui. Contudo, talvez se possa notar como característico que um dos líderes da *Educacional Alliance*, nos Estados Unidos, uma organização que leva a cabo a americanização dos imigrantes judeus em grande escala e com um impressionante sucesso, me disse que um dos primeiros propósitos almejados, em todas as formas, artísticas e sociais, do trabalho educacional, era a emancipação do segundo mandamento. À proibição israelita de toda representação antropomórfica de Deus corresponde, no puritanismo, à de certa maneira distinta mas, com efeito, semelhante proibição de toda idolatria da carne.

Até onde concerne ao judaísmo talmúdico, alguns dos traços fundamentais da moralidade puritana certamente estão relacionados. Por exemplo, está exposto no Talmude (em Wünsche, *Bdbyl. Talmud*, II, p. 34) que se é melhor e mais ricamente recompensado por Deus caso se faça uma boa ação por preocupação com o dever, do que caso se faça por um ordenamento da lei. Em outras palavras, o cumprimento sem amor do dever permanece eticamente acima da filantropia sentimental. A ética puritana aceitaria isso em sua essência. Kant, com efeito, também chega próximo de tal posição, sendo ele, em parte, de ascendência escocesa, e fortemente influenciado pelo pietismo em sua educação. Ainda que não possamos discutir esse tema aqui, muitas de suas formulações estão intimamente relacionadas a ideias do protestantismo ascético. Contudo, a ética talmúdica é profundamente saturada com o tradicionalismo oriental. "R. Tanchum disse a Ben Chanilai, 'nunca altere um hábito.'" (Gemara *apud* Mischna VII, I, 86b, nº. 93, em *Wünsche*. Trata-se de uma questão do padrão de vida dos diaristas) A única exceção a essa conformidade se relaciona a estrangeiros.

Ademais, a concepção puritana da legalidade enquanto comprovação evidentemente proveu um motivo muito mais intenso para uma ação positiva do que o cumprimento inquestionável de todos os mandamentos do judeu. A ideia de que o sucesso revela a bênção de Deus é, obviamente, não desconhecida ao judaísmo. Entretanto a diferença fundamental, na significação religiosa e ética, que foi tomada pelo judaísmo por conta da dupla ética, preveniu o aparecimento de resultados similares justamente no mais importante ponto. Ações que perante um estrangeiro eram permitidas eram proibidas perante um irmão. Por essa razão, por si só, era impossível obter sucesso nesse campo, em que não havia sido ordenado, mas permitido como um sinal de valor religioso e como motivo para a conduta metódica no caminho que foi tomado pelo puritano. Sobre esse problema em seu conjunto, ao qual Sombart, em seu livro *Die Juden und das Wirtschaftsleben*, frequentemente se refere de modo incorreto, ver os ensaios referidos anteriormente. Os detalhes não têm vez aqui.

A ética judaica, não obstante quão estranho possa soar num primeiro momento, permaneceu fortemente tradicionalista. Nós também não podemos entrar na tremenda mudança que a atitude interior perante o mundo sofreu com a forma cristã das ideias da graça e da salvação, que continham, de uma forma peculiar, as sementes de novas possibilidades de desenvolvimento. Sobre a legalidade do Velho Testamento, compare, por exemplo, Ritschl, *Die christliche Lehre von der Rechtfertigung und Versöhnung*, II, p. 265.

Aos puritanos ingleses, os judeus do seu tempo eram representantes daquele tipo de capitalismo que estava envolvido na guerra, em contratos do governo, monopólios estatais, promoções especulativas e na construção e projetos financeiros de príncipes, os quais eles próprios condenavam. De fato, a diferença pode, em geral, com as qualificações necessárias, ser formulada: que o capitalismo judeu era o capitalismo especulativo e "pária", enquanto o puritano era o da organização burguesa do trabalho.

251. A verdade das Escrituras Sagradas segue, para Baxter, em última análise, da "incrível diferença do divino e do não divino", a absoluta diferença do homem renovado em relação aos outros, e a evidente preocupação especial de Deus pelos Seus escolhidos (o que *pode* sem dúvida expressar-se nas tentações), *Christian Directory*, I, p. 165.

252. Como uma caracterização disso, só é necessário ler o quão tortuosamente mesmo Bunyan, que ainda ocasionalmente se aproxima da atmosfera do *Freiheit eines Christenmenschen*, de Lutero (por exemplo, em *Of the Law and a Christian*, *Works of the Puritan Divines*, p. 254), se reconcilia com a parábola do fariseu e do publicano (ver o sermão *The Pharisee and the Publican*, *op. cit.*, p. 100). Por que o fariseu é condenado? Ele não segue verdadeiramente os mandamentos de Deus, pois, evidentemente, é nitidamente um sectário que só está preocupado com detalhes externos e cerimônias (p. 107), mas acima de tudo porque inscreve mérito a si próprio, e, ao mesmo tempo, como os *quakers*, agradece a Deus pela virtude, por meio de um uso indevido do Seu nome. De maneira pecaminosa, ele exalta essa virtude (p. 126) e, dessa forma, implicitamente contesta a predestinação de Deus (p. 139). A sua oração é, portanto, idolatria da carne, e essa é a razão pela qual é pecaminosa. Por outro lado, o publicano é, como mostra a honestidade da sua confissão, renascido espiritualmente, pois, como é colocado com uma atenuação caracteristicamente puritana do sentido luterano do pecado, "*to a right and sincere conviction of sin there must be a conviction of the probability of mercy*" ["para uma correta e sincera convicção do pecado, é necessário haver uma convicção da probabilidade do perdão"](p. 209).

253. Reproduzido nos *Constitutional Documents* de Gardiner. Pode-se comparar essa luta contra o ascetismo antiautoritário com a perseguição feita por Luís XIV a Port Royal e aos jansenistas de Port Royal.

254. O ponto de vista do próprio Calvino a esse respeito era distintamente menos drástico, ao menos quando as mais finas formas aristocráticas da fruição da vida eram consideradas. A única limitação é a *Bíblia*. Qualquer um que aderir a ela e que tenha uma boa consciência não precisa observar com ansiedade cada impulso para gozar a vida. A discussão no capítulo 10 do *Instit. Christ.* (por exemplo, "*nec fugere ea quoque possumus quae videntur oblectatione magis quam necessitate inservire*") pode por si só ter aberto o caminho para uma prática extremamente laxista. Em conjunto com uma crescente ansiedade sobre a *certitudo salutis*, a mais importante circunstância para os discípulos tardios era, contudo, como pontuaremos em outro lugar, que, na época dos *ecclesia militans*, era a pequena burguesia que compunha os principais representantes da ética calvinista.

255. Thomas Adams (*Works of the Puritan Divines*, p. 3) começa o sermão sobre as "três irmãs divinas" ("mas o amor é a maior delas") com o comentário de que mesmo Páris deu a maçã dourada a Afrodite!

256. Romances e coisas do tipo não deveriam ser lidos; eles eram "passatempos" (Baxter, *Christian Directory*, I, p. 51). O declínio da poesia lírica e da música *folk*, assim como do drama, após a era elizabetana na Inglaterra, é conhecido por todos. Nas artes plásticas, o puritanismo talvez não tenha achado tanta coisa para suprimir. No entanto, muito impactante é o declínio do que parecia ser um começo musical promissor (a parte da Inglaterra na história da música não era de forma alguma insignificante) que impactou naquele absoluto vácuo musical que nós vemos como típico dos povos anglo-saxões mais tarde, e mesmo hoje. Exceto para as igrejas dos negros, e dos cantores profissionais que as igrejas agora contratam como atração (*Trinity Church*, em Boston, por $ 8.000 anuais), na América também se pode ouvir como cantos comunitários em geral apenas sons que são intoleráveis a ouvidos alemães (em parte existem coisas análogas na Holanda também).

257. Exatamente o mesmo se passa na Holanda, como mostram os testemunhos dos sínodos. (Ver as resoluções sobre a "árvore de maio" no *Reitmaas Collection*, VI, 78, 139.)

258. Que o "renascimento do Velho Testamento" e a orientação pietista a certas atitudes cristãs hostis à beleza na arte, que em última análise voltam a Deutero-Isaías e ao Salmo 22 (21), devem ter contribuído tornando a feiura um objeto mais possível para a arte, e que o repúdio puritano da idolatria da carne teve alguma parte nisso, parece provável. Contudo, nos detalhes, tudo parece incerto. Na Igreja Romana motivos demagógicos muito diferentes levaram a efeitos estranhamente semelhantes, mas, entretanto, com resultados artísticos muito distintos. Estando perante o *Saul and David* de Rembrandt (no *Mauritshuis*), parece que se sente diretamente a poderosa influência da emoção puritana. A excelente análise das influências culturais holandesas no *Rembrandt*, de Carl Neumann, provavelmente dá uma boa noção do que no momento podemos saber acerca de até que ponto pode o ascetismo protestante ser creditado por uma positiva e frutificante influência sobre a arte.

259. As mais complexas causas, às quais nós não podemos ir aqui, foram responsáveis pela extensão relativamente pequena em que a ética calvinista penetrou na vida prática. O espírito ascético começou a enfraquecer na Holanda já no começo do século XVII (os congregacionalistas ingleses que fugiram para a Holanda em 1608 foram perturbados pela falta de respeito pelo domingo de descanso de lá), mas especialmente sob o *Stadthouder* Frederico Henrique. Ademais, o puritanismo holandês tinha em geral muito menos poder expansivo do que o inglês. As razões para isso se encontram tanto na constituição política (confederação particularista de cidades e províncias) e no muito menor grau de desenvolvimento das forças armadas (a Guerra de Independência foi realizada principalmente com o dinheiro de Amsterdã e com exércitos mercenários. Os pregadores ingleses ilustravam a confusão babélica com as línguas por meio de referências ao exército holandês). Dessa forma, o fardo da guerra das religiões era em grande medida passado à frente, para outros, mas, ao mesmo tempo, uma parte do seu poder político estava perdida. Por outro lado, o exército de Cromwell, ainda que fosse em parte de recrutados, sentia-se como um exército de cidadãos. É, para ficar claro, muito característico que exatamente esse exército adotou a abolição do recrutamento em seu programa, pois alguém poderia lutar justamente apenas para a glória de Deus em uma causa reconhecidamente justa na consciência, mas não pelo capricho de um soberano. A constituição do exército britânico, tão imoral para as ideias tradicionais alemãs, tem sua origem histórica em motivos altamente morais, e foi a formação de soldados que nunca haviam sido forjados. Apenas depois da restauração ele foi colocado a serviço dos interesses da Coroa.

Os *schutterijen* holandeses, os campeões do calvinismo no período da Grande Guerra, apenas uma geração depois do sínodo de Dordrecht, já não aparecem minimamente ascéticos nas pinturas de Hals. Protestos dos sínodos contra a sua conduta acontecem frequentemente. O conceito holandês de *Deftigkeit* ["bravura", "majestade"] é uma mistura da honestidade racional burguesa e da consciência patrícia de *status*. A divisão dos lugares de acordo com as classes, nas igrejas holandesas, mostra o caráter aristocrático dessa religião ainda hoje. A continuidade da economia das cidades entravava o desenvolvimento industrial. Esta prosperou quase somente com refugiados, e consequentemente apenas de forma esporádica. De todo modo, o ascetismo mundano do calvinismo e do pietismo era uma importante influência na Holanda, que seguia no mesmo sentido que em toda parte. Também no sentido a ser referido à presente compulsão ascética para salvar, como mostra Groen van Prinsterer na passagem já citada.

Ademais, a quase completa falta de *belles lettres* na Holanda calvinista obviamente não é um acidente (ver, por exemplo, Busken-Huet, *Het Land van Rembrandt*). A significação da religião holandesa como uma compulsão ascética para salvar aparece claramente mesmo no século XVIII, nos escritos de Albertus Haller. Para as peculiaridades características da atitude holandesa perante a arte e o seu motivo, compare, por exemplo, as observações autobiográficas de Constantine Huyghens (escritos em 1629-1631), em *Oud Holland*, 1891. O trabalho de Groen van Prinsterer, *La Hollande et l'Influence de Calvin*, 1864, ao qual já nos referimos, não oferece nada de importante para os nossos problemas. A colônia da Nova Holanda na América era, socialmente, um domínio semifeudal de patronos, comerciantes que adiantavam capital, e, diferentemente, na Nova Inglaterra, era difícil persuadir "pessoas simples" a se estabelecerem lá.

260. Podemos nos lembrar que o governo puritano municipal fechou o teatro, em Stratford-on-Avon, enquanto Shakespeare ainda estava vivo e ali residindo nos seus últimos anos. O ódio e desprezo de Shakespeare pelos puritanos aparece em toda ocasião. Ainda em 1777, a cidade de Birmingham se recusou a licenciar um teatro porque ele conduzia à ociosidade e, dessa forma, seria desfavorável ao comércio (Ashley, *Birmingham Trade and Commerce*, 1913).

261. Aqui também se trata de uma importância decisiva que para o puritano existia apenas a alternativa da divina vontade ou da vaidade humana. Consequentemente, para ele não poderia haver *adiaphora* ["indiferentes"]. Como já pontuamos, o ponto de vista do próprio Calvino era diferente a esse respeito. O que alguém come, veste, etc., não havendo a escravização da alma ao desejo terreno como resultado, é indiferente. A liberdade do mundo deveria ser expressa, assim como para os jesuítas, na indiferença, o que para Calvino significava uma utilização indiferente, e não concupiscente, de qualquer bem que a terra oferecesse (p. 409 ss., da edição original do *Instit. Christ*).

262. A atitude *quaker* a esse respeito é conhecida por todos. Mas, já no começo do século XVII, as mais intensas manifestações abalaram a congregação piedosa dos exilados de Amsterdã por uma década, por conta dos chapéus e vestidos elegantes da esposa de um pastor (descritos de forma encantadora pelo *Congregationalism of the Last Three Hundred Years*, de Dexter). Sanford (*op. cit.*) pontuou que os cortes de cabelo masculinos dos presentes dias é aquele dos ridículos *Roundheads* ["cabeças-redondas"], e que o igualmente ridículo (para o tempo) vestuário masculino dos puritanos é ao menos em princípio fundamentalmente similar ao de hoje.

263. Sobre esse ponto ver a *Theory of Business Enterprise*, de Veblen.

264. Frequentemente temos voltado a essa atitude. Ela explica posicionamentos como o que segue: "*Every penny which is paid upon yourselves and children and friends must be done as by God's own appointment and to serve and please Him. Watch narrowly, or else that thievish, carnal self will leave God nothing*" ["Cada centavo que é pago a nós e nossos filhos e amigos deve ser feito pelo própria designação de Deus, e deve servir e aprazer a Ele. Vigie-se em detalhes, ou, de outro modo, aquele eu carnal, gatuno, não levará nada a Deus"] (Baxter, *op. cit.*, I, p. 108). Isso é decisivo; o que é despendido para fins pessoais é subtraído ao serviço da glória de Deus.

265. De forma muito correta, costuma-se lembrar (Dowden, *op. cit.*) que Cromwell salvou da destruição os quadros de Rafael e o *Triunfo de César* de Mantegna, enquanto Charles II tentou vendê-los. Ademais, a sociedade da restauração era distintivamente fria, ou até mesmo hostil, à literatura nacional inglesa. Com efeito, a influência de Versalhes era muito poderosa nas cortes de toda parte. Uma detalhada análise da influência da atmosfera não favorável para a fruição espontânea de todo dia sobre o espírito dos elevados tipos de puritano, e os homens que foram a fundo na escola do puritanismo, é uma tarefa que não pode ser levada a cabo dentro dos limites deste esboço. Washington Irving (*Bracebridge Hall*) o formula, em termos comumente ingleses, desta forma: "*It* [ele diz liberdade política, nós poderiamos dizer puritanismo] *evinces less play of the fancy, but more power of the imagination*" ["Isso demonstra menos jogo de fantasia, mas mais poder da imaginação"]. Somente é necessário pensar no lugar da Escócia na ciência, na literatura e na invenção técnica, assim como na vida de negócios da Grã-Bretanha, para estar convicto de que essa observação se aproxima da verdade, ainda que possa estar colocada de forma muito limitada. Não podemos aqui falar de sua significação para o desenvolvimento da técnica e das ciências empíricas. A relação mesma está sempre se mostrando na vida de todo dia. Para os *quakers*, por exemplo, as recreações que são permitidas (de acordo com Barclay) são: visita de amigos, leitura de obras históricas, experimentos físicos e matemáticos, cuidar do jardim, discussão de negócios e de outras ocorrências do mundo, etc. A razão é aquela pontuada anteriormente.

266. Já muito bem analisado no *Rembrandt*, de Carl Neumann, o que deveria em geral ser comparado com as observações acima.

267. Dessa forma, Baxter, em uma passagem citada acima, I, p. 108, e abaixo.

268. Compare a bem conhecida descrição do coronel Hutchinson (citada com frequência, por exemplo, por Sanford, *op. cit.*, p. 57) na biografia escrita pela viúva. Após descrever todas as suas virtudes cavalheirescas e sua natureza bem-disposta e alegre, ela prossegue: "*He was wonderfully neat, cleanly, and genteel in his habit, and had a very good fancy in it; but he left off very early the wearing of anything that was costly*" ["Ele era maravilhosamente elegante, limpo e gentil em seus hábitos, e tinha uma boa afeição quanto a isso; mas muito cedo deixou de vestir qualquer coisa cara"]. Muito semelhante é o ideal da educada e altamente civilizada mulher puritana, que, contudo, é de uma penúria em duas coisas: (1) tempo, e (2) despesas com pompa e diversão, como é extraído da oração de Baxter para o funeral de Mary Hammer (*Works of the Puritan Divines*, p. 533).

269. Eu penso, entre muitos outros exemplos, especialmente no de um manufatureiro de incomum sucesso em seus empreendimentos de negócios, e em seus dias posteriores alguém muito rico, que, quando para o tratamento do problema de alguma desordem digestiva o doutor recomenda algumas ostras por dia, somente podia vir a cumprir a recomendação com relutância. Presentes muito consideráveis, dados a finalidades filantrópicas, que ele deu ao longo de sua vida e que mostram uma, de certo modo, "mão aberta", por outro lado, de que se tratava simplesmente de uma sobrevivência daquele sentimento ascético que olha por sobre a fruição da riqueza por si mesma como moralmente repreensível, mas que nada tem a ver com avareza.

270. A separação entre oficina, escritório de negócios em geral e a esfera privada, de firma e nome, de capital de negócio e riqueza privada, a tendência a fazer de um negócio um *corpus mysticum* (ao menos no caso da propriedade corporativa), vão todos nessa direção. Sobre isso, ver o meu *Handelsgesellschaften im Mittelalter* (*Gesammelte Aufsätze zur Sozial- und Wirtschaftsgeschichte*, p. 312 ss.) ["Para a história das sociedades comerciais na Idade Média"].

271. Sombart em seu *Kapitalismus* (primeira edição) já pontuou esse característico fenômeno. Deve-se, contudo, notar que a acumulação de riqueza surge de duas fontes psicológicas bem distintas. Uma tem raízes que remontam à Antiguidade e está expressa em fundações, fortunas familiares e trustes, assim como está muito mais pura e claramente com o desejo de morrer com uma enorme carga de bens materiais; acima de tudo para assegurar a continuidade de um negócio, mesmo aos custos dos interesses pessoais da maioria dos próprios filhos. Em tais casos se trata de, apesar do desejo de dar a cada um uma vida ideal após sua morte, e dessa forma manter o *splendor familiae* ["o esplendor da família"] e estender a personalidade do fundador, uma questão de, por assim dizer, motivos puramente egocêntricos. Não é o caso com o motivo burguês com o qual nós aqui estamos lidando. Aqui o motivo principal do ascetismo é "*Entsagen sollst du, sollst entsagen*" ["deves renunciar, renunciar deves"], no sentido positivo de "*Erwerben sollst du, sollst erwerben*" ["deves lucrar, lucrar deves"]. Em sua pura e simples não racionalidade, trata-se de uma espécie de imperativo categórico. Apenas a glória de Deus e o dever com o próprio, e não a vaidade humana, são motivos para os puritanos; e hoje apenas o dever da própria profissão. Se é aprazível a alguém, para ilustrar uma ideia por meio de suas consequências extremas, podemos nos recordar da teoria de certos milionários americanos, de que os seus milhões não deveriam ser deixados a seus filhos, pois dessa forma eles não seriam privados dos bons efeitos morais da necessidade de trabalhar e de ganhar por eles mesmos. Hoje essa ideia certamente não é mais do que uma bolha de sabão teórica.

272. Isto é, como deve ser continuamente enfatizado, o motivo religioso decisivo (em conjunto com o desejo puramente ascético para se mortificar a carne). Isso é especialmente claro entre os *quakers*.

273. Baxter (*Saints' Everlasting Rest*, p. 12) repudia isso com a mesma razão que o fazem os jesuítas: o corpo precisa ter o que ele precisa, de outra forma nos tornamos escravos dele.

274. Esse ideal está claramente presente, especialmente para o quakerismo, no primeiro período do seu desenvolvimento, como já foi mostrado em importantes pontos por Weingarten, em seu *Englische Revolutionskirchen*. Também Barclay, por meio de uma discussão (*op. cit.*, p. 519 ss., 533), mostra isso de forma clara. Para serem evitados: (1) vaidade mundana; consequentemente, toda ostentação, frivolidade e uso de coisas que não possuem finalidade prática, ou que são valiosas apenas por sua raridade (ou seja, por conta da vaidade); (2) todo uso inconsciente da riqueza, como um despendimento excessivo para necessidades não urgentes, e que são menores do que as reais necessidades da vida e do futuro. O *quaker* era, por assim dizer, uma lei viva da utilidade marginal. "O uso moderado da criatura" é definitivamente permitido, mas em particular pode-se dar atenção à qualidade e durabilidade dos materiais, se isso não levar à vaidade. Sobre tudo isso, compare *Morgenblatt für gebildete Leser*, 1846, p. 216 ss. Especialmente sobre o conforto e a solidez entre os *quakers*, compare Schneckenburger, *Vorlesungen*, p. 96 ss.

275. Já foi observado que não podemos aqui entrar na questão da relação de classe desses movimentos religiosos (ver os ensaios contidos no *Wirtschaftsethik der Weltreligionen* ["A ética econômica das religiões mundiais"]). A fim de ver, contudo, que, por exemplo, Baxter, de quem fazemos muito uso neste estudo, não via as coisas somente como um burguês do seu tempo, será suficiente para relembrar que mesmo para ele, na ordem do valor religioso das profissões, depois das profissões escolarizadas, vem a de agricultor, e só então a de *mariner*, vendedores de roupa, livreiros, alfaiates, etc. Também, sob os *mariners* (de forma suficientemente característica) ele provavelmente pensa no mínimo frequentemente tanto nos pescadores quanto nos marinheiros. A esse respeito, várias coisas no Talmude estão expressas de forma bastante diversa. Compare, por exemplo, Wünsche, *Babyl. Talmud*, II, p. 20, 21 ss., os dizeres do rabino Eleasar, que, ainda que não deixassem de ser contestados por outros, todos mencionavam, com efeito, que o negócio é melhor do que a agricultura. Como meio-termo, ver II, 2, p. 68, sobre o sábio investimento de capital: um terço na mão, um terço no mercado e um terço em dinheiro.

Para aqueles para quem nenhuma explicação causal é adequada sem uma interpretação econômica (ou materialista, tal como ainda é infelizmente chamada), pode ser observado que eu considero a influência do desenvolvimento econômico sobre a questão das ideias religiosas como sendo muito importante, e deveremos mais tarde buscar mostrar como no nosso caso o processo de mútua adaptação toma lugar. Por outro lado, aquelas ideias religiosas por si sós simplesmente não podem ser deduzidas de circunstâncias econômicas. Elas são em si mesmas, e isso está além de qualquer dúvida, os mais poderosos elementos plásticos da cultura nacional, e contêm uma lei de desenvolvimento e uma força impositiva inteiramente próprias. Ademais, as mais importantes diferenças, na medida em que fatores não religiosos possuem um papel, são, assim como com o luteranismo e com o calvinismo, o resultado de circunstâncias políticas, e não econômicas.

276. Isso é o que Eduard Bernstein busca expressar quando diz, no ensaio referido anteriormente (p. 625, 681 ss.), "O ascetismo é uma virtude burguesa". A sua discussão é a primeira que sugeriu essas importantes relações. Mas a relação é muito mais ampla do que ele suspeitava. Pois não somente a acumulação de capital mas a racionalização ascética do conjunto da vida econômica estava envolvida.

Para as colônias americanas, a diferença entre o Norte puritano, onde, por conta da compulsão ascética para poupar capital em busca de investimentos estava sempre disponível, com relação ao Sul, já foi claramente trazida à tona por Doyle.

277. Doyle, *The English in America*, II, capítulo 1. A existência de obras de metal (1643), da tecelagem para o mercado (1659) e também do elevado desenvolvimento dos artesanatos na Nova Inglaterra na primeira geração após a fundação das colônias são, de um ponto de vista puramente econômico, impressionantes. Elas estão em profundo contraste com as condições do Sul, do mesmo modo como com a não calvinista Rhode Island, com sua completa liberdade de consciência. Aí, do excelente porto, o relatório do governo e do Conselho de 1686 diz: "*The great obstruction concerning trade is the want of merchants and men* *of considerable estates amongst us*" ["A grande obstrução no que concerne ao comércio é a falta de mercantes e de homens de 'estados consideráveis' entre nós"] (Arnold, *History of the State of Rhode Island*, p. 490). Dificilmente se pode duvidar que a compulsão para continuamente reinvestir o que foi poupado, que o encurtamento puritano do consumo propiciava, fez sua parte. Adicionalmente, havia a parte da disciplina eclesiástica, que não pode ser discutida aqui.

278. Que, contudo, esses círculos rapidamente diminuíram na Holanda é mostrado pela discussão de Busken-Huet (*op. cit.*, II, capítulos 3 e 4). Todavia, Groen van Prinsterer diz (*Handb. der Gesch. van het Vaderland*, terceira edição, § 303, nota, p. 254), "De Nederlanders verkoopen veel en verbruiken wenig", mesmo no tempo depois da Paz de Vestfália.

279. Para a Inglaterra, por exemplo, uma petição de um aristocrata *royalist* (citado em Ranke, *Engl. Geschichte*, IV, p. 197) apresentado depois da entrada de Charles II em Londres, advogava uma proibição legal da aquisição de propriedade fundiária com capital burguês, que deveria então, desse modo, ser forçado a encontrar emprego no comércio. A classe de regentes holandeses era distinta, como estado, dos patrícios burgueses da cidade, pela compra de propriedade fundiária. Ver as reclamações, citadas por Fruin, *Tien jaren uit den tachtigjarigen oorlog*, do ano de 1652, de que os regentes se tornaram senhores de terras e que não são mais mercantes. Para se ter certeza, esses círculos nunca tinham sido estritamente calvinistas. E a notória disputa pela participação na nobreza e nos títulos em amplas camadas das classes médias holandesas, na segunda metade do século XVII, por si só mostra que, ao menos para esse período, o contraste entre as condições inglesas e holandesas deve ser aceito com cuidado. Nesse caso, o poder do dinheiro herdado rompeu com o espírito ascético.

280. Do forte movimento para o capital burguês comprar as propriedades fundiárias inglesas seguiu o grande período de prosperidade da agricultura inglesa.

281. Ainda no presente século, os senhores de terra anglicanos frequentemente se recusaram a aceitar os não conformistas como arrendatários. No tempo presente, os dois partidos da Igreja são de números aproximadamente iguais, enquanto em tempos primórdios os não conformistas estiveram sempre em minoria.

282. H. Levy (artigo contido em *Archiv für Sozialwissenschaft und Sozialpolitik*, 46, p. 605) corretamente nota que, de acordo com o caráter nativo do povo inglês, como visto a partir dos seus numerosos traços, eles eram, pode-se dizer, menos dispostos a receber bem uma ética ascética e as virtudes da classe média do que outros povos. Uma calorosa e irrestrita fruição da vida era, e é, um dos seus traços fundamentais. O poder do ascetismo puritano ao tempo de sua predominância é mostrado da forma mais impactante pelo impressionante nível de disciplina que esse traço de caráter tinha sob a disciplina entre os seus adeptos.

283. Esse contraste recorre continuamente na apresentação de Doyle. Na atitude do puritano, com relação a tudo, o motivo religioso sempre possuiu um importante papel (não sendo sempre, é claro, o único importante). A colônia (sob a liderança de Winthrop) estava inclinada a permitir o assentamento de *gentlemen* em Massachusetts, mesmo uma casa superior com nobreza hereditária, apenas se os *gentlemen* aderissem à Igreja. A colônia permaneceu fechada pela preocupação com a disciplina da Igreja. A colonização de New Hampshire e Maine fora levada a cabo por grandes mercantes anglicanos, que estabeleceram grandes assentamentos pecuniários. Entre eles e os puritanos havia muito poucas conexões sociais. Havia reclamações acerca da intensa cobiça por lucros dos habitantes da Nova Inglaterra já em 1632 (Weeden, *Economic and Social History of New England*, I, p. 125).

284. Isso é notado por Petty (*Pol. Arith.*), e todas as fontes contemporâneas sem exceção falam em particular das seitas puritanas, anabatistas, *quakers*, menonitas, etc., como pertencentes em parte às classes sem propriedade, em parte àquela dos pequenos capitalistas, e as contrasta tanto com a grande aristocracia mercante quanto com os aventureiros financeiros. Mas foi justamente dessa pequena classe capitalista, e não dos grandes magnatas financeiros, monopolistas, e fornecedores do Estado, emprestadores do rei, empresários coloniais, promotores, etc., que se originou aquilo que é característico do capitalismo ocidental: a organização da classe média do trabalho industrial sobre a base da propriedade privada (ver Unwin, *Industrial Organization in the Sixteenth and Seventeenth Centuries, London*, 1914, p. 196 ss.). Para ver que essa diferença era plenamente conhecida mesmo aos contemporâneos, compare o *Discourse Concerning Puritans*, 1641, de Parker, onde se enfatiza o contraste quanto aos promotores e cortesãos.

285. Sobre o modo pelo qual isso era expresso na política da Pensilvânia no século XVIII, especialmente durante a Guerra de Independência, ver Sharpless, *A Quaker Experiment in Government*, Filadélfia, 1902.

286. Citado em Southey, *Life of Wesley*, capítulo 29 (segunda edição americana, II, p. 308). Para a referência, que eu não conhecia, estou em dívida com uma carta do Professor Ashley (1913). Ernst Troeltsch, com quem eu me comuniquei para esse propósito, já fez uso dela.

287. A leitura dessa passagem pode ser recomendada por todos aqueles que se consideram hoje mais bem informados sobre essas questões do que os líderes e contemporâneos dos próprios movimentos. Como vemos, eles sabiam muito bem o que estavam fazendo e quais perigos enfrentavam. É realmente inaceitável contestar de forma tão leviana, como alguns dos meus críticos têm feito, fatos que estão muito além de qualquer disputa e que, consequentemente, nunca foram postos em disputa por ninguém. Tudo o que fiz foi investigar os seus motivos subjacentes de uma forma um pouco mais cuidadosa. Ninguém no século XVII duvidou da existência dessas relações (compare Manley, *Usury of 6 per Cent. Examined*, 1669, p. 137). Apesar de os escritores modernos já terem notado, poetas como Heine e Keats, assim como historiadores como Macaulay, Cunningham, Rogers, ou um ensaísta como Matthew Arnold, o têm assumido como óbvio. Da mais recente literatura, ver Ashley, *Birmingham Industry and Commerce* (1913). Ele também tem expressado a sua completa concordância para comigo, por correspondência. Sobre o conjunto do problema agora, compare o estudo feito por H. Levy referido acima.

288. Itálicos de Weber.

289. Que exatamente as mesmas coisas eram óbvias aos puritanos da época clássica não pode talvez ser mais claramente mostrado do que pelo fato de que em Bunyan o Mr. Money-Love [um personagem] argumenta que alguém pode tornar-se religioso a fim de tornar-se rico, por exemplo para atrair clientes. Pois o porquê de alguém ter-se tornado religioso não faz qualquer diferença (ver p. 114, edição Tauchnitz).

290. Defoe era um zeloso não conformista.

291. Spener também (*Theologische Bedenken*, p. 426, 429, 432ss), ainda que ele mantivesse que a profissão de um mercante seja repleta de tentações e de ciladas, não obstante declara em resposta a uma questão: "Fico feliz por ver, no que se refere à atividade comercial, que meu querido amigo não conhece escrúpulos, mas toma isso como uma arte da vida, que é o que ela é, no qual muito bem pode ser feito para a raça humana, e a vontade de Deus pode ser levada a cabo com amor". Isso é mais plenamente justificado em outras passagens por argumentos mercantilistas. Spener, em alguns momentos, de um modo luterano, designa o desejo de tornar-se rico como a principal cilada, seguindo 1, Tim 6, 8 e 9, e referindo-se ao Eclesiástico (ver acima), e dessa forma deve ser rigidamente condenado. Entretanto, por outro lado, ele toma um pouco disso de volta por se referir aos prósperos membros de seita que ainda viviam corretamente. Como resultado do trabalho industrioso, a riqueza não era reprovável também para ele. Entretanto, por conta da influência luterana, o seu ponto de vista é menos consistente que o de Baxter.

292. Baxter, *op. cit.*, II, p. 16, alerta contra a admissão de "*heavy, flegmatic, sluggish, fleshly, slothful persons*" ["pessoas pesadas, fleumáticas, apáticas, sensuais e indolentes"] como empregados, não apenas porque empregados devotos seriam meros *eye-servants* mas acima de tudo porque "*a truly godly servant will do all your service in obedience to God, as if God Himself had bid him do it*" ["um empregado verdadeiramente devoto faz tudo em obediência a Deus, como se o próprio Deus o houvesse mandado fazer"]. Contudo, o critério da santidade do trabalhador não é para ele a confissão externa de fé, mas a "consciência para fazer o seu dever". Parece aqui que o os interesses de Deus e dos empregadores são curiosamente harmoniosos. Spener também (*Theologische Bedenken*, III, p. 272), que de outro modo intensamente insiste para que se reserve tempo para pensar em Deus, assume ser óbvio que os trabalhadores devem estar satisfeitos com o extremo mínimo de tempo livre (mesmo nos domingos). Escritores ingleses têm corretamente chamado os imigrantes protestantes de pioneiros do trabalho qualificado. Ver também comprovações em H. Levy, *Die Grundlagen des ökonomischen Liberalismus in der Geschichte der englischen Volkswirtschaft*, p. 53.

293. A analogia entre a predestinação injusta (de acordo com os padrões humanos) de apenas alguns e a igualmente injusta, mas igualmente ordenada divinamente, distribuição da riqueza, era por demais óbvia para escapar. Ver, por exemplo, Hoornbeek, *op. cit.*, I, p. 153. Ademais, como para Baxter, *op. cit.*, I, p. 380, a pobreza é muito frequentemente um sintoma do ócio pecaminoso.

294. Thomas Adams (*Works of the Puritan Divines*, p. 158) pensa que Deus provavelmente permite que tantas pessoas permaneçam pobres porque Ele sabe que elas não seriam aptas a lidar com as tentações que acompanham a riqueza. Pois a riqueza muito frequentemente retira os homens da religião.

295. Ver acima, e o estudo de H. Levy ao qual lá é feita referência. O mesmo é notado em todas as discussões (portanto, por Manley para os huguenotes).

296. Coisas semelhantes não estão em falta na Inglaterra. Existe, por exemplo, aquele pietismo que, começando com o *Serious Call* (1728), de Law, que pregava a pobreza, a castidade e, originalmente, o isolamento do mundo.

297. A atividade de Baxter em Kidderminster, uma comunidade em absoluta depravação quando ele chegou, que é quase única na história dos ministérios por conta de seu sucesso, é ao mesmo tempo um típico exemplo de como o ascetismo educou as massas para trabalhar, ou, em termos marxistas, à produção de mais-valia, e dessa forma fizeram pela primeira vez possível o seu emprego na relação de trabalho capitalista (indústria em domicílio, tecelagem, etc.). Essa é, de forma bem geral, a relação causal. Do ponto de vista do próprio Baxter, ele aceitou o emprego dos seus pupilos na produção capitalista pela preocupação dos seus interesses religiosos e éticos. Do ponto de vista do desenvolvimento do capitalismo, esses últimos foram trazidos a serviço do desenvolvimento do espírito do capitalismo.

298. Ademais, pode-se bem duvidar da grandeza da alegria do artesão medieval em sua criação, à qual tão frequentemente se apela, e se era efetiva enquanto fator psicológico. Não obstante, indubitavelmente há algo nessa tese. Entretanto, em todo caso, o ascetismo certamente privou todo trabalho de sua atratividade mundana, hoje para sempre destruída pelo capitalismo, e orientada por este para ir além. O trabalho enquanto tal, em uma profissão, é desejado por Deus. A impessoalidade do trabalho dos presentes dias, o que, do ponto de vista do indivíduo, é sua infeliz falta de significado, ainda possui aqui justificação religiosa. O capitalismo ao tempo de seu desenvolvimento necessitava de trabalhadores que estivessem disponíveis para a exploração econômica pela preocupação da consciência. Hoje ele já está selado e, por consequência, apto a forçar as pessoas a trabalhar sem sanções transcendentais.

299. Petty, *Political Arithmetick*, em *Works*, editado por Hull, I, p. 262.

300. Sobre esses conflitos e desenvolvimentos, ver H. Levy, no livro citado acima. A poderosa hostilidade da opinião pública aos monopólios, que é característica da Inglaterra, se originou historicamente de uma combinação da luta política pelo poder contra a Coroa — o alto parlamento excluiu os monopolistas de sua participação — com os motivos éticos do puritanismo; e o interesse econômico da pequena burguesia e dos capitalistas de escala moderada contra os magnatas financeiros no século XVII. A *Declaração do Exército* de agosto de 1652, assim como a *Petição dos Levellers* de 28 de janeiro de 1653, demandava, além da abolição dos impostos especiais sobre o consumo, tarifas e taxas indiretas, a introdução de uma taxa única para os *estados*, acima de tudo para os negócios livres, ou seja, a abolição das barreiras monopolistas ao comércio em casa e lá fora, como uma violação dos direitos naturais do homem.

301. Comparar com H. Levy, *Die Grundlagen des ökonomischen Liberalismus in der Geschichte der englischen Volkswirtschaft*, p. 51 ss.

302. Que aqueles outros elementos, que não têm sido delineados até suas raízes religiosas, especialmente a ideia de que "honestidade é a melhor política" (a discussão de Franklin sobre o crédito), são também de origem puritana deve ser provado por meio de uma conexão de certa forma diferente (ver o próximo ensaio [não traduzido aqui]). Aqui eu devo limitar-me a repetir a observação que segue, de J. A. Rowntree (*Quakerism, Past and Present*, p. 95-96), à qual E. Bernstein chamou minha atenção: "*Is it merely a coincidence, or is it a consequence, that the lofty profession of spirituality made by the Friends has gone hand in hand with shrewdness and tact in the transaction of mundane affairs? Real piety favours the success of a trader by insuring his integrity* *and fostering habits of prudence and forethought, important items in obtaining that standing and credit in the comercial world, which are requisites for the steady accumulation of wealth*" ["É meramente uma coincidência, ou se trata de uma consequência, que a nobre profissão da espiritualidade, feita pelos amigos, tenha ido de mãos dadas com a astúcia e tato nas transações dos negócios mundanos? A piedade real favorece o sucesso de um comerciante por assegurar a sua integridade e por nutrir hábitos de prudência e de previsão, itens importantes para a obtenção da estabilidade e crédito no mundo comercial, que são requisitos para a acumulação de riqueza estável"] (ver o próximo ensaio). "Honesto como um huguenote" era um provérbio no século XVII, assim como o respeito pela lei, por parte dos holandeses, e que o Sr. W. Temple admirava, e, um século mais tarde, aquele provérbio inglês, quando comparado com aqueles povos continentais que não estiveram sob a influência dessa escolaridade ética.

303. A obra de Bielschowsky, *Goethe*, II, capítulo 18. Para o desenvolvimento do cosmos científico, Windelband, ao final do seu *Blütezeit der deutschen Philosophie* (Vol. II do *Gesch. d. Neueren Philosophie*), tinha expressamente uma ideia semelhante.

304. *Saints' Everlasting Rest*, capítulo 12.

305. "*Couldn't the old man be satisfied with his $75,000 a year and rest? No! The frontage of the store must be widened to 400 feet. Why? That beats everything, he says. In the evening when his wife and daughter read together, he wants to go to bed. Sundays he looks at the clock every five minutes to see when the day will be over — what a futile life!*" ["Não podia o velho homem estar satisfeito com seus $75.000 ao ano e descansar? Não! A fachada da loja deveria ser expandida para 400 pés. Por quê? Isso supera tudo, diz ele. À noite, quando sua esposa e filhos leem juntos, ele quer ir para a cama. No domingo, ele olha para o relógio a cada cinco minutos para ver quando o dia terá terminado — que vida fútil!"]. Nesses termos, o genro (que havia emigrado da Alemanha) do principal homem "seco de bens", de uma cidade de Ohio, expressou o seu julgamento acerca do último, um julgamento que iria, indubitavelmente, parecer simplesmente incompreensível ao homem velho. Um sintoma da falta de energia alemã.

306. Essa observação por si só (não modificada desde que criticada) pode mostrar a Brentano (*op. cit.*) que eu jamais duvidei da sua significação independente. Que o humanismo também não era um puro racionalismo tem sido fortemente enfatizado por Borinski em *Abfiandl. der Münchener Akad. der Wiss.*, 1919.

307. A oração acadêmica de v. Below, *Die Ursachen der Reformation* (Freiburg, 1916), não está preocupada com esse problema, mas com a reforma em geral, especialmente Lutero. Para a questão aqui tratada, em especial, as controvérsias que têm crescido por conta desse estudo, posso referir-me finalmente à obra de Hermelink, *Reformation und Gegenreformation*, a qual, contudo, também está preocupada primeiramente com outros problemas.

308. Pois o esboço acima tem tomado deliberadamente apenas as relações nas quais uma influência das ideias religiosas sobre a cultura material está realmente além de qualquer dúvida. Teria sido fácil proceder para além daquilo, para uma construção regular que deduziria logicamente tudo o que é característico da cultura moderna do racionalismo protestante. Contudo, esse gênero de coisa é do tipo de diletante que acredita na unidade da mente dos grupos e a sua possibilidade de redução a uma fórmula única. Deixe observado apenas que o período do desenvolvimento capitalista existente perante o que nós temos estudado foi em toda parte determinado por influências religiosas, que tanto entravavam quanto ajudavam. De que natureza elas eram pertence a outro capítulo. Ademais, se, dos amplos problemas esboçados acima, um ou outro pode ser tratado nos limites deste Jornal [este ensaio apareceu pela primeira vez no *Archiv für Sozialwissenschaft und Sozialpolitik* — nota do tradutor à versão em inglês] não é certo em vista dos problemas aos quais ele está dedicando-se. Por outro lado, para se escreverem tomos pesados, tal como eles deveriam ser nesse caso, e dependendo do trabalho de outros (teólogos e historiadores), não tenho grande inclinação para tanto.

Acerca da tensão entre ideais e realidade nos tempos do capitalismo primitivo, antes da reforma, Strieder, *Studien zur Geschichte der kapit. Organizationsformen*, 1914, Livro II. (Também contra o trabalho de Keller, citado acima, o qual foi utilizado por Sombart.)

309. Eu deveria ter pensado que essa sentença, e as observações e as notas que a precediam, teriam sido o bastante para prevenir qualquer mal-entendido sobre o que este estudo buscava cumprir, e não encontrei ocasião para adicionar nada. Em vez de seguir imediatamente com uma continuação em termos do programa acima, eu, em parte por razões fortuitas, especialmente o aparecimento do *Die Soziallehren der christlichen Kirchen und Gruppen* de Troeltsch, que dispôs muitas coisas que eu teria tido de investigar de uma forma que, não sendo um teólogo, não teria sido capaz; mas em parte também a fim de corrigir o isolamento desse estudo, e de alocá-lo na relação com o conjunto do desenvolvimento cultural, eu estava determinado, primeiramente, a escrever alguns estudos comparativos da relação histórica geral da religião e da sociedade. Estes seguem. Depois deles está colocado apenas um curto ensaio, a fim de clarear o conceito de seita usado anteriormente, e ao mesmo tempo para mostrar a significação da concepção puritana de Igreja para o espírito capitalista dos tempos modernos.

Sobre o tradutor

Mário Moraes é bacharel em Direito pela Universidade Federal de Alagoas e mestrando em Sociologia pela Universidade Estadual de Campinas. Atualmente pesquisa temas relacionados à democracia, Estado, cidadania e marxismo.

Edição utilizada: *The Protestant Ethic and Spirit of Capitalism*.
Talcott Parsons Harvard University, 1930.

DIREÇÃO
Martin Claret

PRODUÇÃO EDITORIAL
Carolina Marani Lima / Mayara Zucheli

DIREÇÃO DE ARTE E CAPA
José Duarte T. de Castro

DIAGRAMAÇÃO
Giovana Quadrotti

REVISÃO
Patrícia Murari

IMPRESSÃO E ACABAMENTO
Centro Paulus de Produção

Este livro segue o novo Acordo Ortográfico da Língua Portuguesa.

Dados Internacionais de Catalogação na Publicação (CIP)
(Câmara Brasileira do Livro, SP, Brasil)

Weber, Max, 1864-1920.
A ética protestante e o espírito do capitalismo / Max Weber; tradução Mário Moraes. — São Paulo: Martin Claret, 2022.

Título original: *Die Protestantische Ethik Und Der geits Des Kapitalismus*

ISBN: 978-65-5910-232-7

1. Capitalismo - Aspectos religiosos - Igrejas protestantes 2. Ética cristã 3. Religião e sociologia I. Título

22-132675 CDD-306.6

Índices para catálogo sistemático:

1. Religião e sociologia 306.6
Cibele Maria Dias – Bibliotecária – CRB-8/9427

EDITORA MARTIN CLARET LTDA.
Rua Alegrete, 62 – Bairro Sumaré – CEP: 01254-010 – São Paulo, SP
Tel.: (11) 3672-8144 – www.martinclaret.com.br
Impresso – 2023